文山学院出版基金资助项目
文山学院“中国历史”一流学科建设阶段性成果

滇东南区域史研究论集

何廷明　娄自昌◎编著

云南大学出版社
YUNNAN UNIVERSITY PRESS

图书在版编目（CIP）数据

滇东南区域史研究论集 / 何廷明，娄自昌编著. --
昆明：云南大学出版社，2018
ISBN 978-7-5482-3299-5

Ⅰ. ①滇… Ⅱ. ①何… ②娄… Ⅲ. ①云南—地方史
—文集 Ⅳ. ①K297.4-53

中国版本图书馆CIP数据核字（2018）第058245号

组 稿 人：孙吟峰
责任编辑：宋 武
封面设计：周 旸

滇东南区域史研究论集

何廷明 娄自昌 ◎ 编著

出版发行：云南大学出版社
印 装：云南大学出版社印刷厂
开 本：787mm × 1092mm 1/16
印 张：11.5
字 数：219千
版 次：2018年5月第1版
印 次：2018年5月第1次印刷
书 号：ISBN 978-7-5482-3299-5
定 价：42.00元

地址：昆明市一二一大街182号（云南大学东陆校区英华园内）
电话：0871-65031071 65033244
邮编：650091
网址：http://www.ynup.com
E-mail：market@ynup.com

若发现本书有印装质量问题，请与印厂联系调换，联系电话：0871-67425573。

目 录

明清至民国时期汉族移民对文山地区的开发述论 …………………… 何廷明（1）

清代改土归流对文山地区社会发展的影响 ………………… 刘从楷　何廷明（8）

清代至民国时期文山地区手工业及采矿业发展探究 ……………… 何廷明（17）

清代至民国时期文山地区苗族瑶族农业经济探析 ………………… 何廷明（27）

《盐课碑》与清代云南省和文山地区的盐政 ……………… 曾跃明　娄自昌（32）

论民国时期云南文山地区鸦片的种植与危害 ……………………… 何廷明（45）

民国时期文山地区商业贸易的发展及变化 ………………………… 何廷明（54）

云南山区半山区农村经济的半自给自足模式及其走向现代化的困境

——以文山州麻栗坡县猛硐瑶族乡坝子村为例 …… 娄自昌　浦加旗（63）

滇越铁路通车对文山地区的影响 ……………………………………… 何廷明（73）

护国运动在文山 ………………………………………………………… 何廷明（80）

20世纪20～30年代云南边疆官员与知识分子心目中的辛亥革命

——以民国《马关县志》撰稿人的倾向为例 ……………………… 娄自昌（87）

云南文山地区修建飞机场述略 ………………………………………… 何廷明（95）

试述抗战期间日机对文山地区的几次轰炸 …………………………… 何廷明（104）

苗族迁入滇东南和大陆东南亚北部的早期时间考 …………………… 娄自昌（110）

18世纪末到20世纪中叶苗族从贵州等地向滇东南和大陆东南亚北部的迁徙

……………………………………………………………………………… 娄自昌（119）

18 世纪末 ~20 世纪中叶苗族向滇东南和大陆东南亚北部迁徙的政治与经济因素
…………………………………………………………………… 娄自昌（130）
苗族向滇东南和大陆东南亚北部迁徙的方式与特点 …… 娄自昌 蒙永乐（139）
边疆边境地区汉族婚俗调查
——以云南省麻栗坡县董干村委会八里坪村民小组为例 …… 何廷明（148）
文山州边境地区汉民族风俗与禁忌调查
——以麻栗坡县董干镇八里坪村为例 ………………………… 何廷明（155）
云南边疆地区新农村建设及思考
——以麻栗坡县董干镇八里坪村为例 ………………………… 何廷明（165）
浅析西华山碑刻所反映的文山地区历史 ………………… 舒顺尧 娄自昌（172）

明清至民国时期汉族移民对文山地区的开发述论

何廷明

摘　要：汉族不是文山地区的土著民族，清初改土归流前有少量移入，但相当一部分被当地少数民族同化。改土归流后，内地汉族移民大规模迁入文山地区，与各民族一起，共同开发文山。在与各民族的共同交流中，汉族移民传播了内地先进的生产技术、经验和先进文化，促进了文山地区经济、文化的发展，对于巩固边疆民族地区起到了积极的作用。

关键词：汉族移民；文山地区；经济文化；贡献

文山，地处祖国西南边陲，云南的东南部地区，东与广西相邻，南与越南接壤。这里居住着汉、壮、苗、彝、瑶、回、傣、布依、蒙古、白、仡佬等11个民族，现有人口340多万。在中国古代历史上，由于文山地处偏远，加之境内山高箐密、道路崎岖、交通不便、人口稀少等原因，成为云南历史上开发较晚、发展极为迟缓的地区之一。清初改土归流后，内地汉族移民大规模迁入文山地区，他们与各民族一起，共同开发文山。在与各民族的共同交流中，汉族移民传播了内地先进的生产技术、经验和先进文化，促进了文山地区经济、文化的发展，对于巩固边疆民族地区起到了积极的作用。

一、汉族的迁入

文山地区原无汉族。西汉时在“西南夷”地区设置郡县，实行“羁縻政策”，汉族始从内地迁入文山地区。北宋皇祐五年（1053年），狄青征侬智高至特磨道（今广南、富宁一带），派部将沈达领兵驻守富州（今富宁），汉族士兵逐渐在文山地区落籍。南宋时，内地汉商与大理国贸易频繁，大理国至横山寨（今广西田东县）邕州道商旅穿梭不息，文山地区是必经之地，部分商人留居文山地区经商。由于落籍汉族人数有限，有的被当地少数民族融合，如沈达后代融合为壮族。[1]335

汉族大批迁入文山地区，始于明、清时期。民国《马关县志》载："马关辖境，原属蛮部，本无汉族。自明代沐英镇滇，其部散居各县，汉人足迹，此为嚆矢。"[2]193明初在云南实行大规模的军屯、民屯，以招徕内地汉民族开垦边疆。明洪武十五年（1382 年）后，在文山、广南设置卫所，[1]335江西、浙江、湖南、河南等地士兵举家进入，戍边屯垦，"广南卫开荒垦田 40 578 亩。"[3]3 "明代实行军籍制，卫所军士、子孙均入军户"，"军户移民多为汉族"。[4]明时内地的一些商贩也陆续而至，并落籍下住，成为当地居民。清代实行绿营兵制和汛塘兵制，一是设镇、协、营于各处驻防，有事调遣，事毕返回；二是在一些要地设汛塘关哨隘卡，以千总、把总领兵驻守，分布广泛。改土归流后，广南府、开化府境内按照内地制度设汛，分置塘、卡：广南府境内设板蚌、者宾、富州、剥隘、普梅、阿记得、弥勒湾、命贴、者洪、董高、小维摩、拖白泥十二汛，领七十一塘，三十二卡；开化府境内设新现、坝洒、老寨、麻栗坡、乐龙、石榴红、江那、者腊、六诏、河口、石头寨、捏结白、牛羊、马达、箐口、天生桥、扣览、马街、山车、八寨、交趾城二十一汛，领七十七塘、六十一卡，拨开化镇兵分防驻守。[5]1232这些汛、塘、卡"星罗棋布"，大多分布在交通要道。"绿营兵均为汉人，于远地招募而来，年衰退役后多于驻防之地安家立业"，定居山区，改为民户，因此，有很多居住山区的汉族人民，是被派驻防而落籍下来的；汛塘兵丁亦多从外省招募而来，分防之后，垦田安家，多成居民聚落，他们"定居长住后，往往与原籍互通声息，导引家乡亲朋相率而来"。[4]汛塘兵制的建立和内地招募的兵丁大量进入文山地区，客观上造成了大规模的移民，有利于文山地区的开发。同时，改土归流的实施，为汉族移民大规模进入曾经是土司控制的文山地区打开了方便之门，广东、湖南、江西、浙江等地的农民、工商业者纷纷进入。清康、雍以后，川、楚、粤、赣移居之汉族，散居于山岭之间，开山种地，渐成村落。据道光《广南府志》卷二载："楚、蜀、黔、粤之民，携挈妻孥，风餐露宿而来，视瘴乡如乐土。故稽烟户，不止较当年倍蓰。"[6]79道光《威远厅志》载："开化所辖安平、文山，广南所辖宝宁等属，因多旷地，川、楚、黔、粤男妇流民迁居垦种，以资生计，其来已久。"[7]50民国《马关县志》记载："清康熙改土归流时，内省商贩源源而至，客久成家，乐不思蜀，汉族渐盛。"[2]193民国《新编麻栗坡地志资料》说："麻栗坡汉人占十分之四以上，江浙两湖籍者，喜居平原地带，其职业不一，士农工商均有之。"[8]4有些地区因汉族移民长期聚居，逐渐发展成商业集镇。这些"客籍流民"在文山地区，或凭技艺谋生，或经商贸易，或入山垦种，或租佃地主的土地，人口逐渐滋长，引起了清政府的高度重视，并责令地方官员稽查造册，以便管理。经查，道光十六年（1836 年），“开化所属安平、文山等处，现计客户流民共二万四千余户，广南所属宝宁、土富州等处现计客户流民共二万二千余户。”[7]51 “流民”来去无定，且万山之中更难稽查，所报之数难免遗漏。尽管如此，据方国瑜先生考证，“客户已占过半数”。[5]1233 中法战争结束后，裁汰清军达数万人，均流落于文山、广南一带。广南府外地同乡会馆、莲城近郊墓碑和一些《家谱》记载，其汉族自明清主要来自江西、浙江、江苏、安徽、湖南、湖北、广东、广西、贵州、四川、南京等省市。[1]335 至民国时期，文山各县均已居住着汉族人民，他们与当地各族人民相互交流融合，对文山地区社会经济的发展与进步起到了积极的推动作用。

二、汉族移民对文山地区农业经济发展的贡献

首先，汉族移民的大量进入，促使文山地区的民族构成、民族关系及民族地理分布格局发生了重大变化。在清代改土归流以前，汉民族尚未大规模进入文山地区，此时人口甚少，境内主要是少数民族聚居，落籍汉族人数有限，有的甚至融入当地少数民族，“俱系夷户，尚未编丁”[5]1232。就广南而言，“其时分布于四境者，附郭及西乡多农人，南乡多倮倮，北乡多沙人”。改土归流后，“川、楚、粤、赣之汉人来者渐多，其时滨河之区已无插足余地。商则麇集于市场，农则散于山岭间，垦新地以自殖，伐木开径，渐成村落”[9]46。大批汉族移民从内地举家而来，人数众多，他们以聚居的形式分布于各地，以民族群体的形式延续下来，并长期保持自己的汉民族特点，在与境内各民族的交往中发挥着主体作用和影响。经过长期的发展、积淀，文山境内形成了“苗族住山头，瑶族住箐头，壮族住水头，汉族住街头”的分布格局。到民国时期，汉民族已发展成为文山地区的主体民族之一。

其次，汉族移民带来了先进的生产技术，推动了文山地区经济的发展。移居文山地区的汉民族，多来自内地发达地区，他们的到来、定居，不仅为文山地区的开发提供了充足的劳动力，而且带来了先进的生产技术、生产工具和新的农作物品种。他们与文山地区各民族一起，共同对文山地区的开发做出了积极的贡献。

汉族移民大规模进入前，文山地区人口稀少，多数地方尚未得到充分开发，“其人滨河流而居，沿河垦为农田，山岭间无水之地，尽弃之不顾”[9]46，“土司所辖夷民，山地多不自殖，任其荒芜”[10]13，加之境内苗、瑶等少数民族“刀耕

火种”，经济发展水平较低。改土归流后，内地汉族移民相率而来，他们不但带来了内地先进的生产技术、生产工具，而且在“蛮荒”之乡劈山开地，不辞劳苦，辛勤耕耘。随着人口的增加和垦种面积的扩大，耕地逐渐从坝子、河谷延伸到高寒山区。民国《广南县志》载：“汉人垦山为地，初只选择肥沃之区，日久人口繁滋，由沃以及于瘠，入山越深，开辟越广，山间略为平坦之地，可以引山水以灌田者，则垦之为田，随山屈曲，垅峻如梯，田小如瓦。”[9]46在保有土司权力的辖区内，“夷民”将不愿垦殖的荒芜山地，租与来自川、楚、黔、赣汉族移民，汉族移民则“每年纳银数钱以为地税，是谓地皮”。[10]13在农耕生产中，汉族移民普遍使用铁制犁、锄、斧、镰等生产工具和牛耕，大大提高了生产效率。他们还善于堵坝挖沟，引水灌溉，造福地方。《新纂云南通志》载：“开化府龙潭寨支河、开化里上下河，沿河三十余里，向用水车汲水灌田。然车多坝密，以致沙泥淤塞，河溢为患。咸丰四年（1854 年），知府李荣灿勘明河势，由上游龙潭寨开二支河，顺河两岸分溉田亩，尽去车坝，使沙不阻，滞水得流畅。”[11]24在当地民众中影响较大。不仅如此，他们还将玉米及其栽培技术传播到了文山地区。据道光《威远厅志》载：“云南地方辽阔，深山密箐，未经开垦之区多有湖南、湖北、四川、贵州穷民往搭寮棚居住，砍树烧山，艺种包谷之类。此等流民于开化、广南、普洱三府为最多。”[7]49这里所说的“包谷”即玉米，原产于美洲，明末经菲律宾传入我国沿海地区，因为它具有耐瘠、耐寒、耐旱、产量高等特点，颇适合于山坡旱地种植，因此在清代前期逐渐普及于内地各省，又由内地经汉族移民传入云南。至迟在道光年间，汉族移民已经把玉米及其栽培技术传播到边远的文山地区，并在各民族居住地区普遍种植，成为文山地区山区居民的主要粮食。方国瑜先生说：“自十七世纪初年以后，广泛种植玉蜀黍、马铃薯在旱地之高产农作物，为发展山区农业经济之利器，起着积极意义。”[5]1222玉蜀黍、马铃薯“这两种作物适宜在山区种植，产量高，是开发山区的利器，对山区农业经济起了巨大的影响。”[5]1223因此，玉米这种高产粮食作物的种植与推广，其意义非同凡响，它既解决了人口不断增长的粮食需求问题，又使广大山区不断得到广泛和纵深的开发。

汉族移民移居文山地区较晚，移入初期只能耕种山地，但他们凭借吃苦耐劳的精神和先进的生产技术、生产经验逐渐致富，并不断改变着自己的生活环境。民国《广南县志》载：“广南农民，汉农勤而夷农惰，夷农居地沃，而汉农居地瘠。汉农勤，虽瘠而富；夷农惰，虽沃而贫。汉农一岁勤劳，种稻之外，兼种豆、麦、包谷，夷农则每岁只种稻一次。有劝以种豆、麦者，掩耳不欲闻。”[9]9

汉农种植各种杂粮，而“夷农”“虽有地而不种，宁任其荒芜”，种植作物唯稻谷，“衣于是，食于是，物物仰给于是”，十分单一，以致贫穷，不得不变卖土地，“近年夷农之田，渐为汉农所吞并，田地爬山，于斯信矣（夷农居地，多在河边坝子，土地肥沃，汉农居于山间干燥之地，土枯水竭，因汉农勤劳，年有余蓄。游惰夷农，将水田典卖与汉农，主者易地，俗谓之田地爬山）。”[9]12-13部分富裕汉农渐由山区移居坝子，耕种肥沃田地。这些记载虽有一定偏见，但也反映了当时的一些真实情况。

晚清至民国时期，在汉民族和各民族的共同努力下，文山地区得到了前所未有的开发，经济迅速地发展起来，其表现是耕地数量和人口数量的增加。据民国《广南县志》记载，“广南原属夷地，从未编丁”，[10]3但至清末民初，广南县“农民约四万户，耕地约一百零一万余亩，平均每户约二十五亩”；[9]53民国十二年（1923），广南人口达285 632人。[12]30马关县嘉庆二十五年（1820年）时，人民15 571户，共计大小人丁72 694丁；道光六年（1826年），新增1 400户，大小人6 139丁；“自光绪纪元（1875年）以迄于今，五十余年，休养生息，户口繁滋，较之嘉、道年间加增一倍以上”，民户达26 431户，118 640丁口。[2]110可见，清代中期以后，由于汉民族的大量涌入，文山地区得到了较快的开发。

三、汉族移民对传播中原文化的贡献

汉族移民多来自内地先进发达地区，特别是移民中的官吏及其幕僚、文人、军士、商人以及家属，基本素质都比较高，他们利用自己的特殊地位和优势，影响着居住地区及其周围的各少数民族，推动着当地文化的不断发展。据统计，改土归流后，清顺治十八年（1661年）至辛亥革命期间，广南府到任流官知府93任88人，都是朝廷派来的内地汉族官吏，知府茹仪凤、单光国、何愚、李熙龄等流官，倡文教，兴义学，重农稼，修水利。[1]335这些举措，惠及当地各族人民。随着汉民族的大量迁入、定居和人口的不断增加，其先进的儒家文化也日益影响着当地的各少数民族。民国《马关县志》载：“汉族渐盛，大改旧观，中州礼乐，以次输入。至于今日，纲常道德，文章风雅，亦已大备。故士敦廉洁，女重贞操，力农务本，知耻好义，俭朴成风，忠孝为贵。”[2]193在汉民族与各民族的相互交往中，汉语、汉字成为各族人民交流中共同使用的工具，汉族的风俗习惯对当地的社会风气产生了导向性影响。民国《新编麻栗坡地志资料》载，侬人“近年受汉人之影响至钜，各种不良风俗习惯竭力改革”。[8]4民国《广南地志资料》记载：“近来风气渐开，诸夷苗多有改从汉人习尚者”；[12]31侬人“人口占全属百分之三十，语言特别，亦多通汉语……丧葬亦与汉人略同，迩来渐知礼仪，青年亦多入学。……近城乡村一切习俗多有改从汉人者”；[12]32土僚“语言习尚亦略近侬人，能习汉语”；摆夷“有语言，无文字，亦知汉书，男女杂处，唯务耕种，婚丧礼与汉人相近”；等等。[12]33汉民族文化的传播，丰富、繁荣了当地的民族文化；各民族对汉族文化的吸收，促进了各民族人民文化素质的提高，有利于他们学习、掌握先进的生产技术、生产经验，以加快自身经济的发展。此外，汉族移民多居住在交通沿线，便于信息传递，其所居住村落逐渐发展成为当地的政治、经济、文化中心，成为各级衙门机构的治所所在。到民国年间，“做官或经商而来的汉族，大都居于城镇和交通方便的地区，特别是广南县城，从清朝中期到民国年间，汉族人口逐步跃居首位”[13]。“内地汉族不断涌入广南，传入先进的文化、技术和铁农具工具，汉族与当地壮、苗、彝、瑶等少数民族一起共同开发广南，促进了农业、商业、手工业、文化教育的发展。”[3]3汉民族长期聚居的地区，促成了近代文山城镇的兴起与发展，极大地改变了文山地区因地处偏僻而普遍落后的状况。

总之，近代文山地区由于汉族移民的大批迁入和开发，经济、文化得到了前所未有的发展。正如李燕老师在《试论清代文山地区与越南的贸易》一文中所指出的：“得益于大规模移民而迅速发展起来的广南、开化地区经济，从一开始就得以采用内地先进的生产技术和工具，因此，尽管开发较晚，其经济发展水平在清代中叶就已赶上甚至超过了同属中越边境的红河地区。”[14]汉族移民对文山地区的开发，为文山地区经济、文化的发展做出了积极的贡献。

参考文献：

[1] 文山壮族苗族自治州地方志编纂委员会：《文山壮族苗族自治州志》第一卷，云南人民出版社2002年版。

[2] [民国] 张自明修，王富臣等纂：《马关县志》，民国二十一年（1932年）石印本，（台北）成文出版社1967年影印出版。

[3] 云南省广南县地方志编纂委员会：《广南县志》，中华书局2001年版。

[4] 古永继：《元明清时期云南的外地移民》，《民族研究》2003年第2期。

[5] 方国瑜：《中国西南历史地理考释》下册，中华书局1987年版。

[6] [清] 李熙龄著，杨磊等点校：《广南府志点校》，兰州大学出版社2004年版。

[7] [清] 道光《威远厅志》卷三。

[8]［民国］陈钟书等修，邓昌麒纂：《新编麻栗坡地志资料》中卷。

[9]［民国］《广南县志》第6册，1965年云南大学借云南省图书馆藏广南县志稿本传钞。

[10]［民国］《广南县志》第8册，1965年云南大学借云南省图书馆藏广南县志稿本传钞。

[11]［民国］周钟岳等：《新纂云南通志》卷141《农业考四》，1949年铅印本。

[12]［民国］《广南地志资料》上册。

[13] 元文跃：《广南汉族探源》，《文山史志》1997年第2期。

[14] 李燕：《试论清代文山地区与越南的贸易》，载云南大学历史系编《史学论丛》第七辑，云南大学出版社1999年版。

（原文发表于《文山学院学报》2010年第2期）

清代改土归流对文山地区社会发展的影响*

刘从楷　何廷明

摘　要：文山地区的土司制度发展到明清时期已经腐朽不堪，清康熙六年（1667 年）开始在文山地区实行改土归流，废除土司领主制，加强中央王朝对云南边疆地区的统治，改变了文山地区封闭落后的状态，对文山地区政治、经济、文化的发展产生了重大影响。

关键词：清代；文山地区；改土归流；社会发展；影响

一、文山地区土司制度及改土归流

壮族是云南文山地区最早的先民之一。壮族起源于先秦时期的濮、僚部族，这些部族到秦汉时期已经发展成为地方国家，如句町、进桑。汉武帝时期，为了加强中央王朝的统一，开始武力征讨西南夷，降服了句町、漏卧等地，并开始在这些地区设置郡县。西汉元鼎六年（公元前 111 年），汉武帝刘彻开发西南边疆，令驰义侯率兵征讨西南夷后置牂牁、越嶲等郡。牂牁郡辖十七县，其中十一县在今云南东南部，今文山、砚山、马关县属进桑县地，西畴、麻栗坡属都梦县地，丘北属镡封县地，广南、富宁属句町县地。之后西汉政府又采用"羁縻政策"对西南夷地区进行政治管理。所谓"羁縻"，即封当地各族土酋以官爵，或封侯，或封王，承认他们在本民族中的统治地位，并按旧存的方式去统治本地区的人民，但他们在政治上必须服从郡、县官吏。"羁縻"制度自汉唐发展至元朝，开始转变成为"土司制度"，虽然两者在统治方式上都是"因俗而治，以夷制夷"，但土司制度是羁縻制度的扩大化。首先，羁縻制度所册封的地方土著王在政治上承认中央王朝的权威，但他们在所统治的地区拥有高度自治权；土司设置的前提是土司及其领地必须从属中央王朝版图，中央的统治在羁縻制度的基础上

* 基金项目：文山学院重点学科"中国历史"阶段性成果。

大为加强。如明朝开始在土司聚集区设置流官加强地方管理，实施土流并治，后来还设置卫所制度，加大了对西南边疆地区的开发，同时也加强了中央对地方的控制。其次，在税收方面，羁縻时期，中央采取“以其故俗治，毋赋税”，即通过原土著酋长自行收取赋税，再通过朝贡的方式提交郡、县官吏或上交中央。土司时期，中央直接控制管理地方赋税，其赋税由中央制定，再由土司收取后上交地方府衙。

文山地区的土司制度产生于宋朝，是从镇压侬智高起义时开始设置的，继承和发展了汉唐时期的羁縻制度。但到明朝时，各地土司为扩充势力，争夺地盘，常常兵戎相见，严重影响文山地区社会的发展与稳定，改土归流势在必行。

明代是土司制度发展的较好时期。明朝建立后，朱元璋对元朝所封土司，采取“西南夷来归者，即用原官授之”[1]7948的方法授予土司官职。土司是封建王朝封赐的独霸一方的统治者。随着社会的发展，到明朝中后期，其弊端日益显现，地方土司与中央王朝的矛盾不断激化，不少地方土司拥有自己的军队、财权和司法权，形成了一个强大的地方政权，并与中央分庭抗礼。为了削弱土司权力，明朝统治者便在云南壮族聚居区设置流官进行管理，实施“土流并设”的制度。明朝洪武十五年（1382 年），广南西路宣抚司改为广南府，辖今广南、富宁两县。临安路改为临安府，辖教化长官司（今云南文山、砚山）、八寨长官司（今云南马关、麻栗坡）。丘北县属广西府维摩州。但由于当时土官数量多、力量强大，改流时机尚未成熟。加上改流过程中的某些决策失误，不但没有削弱土司政权，反而在改流过程中引起地方政局混乱。明朝政府开始在广南府设置流官时，派遣的是外地流官，因为害怕僚区瘴气（实则力量薄弱，影响力、控制力无法与当地土官抗衡），多不到实地上任，只到临安（今建水）等地遥控指挥。“明万历末年（1615 年），受命出任广南知府的廖铉，就因为惧怕疟疾而长期避瘴临安，竟将体现权力的广南府印，交给当时的广南第九世土司、土同知侬仕英之子侬天寿管理使用。”[2]侬氏土司死后，府印几经辗转流入族亲芩接之手，因而引起内部夺印纷争，导致朝廷出兵镇压，夺印之争才得以平息。

临安府所辖教化、王弄、安南三长司到了清朝才开始改流。清朝时期，改土归流时机日渐成熟。首先，中央王朝自明朝开始，经过几百年与土司的斗争，已将土司权力大大削弱。其次，土司腐朽残暴，鱼肉百姓，也不为地方群众所拥护，人民群众纷纷参与反土司统治的斗争，为中央王朝推行改土归流提供了有利之机。“清康熙四年（1665 年），滇南地区爆发大规模反清起义，王弄、八寨、教化等长官司因不堪清朝政府压迫，联合维摩、牛羊等土舍进攻滇南各县，反叛朝廷。”[3]9清廷派吴三桂统军镇压，起义失败。清朝统治者因此进行改流，“康熙六年（1667年）在教化、安南、王弄、八寨等土司地设开化府，下辖开化、安南、王弄、逢春、永平、东安、江那、乐农八里。”[3]9这次改流运动是比较成功的，同时也是清自开朝以来首次对云南少数民族聚居区的改流。雍正时期继续加大改流力度。“雍正八年（1730年），又在开化府基础上设文山县；嘉庆二十五年（1820年），又改马白同知为安平厅；道光三年（1823年），在江那里增设县丞。”[3]10至此，文山地区的改流就完成了。

马克思主义认为，生产力发展促使生产关系随之发生变化，已不适应生产力发展的生产关系要被新的更加适应生产力发展的生产关系所取代。存在了几百年的“土司制度”，其实质是一种落后的封建领主制，它已不适应明清封建地主经济发展的需要，必定要被革除。

二、改土归流对文山地区的影响

清代文山地区改土归流的顺利完成，对地处偏远、经济文化落后的文山地区社会发展产生了重大的影响。

（一）政治影响

1. 结束了土司统治时期的弊端，有利于国家的政治统一

改土归流废除了土司独断专权、独霸一方的局面，消除了土司之间因争夺利益而长期自相残杀和叛乱割据的弊端，统治少数民族的土官被中央委任的流官所替代，中央直接控制管理土司领地，维护了文山地区政局的和平稳定，有利于多民族国家的政治统一。改流之前，云南地区少数民族大都由各地土司直接控制管理，“地方水土、一并归附，尺寸土地、悉数官基”。土官控制的地区，其土地归其所有，他们控制了地方的经济命脉，拥有自己的军队，形成地区割据势力。“雍正以前，滇桂地区的各大土司，均为地方上的强大割据势力，以致当地人民‘知有土司而不知有朝廷’，这种情况显然不利于中央王朝政令的贯彻与推行。”[4]359云南壮族聚居的临安、广南府地，中央只派流官管理土司，而不直接参与管理地方事务，也不派兵驻守。可见，在当时地处偏远、道路交通不发达，信息通信不便的文山地区，中央政策条令不能推行，广大文山人民长期受制于土司压迫之下，只知有土司，甚至没有国家意识，土司成为一方诸侯，与中央朝廷对抗，发动叛乱是常有之事，极不利于国家的政治统一。如“明洪武十八年（1385年）正月，东兰州韦富及广南特磨道复乱，沐英讨平之”；“成祖四年（1406

年），师宗、元江、富州、维摩诸蛮叛，指挥佥事沐升皆以计擒之……十七年（1419年），富州土官沈弦经叛，命黔国公沐都督萧缓率湖广云南军讨之……神宗万历五年（1577年），广南侬酋叛，巡抚王凝会黔国公沐昌祚抚定之”。[5]43 据《广南府志》记载统计，仅明朝统治时期广南府地方土司土官叛乱次数就达八起，可见改土归流之前，广南地区社会政治极不稳定。清朝改土归流后，在云南大规模设置“汛塘制度”来管理少数民族地方社会治安。“乾隆元年（1736年），以开化镇兼辖广罗协，广南营镇标兵……统辖兵二千三百四十名，内防兵一千一百一十五名，驻扎各汛。”[6]201 广南地区土司虽因参与朝廷征讨吴三桂有功得以保留下来，但土司权力已大不如前，中央委派外地流官掌握地方实权，土司叛乱之事不复存在。

2. 加强了与内地的联系，维护了边疆地区的领土完整

改土归流加强了内地与边疆地区的联系，维护了文山地区边境领土完整。中国疆域自古就幅员辽阔，从秦朝统一六国建立中国第一个中央集权国家开始，中国疆域就一直向外延伸扩大。明朝建立后，在西南地区设卫所开发边疆，但多数土地资源还掌握在土司手里。由于土司权力过大，中央政令又控制不严，许多土司并没有国家意识和领土意识，土司把其领地当作自己的私有财产，随意转赠；当土司反叛或相互仇杀时，领土领地便成为他们争夺的目标。与文山地区接壤的安南国多次趁边关内乱之机入侵我国领土。明朝时期，在富宁县一带，有“三蓬陪嫁”和“吵八寨”的传说。三蓬地区原为广南土司所辖地，广南侬氏土司嫁女儿给安南保乐州土司时，顺便把三蓬地区做陪嫁赐予保乐州土司。不久，广南土司女儿死了，广南土司就向保乐州土司提出收回三蓬地区，但保乐州土司不答应。经过长时期的交涉之后才索回了上蓬中的八个寨子。[7]1306 从领土主权的原则来说，只有中央政府才能处置领土，地方官吏是不能处置国家领土的。广南土司只是地方官吏，无权处理国家领土，私相授受而把国家领土送于外国，由此可知，土司的国家领土意识极其淡薄，且守土不力，中央王朝对边疆领土主权的监管可谓鞭长莫及，致领土丧失之事时有发生。清朝在云南建立统治后，多次处理明朝土司统治时期与安南引发的土地纠纷问题。雍正年间就曾因与安南国边界勘定问题引发多次外交纠纷。“雍正二年（1724年），云南因开采开化府逢春里都竜铜矿而清查地界，发现安南方面以小赌咒河混称原来为界的赌咒河，侵占内地土地、人口。”[8] 开化府所辖逢春里（今云南文山古木镇、柳井乡一带地区）都竜铜矿等地自明朝以前就是中国领地，“明朝时安南商人至水尾州（今老街）买铜，即仰给于都竜厂者，安南人亦至都竜开采，当在万历年以后，明官吏不问，

而安南委头目居其地，然非能任意侵占也。”[7]1296万历晚年，安南宣光镇土长武德成勾引牛羊寨农金贵等起兵侵掠教化八寨等地，明官吏忙于镇压叛乱更是无暇顾及，最后被安南土族所侵占。云南总督高其倬对此事十分重视，并上奏说："臣以铜厂事小，疆境事大，委员确查”。[7]1297于是在雍正三年（1725 年）正月，派开化镇总兵冯允中查明真相并上奏："奉查内地旧界，（冯允中）亲身踏量，至都竜厂之对过铅厂山下一百二十九里。又查出南狼、猛康、南丁等三十四寨亦皆系内地之寨，被交趾占去，不止马都戛等六寨”，[7]1298请求雍正下诏安南国退还侵占之地。虽雍正因“安南累世恭顺，都龙、南丹等处在明季已为安南所有，是侵占非始于我朝”[8]而告诫高其倬勿与其争利，但后来与安南划界之争仍在继续，最终收回了部分被安南国强占的领土。

流官是中央王朝通过科考选拔出来的，自然对中央王朝负责，其守土有责，维护领土主权意识比土司要强。自改流后，流官取代土司领主世袭制，收回地方土司权利，加强了对西南疆域的管理，并在壮族边界区设汛塘派兵驻守，因土司纷争而引起的边界问题不再发生。

（二）经济方面

1. 大量外来人口的迁入，促进了文山地区经济的发展

改土归流后，大量外来人口迁移至广南、开化府地，加速了文山地区的资源开发，促进了地区经济的发展。在土司统治时期，广南、开化等由于地处西南偏远地区，山高林密，交通不畅，被外界视为烟瘴之地，外地人很少进入，基本处于与世隔绝的境地。明朝时期虽出现过规模性人口迁移，明朝在云南广大地区设卫所制度和屯田，大部分是由政府组织的军事移民和屯垦移民，但改流后这种现象完全转变了。据道光《广南府志》卷二载："楚、蜀、黔、粤之民，携挈妻孥，风餐露宿而来，视瘴乡如乐土。故稽烟户，不止较当年倍徙。”[5]79 “从清康熙六年（1667 年）到道光六年（1827 年），文山县人口由 37 500 人增加到 123 500 多人，其中新迁入人口达 65 400 多人，占总人口的 52.9%，内地汉族达 52 300 多人，占迁入人口的 80% 以上。”[3]9可见改流之后，出现自发性大规模人口迁移，这是改流之前没有出现过的。大规模人口迁移进来之前，文山地区许多土地尚未得到开发利用，“其人滨河流而居，沿河垦为农田，山岭间无水之地，尽弃之不顾，”[9]46 “土司所辖夷民，山地多不自殖，任其荒芜。”[10]13大量的汉族人口迁移带来了中原地区先进的生产技术和农作物种子，使文山地区大量肥沃的土地得到开发，促进了文山地区农牧经济的发展。《威远厅志》所载道光十六年

(1836年)上谕讲得具体明白，称："有人奏：云南地方辽阔，深山密箐未经开垦之区多有湖南、湖北、四川、贵州穷民往搭寮棚居住，砍树烧山，艺种包谷之类。此等流民于开化、广南、普洱三府为最多，请仿照保甲之例一体编入。"[11]49 大量外迁人员在文山地区落脚之后便开始耕垦经营，同时他们也把原产自美洲地区的农作物包谷带到文山地区。包谷具有耐寒、耐瘠、产量高的特点，适应云南山高坡陡的地区种植，逐渐成为山区人民的主要粮食。这不仅为文山地区人民解决温饱提供了有效途径，也使较多的外来人口进入山区和偏僻之地成为可能，从而促进了文山地区经济的发展。

2. 由封建领主制转变为封建地主制

改土归流虽然使封建领主制瓦解，但由于过程不彻底，土司摇身一变成为封建地主，新的封建地主经济在文山地区逐步发展起来。康熙六年设开化府后，其下又分设八里，"以土司苗裔催征该里钱粮，赴府完纳。"[6]19 可见，改流后许多土司仍掌控当地基层统治权，而且改流前所控制的土地仍归土司控制，土司家的一切费用、劳务等，都由庄户以田赋形式交纳，除了私田之外，公用开支则由每村按实有地亩分摊，规定三年一"大派"，以银两计，一年四"小派"，以铜钱计。[12]394 大量外来人口迁入文山地区后，土司便利用外来人口有钱而没有土地的情况，趁机将自己大量私有土地转卖给他们，外来人口便利用土地优势和经济优势雇佣当地居民为其生产劳作，他们逐渐形成了新兴地主。"雍正年间，土司将部分私田卖给汉族中的官僚地主。"[12]394 另外，一些叛乱土司被革职查办后，其手下人控制了土司原来的土地，占为己有。"道光年间，土司家族中人将部分地区的大派转让给汉族地主"[12]394 土司被革除权力后，其手下的布苏、布斗、牛头、田练等多数中小封建领主，将他们手中掌控的公田据为己有，摇身一变成了当地中小地主，原来租种田地的农奴，则变成了地主的佃户，封建地主经济在文山地区日趋发展起来。

3. 促进了文山地区市场经济的发展

改土归流后，大批的外地商人纷纷涌入文山地区贸易经商，促进文山地区商品经济的发展。清代以前，文山地区由于山高林密，交通不畅，与外地经济联系较少，经济发展落后，广大少数民族地区的人民过着男耕女织、自给自足的自然经济生活。有些人口密集地区虽有商品交易，但大多都是物物交换的原始方式。"居住在山区的苗、瑶族，要用自己的农副产品、手工业品到集市上换回生活必需品如食盐等，往往要翻山越岭行数十里甚至上百里路程，或靠汉商'游村串寨'上山进行不等价交换。"[13]52-54 改土归流后，许多汉族商人带着中原地区先进的生产技术或商品进入文山地区，与当地壮族、苗族等土著居民进行商品贸易，并在平旷坝区定居下来。民国《马关县志》记载，“清康熙改土归流时，内省商贩源源不断而至，客久成家，乐不思蜀，汉族渐盛。”[14]53在这些汉族人口集聚区逐渐形成一定规模的商业化城镇，如当时的文山城，“除城内住户外，城外还新建了钟灵、佛寿、威远、盘龙、兴隆、振华等商业街道，各种百货、土杂、饮食等商品栉比鳞次。”[3]10而且，文山开化地区还修建了许多寺庙，现今保存下来的大兴寺、寿佛寺等是当时移居文山地区的汉族商旅所修建的。“寿佛：一在城北门外；一在城西马腊底；一在城南枯木寨，俱楚客公建。”[6]27这些寺庙形同今天的商会会所，是外地商人从事商业贸易、协调商人之间关系和处理矛盾的场所。

（三）文化方面

1. 促进了学校教育的兴起，传播了中原地区的先进文化

改土归流后，大量汉人迁入文山壮族地区，汉族地区的官学教育也随之带入，促进了文山壮族地区教育文化事业的发展。中国文化博大精深，得益于中国自古以来对教育的重视，自孔子首创私学以来，文化教育就受到历代统治者的重视，因为中国古代教育发展都是在为封建统治者培养管理者，并为其服务。中国朝代更替很多，制度变革也很多，但教育制度始终没变，只要有中央政权掌控的地方都有学校。而文山地区在改土归流之前，土司把持地方政权，还没有学校设立，“广南在元明虽入版图，未设学校，犹结绳刻木之陋也。”[5]59改土归流后，废除土司统治，中央委任中原地区饱读诗书的文人到文山地区任官职，建立学校成为许多新官上任首推之事。据统计，从清顺治十八年（1661 年）至辛亥革命期间，广南府到任流官 93 任 88 人，均为朝廷派来的内地汉族官吏，知府茹仪凤、单光国、何愚、李熙龄等，倡文教，兴义学，重农稼，修水利，惠及当地各族人民。[15]335《开化府志》记载，“开化一郡，虽曰僻处天末，实为滇省岩疆。武备宜修，文治尤急，学校之设，讵可缓哉?”[6]125雍正九年（1731 年），知县荣国弼相继在文山开化、安南、王弄、江那等里建置“义学”，使许多寒门子弟有了受教育机会。后来，随着办学规模不断扩大，文山地区的学校教育取得了较大的成就，“清代康熙至光绪二百四十多年间，文山所属造就出翰林 2 人，文进士 6 人，武进士 2 人，文举人 49 人，武举人 109 人，拔贡 29 人，贡生 128 人，有 21 人被清政府任用知县以上官职”。[3]36官府积极兴学，使中原地区先进文化得以传入文山地区，同时也大大促进了文山地区教育事业的发展。

2. 加强了汉族与文山地区各民族的交流融合

改土归流后，许多汉族人口相继迁入文山各个地区，他们与当地少数民族同居村落，共同生产劳作，在影响少数民族的同时，也被当地少数民族所同化，出现夷汉文化互通的局面。民国《广府县志》记载："夷农村落，各有分布境域，其与汉民杂居者，而有少数被夷民同化。汉少夷多，风俗互化，则夷者多，而不变夷者亦不免。"[16]明清以来，许多汉族官僚地主与壮族地区贵族地主联姻通婚，"清嘉庆年间，广东人宋湘到广南任知府，未带家眷，侬氏土司送他一壮家女为妾。"[16]11随着与汉族相互通婚同化，汉族的婚嫁礼节在文山壮族地区盛行起来。民国《广南县志》记载："侬人如缔婚姻，则以歌唱私合，始通父母，议财礼。"[16]24《开化府志》记载："侬人婚姻以歌唱私合，始通父母议财礼。"[6]244通过汉族婚姻礼节的接纳，更是加强了汉族与少数民族的文化交流和融洽，促进了汉族与文山地区各民族关系的发展。

综上所述，清代对文山地区的改土归流，巩固了祖国的西南边疆，改变了文山地区封闭落后的局面，促进了文山地区政治、经济、文化的全面发展。

参考文献：

[1]［清］张廷玉：《明史·列传第一百九十八·土司》，中华书局1974年版。

[2] 兰天明、罗有光：《侬氏土司衙署风云七百年》，[2014-12-01]. http://www.wsnews.com.cn/News View.aspx? ID=96181.

[3] 文山县政协文史资料委员会：《钟秀文山——文山县文史资料第一集》，文山报社印刷厂印装，1988年。

[4] 成崇德：《清代西部开发》，山西古籍出版社2002年版。

[5]［清］李熙龄著，杨磊等点校：《广南府志》，兰州大学出版社2004年版。

[6]［清］汤大宾、周炳纂，娄自昌、李君明点注：《开化府志点注》，兰州大学出版社2004年版。

[7] 方国瑜：《中国西南历史地理考释》，云南大学出版社1998年版。

[8]《雍正安南勘界案》，[2015-01-27]. http://baike.haosou.com/doc/7997138-8314114.html.

[9]［民国］《广南县志》第6册，1965年云南大学借云南省图书馆藏广南县志稿本传抄。

[10]［民国］《广南县志》第8册，1965年云南大学借云南省图书馆藏广南县志稿本传抄。

[11] [清] 道光《威远厅志》卷三，1964 年云南大学图书馆借云南省图书馆传抄南京图书馆藏清道光十七年刻本重抄。

[12] 陈秀云、王绍开:《句町神韵》，远方出版社 2002 年版。

[13] 何廷明:《清代至民国时期文山地区苗族瑶族农业经济探析》，《曲靖师范学院学报》2011 年第 4 期。

[14] [民国] 张自明纂，何廷明、娄自昌校注:《马关县志校注》，云南大学出版社 2012 年版。

[15] 文山壮族苗族自治州地方志编纂委员会编纂:《文山壮族苗族自治州志》第一卷，云南人民出版社 2002 年版。

[16] [民国]《广南县志》第 5 册，1965 年云南大学借云南省图书馆藏广南县志稿本传抄。

（原文发表于《文山学院学报》2016 年第 2 期）

清代至民国时期文山地区手工业及采矿业发展探究

何廷明

摘　要：清代至民国时期，文山境内传统的自给自足的小农经济占主导地位，经济发展极其缓慢。农民为求生存，在农业之外仍需从事某种手工副业。手工业以分散的家庭生产为单位，未形成规模化生产，发展缓慢。文山地区矿产资源丰富，虽在明代就有开采，但直到民国时期仍然是人力开采，开采手段落后、原始，产量小，未能有力地促进地区经济的发展。

关键词：民国时期；文山地区；手工业；采矿业；发展情况

历史上，文山地处偏远，山高箐密，交通不便，汉、壮、苗、瑶、彝等民族杂居，人口稀少，开发较晚。至民国时期，文山境内仍然是传统的自给自足的小农经济占主导地位，除汉族、壮族外，苗、瑶、彝等少数民族长期过着刀耕火种、狩猎采集的原始农耕、游耕生活，[1]52-54生产方式落后，生产力水平低，经济发展缓慢，农民生活十分贫困。因此，在农业之外，农民还需从事某种手工副业，才能维生。手工业以分散的家庭生产为单位，未形成规模化生产，并且长期停滞在手工劳作上，发展缓慢。文山地区矿产资源丰富，虽然明代以来就有开采，但直到民国时期仍然是人工开采，开采手段落后、原始，出产量小，未能有力地促进地区经济的发展。

一、手工业发展情况

清代至民国时期，文山地区在工业方面没有现代化意义的近代工业。长期以来，民间沿用的都是传统的分散的家庭手工业，产品主要供内需，有少量外销，成为传统农业的补充。民间相对突出的手工业有纺织土布、制作土纸、编制斗笠、制作陶器、土法榨油等。

（一）纺织土布

土布是民众的主要衣料。衣食住行，衣为其首，纺线织布是人类生存的必备本领。历史上，纺线织布，主要由妇女承担，“土布，多女工为之”[2]985。因此，纺织土布是各民族妇女最普通的传统家庭手工业。这种家庭手工业具有所需资本不多、技术简单、生产灵活、家庭必需等特点，成为农家必不可少的维生手段，并且都是利用空闲时间或剩余劳动力来从事家庭纺织，以解决家庭成员的穿衣问题。如苗族妇女利用一切空余时间绩麻、纺线、织布，缝制衣服，几乎每户都有织布机。民国《马关县志》载：“苗妇勤劳要为人类第一……夫妻、子女之服装，皆苗妇种麻绩线，自纺自织，自裁自缝。最难者，其绩麻时间乃利用负柴、负水或赶街之行路时间，以及夜间为之，不耗费正当时间也。绘绣花纹甚为古雅，非他族所能为。”[2]240苗族妇女所织麻布主要供自己家用，鲜有出售；壮族妇女纺纱织布，并能制作精美壮锦，部分上市出售；彝族妇女绩麻、纺线，织布做衣服、缝口袋。①

土布虽然粗糙，但很牢实、耐磨，且保暖性能好，深受各族人民喜爱，因此，民间纺织极为普遍。丘北“县境各处均有”[3]521，西畴县“居家妇女从事纺织，机杼之声，比户相闻，每年产布除自行服用外，尚可微有输出”[4]。这种土布生产，以供家用为主，不以获取最大利润为目的。

清末至民国时期，由于洋纱输入文山各县，洋纱质优价廉，民间纺织多改用洋纱，因此大幅度提高了织布效率，发展相对较快，生产的目的已经突破家用，开始投入市场交换。马关县的“马白、仁和、八寨等地，初时自纺自织，以供本地衣著。现改用洋纱织造，织机逐年增加，出品等第亦颇整齐”[3]523，生产工具也有所改进，产品大大增加，并有部分销往越南，“旧日为丢梭机，今改用扯索机，较为省力……每人每日平均可出布二匹，布重自十六两、二十两。全县约有织机八百架，年约产土布二十万匹，除本县自用外，有输往越南销售者”[2]985。1937～1949年，马关县有织布机近2 000台。[5]522 1940年，广南县城有织布机300余台，街天，县城南街街口摆有七八十个土布摊，生意兴隆。[6]21

民间纺织业的发展，某种程度上又刺激了商品经济的发展，民间出现了合股开办的小型纺织厂。1923年，文山县蚕桑实业所所长吴振庠与殷鼎合股办平民纺织厂，有织机4台，雇工10人。民国二十二年至三十年，文山县城林吉瑞出

① 参见马关彝族学会编《马关彝族志》（内部资料），郑州方志印务有限公司印刷，第37页，2004年。

资，川人王元享出技术合办瑞利花布厂，后林抽走资金，改名享利花布厂，雇工10～20人，有铁木织机2台，年产各色条子、格子花布800～1 400匹，产品行销文山、西畴、马关、麻栗坡、砚山等地。1940年，黄显廷、罗荣贤合股办染织厂，全厂10～20人，1948年，因物价暴涨停办。

整个民国期间，家庭纺织手工业数量较多，仅文山、砚山、西畴3县，就有织纺户2 300户，年产112.4万匹，染料多用蓝靛。[5]522 织布业虽为民间手工操作，但其产品却丰富了市场。

（二）制作土纸

文山地区民间自清代以来就十分盛行用竹子和山草做原料制作土纸。清乾隆六十年（1795年），有四川、贵州人落籍麻栗坡，利用当地竹子造纸，年产土纸四五十驮，因方法陈旧，故纸质粗糙。富宁田蓬、麻栗坡、董干、猛硐、小坝等地年产土纸千驮左右。文山县老君山周围村寨建有造纸作坊二三十家，历史最高年产量5 000担，行销全省。丘北县平寨纸厂村村民用构树皮土法制造绵纸，常年不衰。西畴、文山、广南、麻栗坡等县的一些地方也产绵纸，历史上最高年产量为15 000刀。[5]366

马关县南捞村民用野生一年竹为原料制造土纸，至民国时期先盛后衰。据《马关县志》载：“境内在清代就有人以野生竹子为原料造土纸。民国初期制造较为兴盛，30～40年代，因造纸原料不足，生产量逐渐下降，但沿至50年代仍有人生产土纸，土纸产地有南捞的那往、老糟坡、扣哈、竹棚……”[7]292 民国《马关县志》载：“土纸，以竹为原料，工简纸粗，不能供文房之用，但揩抹、包物并为冥财焚化亦不可少者也。旧日天然竹林甚丰富，所产土纸除本县用外，多有输往他县者。”[2]985－986 民国时期，南捞那往村等地村民几乎家家户户制作土纸，产品除在本县销售外，还销往文山、砚山、西畴、开远、蒙自、越南等地。但因竹子砍伐过度，原料缺乏，所产土纸几乎不足供本县之用。由于原料缺乏，南捞各村生产的土纸产量不断减少，《续云南通志长编》载：“昔日纸幅宽而长，一刀二十八张。近日幅狭而短，一刀十张。年产约二百五十驮，值国币五千元。因野竹非经人工培植，砍伐无度，所以原料日渐缺乏，制造不如昔日之盛。”[3]523

土纸主要用作包装、祭祀鬼神制作纸钱等方面，民间销量较大，但受造纸原料竹子生长季节和投资额的制约，不能全年生产，生产规模始终局限在家庭作坊内。

（三）编制斗笠

斗笠也叫竹笠、油帽、油篾帽等。明末清初，民间利用竹子和桐油制作油篾帽，制作工序简单，原料易得，“以棉纸、竹篾涂以桐油，即可发卖”[3]523，且携带方便，遮阳挡雨，为农村居家必备之物品，马帮、商旅亦多携带。清乾隆、嘉庆年间，麻栗坡、西畴、广南等县生产的油帽，做工精细，美观实用，产品除供本地所需外，还销往开远、昆明、广西、贵州、越南等地，成为民间的家庭手工副业之一。《续云南通志长编》记载：广南县“北区罗里村民制造，畅销颇广，年约出数万顶，每百顶值国币四十元”[3]523。民国《广南县志》载：“斗笠为广南特有工业。在昔产量甚丰，销路甚广，教育、团保、建设三局皆就出口斗笠抽捐，年共收银约四五百元。”[8]11民国《广南地志资料》亦载：“斗笠出北区弄追、洛里等寨，年约十余万顶。……每顶价值自三角至二元五角不定，视工作之精粗定之。销本省各县。”[9]8-9民国《马关县志》载：“竹笠，圆边而尖顶，对径二尺左右，乃行路者不可少之物，以其可以避雨遮日也。妇人孺子可为之，用篾编成，集于厂家，厚涂桐油乃成卖品，输往越南者，年约三万顶。”[2]986《续云南通志长编》记载：“油篾帽亦为麻栗坡、大坪等处出产大宗，年计出销四五十万顶，颇著名。”[3]529可见，民间编制斗笠比较活跃，市场销路亦好。

另外，丘北县官寨、戈寒、平寨等河谷槽子的壮族人民，还运用桐油防水性好的性能，利用当地出产的绵纸和竹子资源加工制作具有民族特色的适合劳动生产和日常生活使用的各种长把、短把纸伞，上市出售，销往省内外。[5]365

（四）陶器制作及房屋建筑

陶器制作，各县均有生产，规模与质量不等。明末清初，丘北县曰者乡陶业发达，土陶产品畅销；1947 年，丘北县有碗窑 1 座，年产土碗 2 万件。民国年间，文山城朱店坡、砚山县城郊窑上村均产大、小碗、盆、罐等日用陶器。[5]540 1922 年，广南县人李保葶在昆明学习制陶结业回乡开办碗厂，生产日用陶器，每年焙烧三窑，年收入 6 000 半开银元，产品除销县内，还销往富宁、砚山、丘北、西畴及广西西宁、隆林等地。[6]459至 1947 年，广南全县有制陶业 8 家。

清朝至民国年间，文山地区大的房屋建筑大量使用砖、瓦。清初，文山地区城镇有少数住房建盖瓦房。内地汉族移民陆续迁入，他们带来了先进的筑城和房屋建筑技术。雍正十年至乾隆八年（1732 ~ 1743 年），广南、开化府治所先后烧砖建筑城墙，砖瓦业兴起。民间出现了土法烧砖烧瓦的手工艺人。乾隆四十七年至嘉庆初年（1782～1796年），客籍江西、湖南人在开化府城北门外东西两侧各建一砖木结构会馆。咸丰至光绪年间，马关县都竜、文山县城相继建江西、湖南、四川、贵州四省会馆，均为砖瓦建成。与此同时，各县城和一些乡镇出现砖、土木结构，大斜面、大翘角、琉璃瓦屋面的各种寺观建筑。清末至民国年间，官府衙门、豪绅、富户建砖木结构、双斜面、一至二层四合院，檐口和院内有雕花装饰，房外筑围墙防匪患、御强暴；一般人家建土木结构瓦房或草房。[5]8 砖瓦房的兴建，促进了砖瓦业的发展。各地民间也出现了一批靠给人搭屋建房为生的木匠和石匠艺人，他们雕龙刻凤，技艺精湛，为文山地区的建筑雕刻作出了贡献。

（五）其他手工业及机器加工业

中华人民共和国成立前，文山地区有个体手工业作坊生产锄头、镰刀等小农具，盛时曾达459户，年产小铁农具近50万件。[5]496 广南县有铁匠铺219户，从业407人，其中铸造犁板、犁铧的有96户197人。[7]455 广南制造的小剪子，“颇精制，致锋锐，年约出一万余把，每把价二角，销售于本省各县及广西田南、镇南各道。”[9]8 到民国十年，年产小剪刀6万～7万把。[6]457 广南县城还有专为各民族雕刻制作各种银、金首饰、衣帽银饰的银匠铺，到40年代末已发展到25家。①

产于丘北的腻脚酒、广南的那榔酒均有200多年的历史。1940年，丘北县腻脚村酿酒户13户，年产量200吨左右。[5]400 始于清乾隆年间的富宁剥隘七醋，当地居民家家会做。到民国年间，七醋的年产量已达5吨。②

民国年间，民间普遍用木制油榨加工桐油和茶油。麻栗坡大宗出产桐油，并销往越南。[5]364《续云南通志长编》记载：“油榨以桐果、菜子、茶子等为出产大宗。土著仿学撞榨之法，油子以石碾碾细，每榨可打三斗，得油一百斤，能供本区之用。桐油不但供点灯之用需，运销出口亦为本区大宗。”[3]529 文山大部分地区盛产甘蔗，民间普遍用土法生产红糖，极盛时有榨坊361户，年产红糖73.81吨。[5]529

1932年，富宁剥隘商民关云增集资创办“万安昌烟庄”（1956年改称“万

---

① 参见戴启林《民国时期广南县城商业简述（1912—1949年）》，《广南县文史资料选辑》第三辑，第121页。

② 参见魏保祥、陈斌《剥隘七醋》，《文山州文史资料》第5辑，第125页，云南省广南县印刷厂，1986年。

安烟厂”)，雇工 24 人，手工生产烟丝销售。1946 年，万安昌烟庄从广西购进 15 马力发电机一台，切烟机三台，压烟机一套，于次年使用机器生产。1940 年，砚山稼依开文垦殖局先后购进 10 匹、12 匹马力碾米机各一台，购进英产 37 马力柴油机一台，25 马力 220 伏电压发电机一台，用作碾米机动力及机关 200 多个灯泡的照明用电，① 均于当年 4 月安装使用，碾米机日碾谷 100 公石。[10]573

清代至民国时期，文山地区的手工业如土布纺织、土纸制造、编制斗笠、制作陶器、民间榨油等都有了一定程度的发展，但大多数还是传统的以家庭为生产单位的自给自足的小手工业，规模小，产量低，产品供应市场有限。如土布纺织，主要供家庭所需，交换较少。19 世纪末 20 世纪初，洋纱、洋棉大量输入，一方面，传统的土布纺织业受到冲击、排挤，另一方面，民间手工纺织者纷纷改用购买洋纱、洋棉纺织，纺织户数增加，民间亦出现了合股创办的小型纺织厂，如马关、文山、砚山、西畴等县，棉纺织品产量增长，产品不再以满足自用为主，而是上市交易，从而使农业与手工业进一步分离，刺激了商品经济的发展。而陶器、斗笠、土纸的加工与制作系本地土特产品，受洋货输入的冲击不大，在一般情况下都能持续发展。此外，在农副产品加工方面，以榨油、榨糖、酿酒为兴盛。由于受市场需求、投资、区位优势等条件的制约，各手工行业始终未出现有组织的规模化生产，更无近代化的工厂和机器加工业。这也是民国时期乃至新中国成立后一段时期内文山地区工业经济落后的重要原因。

二、采矿业发展情况

文山地区矿产资源丰富，铜、铁、锑、锰、锡、煤等矿蕴藏量大，民间早有开采，明正统元年至民国三十八年（1436 ~ 1949 年），文山各县已开采铜、金、银、锑、铁、煤、钴、砷等矿产，并冶铁铸锅、造农具等。[5]5 民国及其以前，仅马关县有开采记录并有一定规模的采矿点就达 27 处之多。[2]975-978

（一）铜　矿

主产地马关都竜。都竜铜矿的开采，不但早，而且规模大。明末清初，已有两广、两湖、江西、四川、陕西等内地人到马关县都竜铜街采冶铜、银矿，销往越南。据方国瑜先生《中国西南历史地理考释》称：“‘鄂尔泰奏，据开化镇总

① 参见文山州经贸志编纂委员会编《文山壮族苗族自治州国营工业志》（内部资料），第 8 页，第 60 页，第 44 页，第 70 页，第 101 页，2004 年。

兵、游击各弁等呈报：都竜一带，有江西、湖广等人，向皆聚集开采铜厂及往来贸易，约有万人。'是时走厂人众，已有较长之历史。明时安南商人至水尾州（今老街）买铜，即仰给于都竜厂者，安南人亦至都竜开采，当在万历年以后。"[11]1296清嘉、道、咸年间更盛，用"九火"法冶炼，年计百万斤，每百斤黄铜矿可附产白银10～20两。后在清光绪二十三年（1897年）、二十四年、三十年以及民国二年、八年、十五年、二十年均有地方知名人士筹办，但都为时不长，以失败告终。① 民国《马关县志》载："铜街厂铜矿，距县六十里，与水洞厂相连，矿区袤数十里，清道咸之际最盛，矿工达数千人。匪变停办以后，虽屡有试办者，然卒为门外汉，所聘技师皆大言骗食者，毫无采炼知识，以是尽归失败。今无办者。查该矿为黄铜矿，每生铜百斤，可提银十两至二十两，惟熔炼工程实较他种铜矿为繁难。"[2]977其余在文山、丘北有零星开采。

（二）锑　矿

主产地广南。民国《广南地志资料》载："锑为大宗，产地颇宽，产额亦富。"[12]30清光绪三十四年（1908年），省城官绅发起筹组开广锑矿有限公司，筹集股本348 725元，于宣统元年（1909年）正式成立云南宝华锑矿有限公司，拨银1 000两，在广南城内西街建炉20座，聘湖南长沙华昌公司冶炼技师2人，试办炼厂。公司负责管理、开发广南锑矿资源。宣统二年（1910年），更名为云南宝华锑矿官商合办股份有限公司，炼厂设于蒙自芷村，采选厂分别设于开远、文山县茅山、广南县革夺、九克。仅8个月，革夺矿点采供锑精矿189吨，搭连矿采供100吨。民国四年（1915年），该公司在丘北县的沙林果、拖克、普阳、虎革组织开采，产品通过香港德商礼和洋行销往欧美。1917年停办。

清宣统元年（1909年），富宁县城陈嘉修集股开采格当锑矿，因无销路停办。1936年，其子又集股开办，土法冶炼，铸成锑锭，也因销路困难而停办。

民国五年（1916年），昆明商人李奕照等集资在广南办"宝源公司"，开采九克、白龙山等地锑矿，雇马运至蒙自芷村，经滇越铁路运越南海防，经水路出港。民国十四年，产品滞销停办。

民国二十六年十一月，蒙自芷村钨锑公司在广南设办事处，派人在广南开采、收购锑矿运至芷村车站，获利可观。民国三十年十二月，因技术落后，运价

① 参见文山州经贸志编纂委员会编《文山壮族苗族自治州国营工业志》，第8页，第60页，第44页，第70页，第101页，2004年。

高等原因停办。① 锑矿在文山、西畴、马关的许多地方均有零星开采，但都规模小，时采时停。

（三）银　矿

明正统十年（1445 年）前，文山西部白牛厂（1958 年划蒙自县）已有附近官府、军队聚众开采银矿，清乾、嘉年间（1736～1820 年），已成为全省著名银矿之一。道光十八年（1838 年），采矿者及其家属达数万人，年收课税银 2 000 余两。咸丰六年（1856 年）兵变废弃。光绪三十四年（1908 年）二月，蒋彦超等集资开办开化源利公司，年采矿十多万斤。清宣统三年（1911 年）改名为华利股份有限公司。

清康熙四十六年（1707 年），白牛厂附近黄龙山老岩厂采银矿者达数千人，年产白银数千两，额定税 287 两。雍正十一年（1733 年），马腊底银矿产量高达 126 000 两，课税达 19 000 两。光绪年间，文山县西部大银矿发展到十多个。

此外，还有马关县的菊花山、南当、水洞厂、东安里、花鱼洞、布忙厂，文山县的所作白、三宝山、羊街子、西乡新厂，麻栗坡的大坪、岔邦，广南的大桥坝、小里恨等地均办过银矿。②

（四）铁　矿

铁矿的分布较广，各县均有开采，产量不等，土法冶炼。广南的铁矿“铁质颇佳，龙街所产者，制为锅、犁、锄等，供全县用，至今产额不衰。”[12]30 1920 年，西畴县由绅民合股经营麻栗坡附近的火山铁矿，“开采法用横坑采掘法，炼制法用木炭合矿石入于矿炉中烧之，使铁矿还原即得纯净之铁。近三年产额每年可出铁八万余斤，价值每百斤洋五元至八元，销路即限于本地，尚不敷用。”[4] 麻栗坡的多数矿点还铸锅，制造铁农具，并销往越南。

（五）煤　矿

清道光至光绪年间（1821～1908 年），丘北县阿乃龙、文山县大石硐、以腻资、三岔河、虎沟、黄龙山，马关县落却、花枝格等民间已开始采煤。民国时期，广南八品寨、丘北县腻脚古城、红果树老寨亦有人开采。[5]454 但是，由于文

① 参见文山州经贸志编纂委员会编《文山壮族苗族自治州国营工业志》，第 8 页，第 60 页，第 44 页，第 70 页，第 101 页，2004 年。

② 同上。

山地区没有近代化工业，矿产冶炼规模小，且多用柴薪，不能刺激煤的大量开采；当时人口稀少，丰富的森林资源足以供人们资用，日常生活中没有必要花钱去购买煤作燃料；交通不便，运价高，百姓普遍穷困，消费能力低。因此，长期以来，煤的开采量始终不大，直到新中国成立初期，马关县日用煤量约两吨左右。①

清代至民国时期，文山地区的矿产资源主要是民间开发，均系人力开采，缺乏专业人才，资本投入少，规模小，产量低；土法冶炼，技术落后，效果差，所得精矿不多；畜力山路远程运输，耗时长，成本高，导致开采能力十分低下。加之山高路远，信息闭塞，特别是对外界矿产品需求信息不清，导致矿产品滞销。由于诸多因素的制约，致使矿山开采投入大，产出小，在开采与销售的过程中，多数开采点得不偿失，时采时停，或者停办，造成经济损失。因此，清代至民国时期，文山地区矿产资源开发在经济发展中尚未发挥应有的作用。

参考文献：

[1] 何廷明：《清代至民国时期文山地区苗族瑶族农业探析》，《曲靖师范学院学报》2012 年第 4 期。

[2] [民国] 张自明修、王富臣等纂：《马关县志》，民国二十一年（1932 年）石印本，（台北）成文出版社 1967 年影印出版。

[3] 云南省志编纂委员会办公室：《续云南通志长编》卷七十三，云南省科学技术情报研究所印刷厂，1986 年。

[4] [民国]《西畴县地志》，民国十三年查报。

[5] 文山壮族苗族自治州地方志编纂委员会：《文山壮族苗族自治州志》第二卷，云南人民出版社 2002 年版。

[6] 云南省广南县地方志编纂委员会：《广南县志》，中华书局 2001 年版。

[7] 云南省马关县地方志编纂委员会：《马关县志》，生活 · 读书 · 新知三联书店 1996 年版。

[8] [民国]《广南县志》第 8 册，1965 年云南大学借云南省图书馆藏广南县志稿本传钞。

[9] [民国]《广南地志资料》下册。

[10] 砚山县志编纂委员会：《砚山县志》，云南人民出版社 2000 年版。

① 参见文山州经贸志编纂委员会编《文山壮族苗族自治州国营工业志》，第 8 页，第 60 页，第 44 页，第 70 页，第 101 页，2004 年。

[11] 方国瑜:《中国西南历史地理考释》下册，中华书局1987年版。
[12] [民国]《广南地志资料》上册。

(原文发表于《文山学院学报》2013年第4期)

清代至民国时期文山地区苗族瑶族农业经济探析*

何廷明

摘　要： 清代至民国时期，文山地区的苗、瑶族长期居处山区、半山区，过着刀耕火种、狩猎、采集相结合的游耕农业经济生活。本文探讨了这一时期文山地区苗、瑶族农业经济生活状况，并分析其形成特点。

关键词： 文山地区；苗族瑶族；农业经济；特点分析

云南文山地区少数民族杂居，历史上开发较晚。清初改土归流前后，文山地区主要居住着壮、苗、瑶、彝等少数民族。其中，苗、瑶族长期过着刀耕火种、狩猎采集的原始农耕、游耕生活，经济发展十分缓慢。

一、苗族、瑶族农业经济发展概况

（一）苗族农业经济发展概况

清代至民国时期，文山各地均有苗族居住。由于迁入时间较晚，肥沃土地已被其他民族耕种，他们只好移往高山耕种贫瘠土地。苗族所住之地，大多山高坡陡，乱石丛生，居住环境、生存条件之恶劣，是文山地区各民族中少见的。民国《马关县志》载，苗族“奔山越岭，捷于猿猱，故喜居高地”。[1]238民国《新编麻栗坡地志资料》有苗族“喜居高山，以种玉蜀黍为业，大多系佃农，不穿鞋，不读书，性极鄙俚”的记载。[2]5苗族在高山旱地上种植旱稻、玉米、荞、麦、高粱以及薯类、豆类等粮食作物和麻、蓝靛、烤烟等经济作物，使用弯刀、镰刀、砍刀、条锄等适应山地耕作特点的生产工具，其中斧头、砍刀、弯刀专用于开发山林。苗族的农业经济，具有刀耕火种和游耕的特点，亩产不过七八十斤。[3]180

* 基金项目：云南省教育厅科学研究基金项目“文山地方史研究”（2010Z037）阶段性研究成果。

由于粮食产量低，苗族经常迁徙流动，更换土地，“惟苗人逐肥而噬，数年一迁，其居喜于无河流、溪涧、路径奇险之山巅，往返数十里汲取饮水，恒视为寻常，在他人以为最苦，而在苗人则以为最宜，原苗人尚带游牧意味，无固定居处，最高之山为他人所不屑注意之地，即为苗人垦殖之区。所垦之地，家必随之，三数年间，天然肥料渐次丧失，垦地渐由沃而瘠，苗人则又另垦新地弃之不顾。既寻获新地，虽在数百里外，亦必阖家迁徙，凿石伐木，从事构屋。故其所在之地则垦之，去则弃之，去来无恒，几与游牧人种无异。”[4]46－47这种长期的游耕农业，源于刀耕火种，耕作技术原始、粗放，生产力低下，只三年，其所种之地即已失去肥力，致使农作物产量极低，难以维持一家人的生计，只好整家甚至整村整寨地搬迁，另谋生路。因此，旧有“老鸦无树桩，苗家无地方；桃树开花，苗族搬家”的民谣。[5]25频繁的搬迁，导致了苗族的生活极端不稳定和贫困。中华人民共和国成立前，大部分苗族租种壮、汉等族土司、地主的土地，首先要向他们送礼，待地主、土司同意后，要以二三元半开作押金，然后才能耕种。收获时要将收获物的50%～60%交给地主，还要承担国民党政府名目繁多的苛捐杂税，收获物所剩无几。很多人家一年中缺粮半年以上，因而经常以野菜充饥。[3]180

苗族因居深山老林，农耕技术又十分落后，仅靠农业生产已不能维持最低生活，常常辅以打猎和采集。苗族男子从小就参与打猎，会使用火枪、弓弩、扣子等猎具，成年后都是打猎的好手。民国《马关县志》载：苗族“性情剽悍，好猎猛兽，善用火铳，发则多中，制药伏弩，中则立死”。[1]238由于频繁搬迁，苗族很少饲养牲畜和禽类动物，因此，借助打猎可以补充肉食来源。于是，打猎成为一种经常性的副业和生活补充，但也很不稳定。妇女从事采集，她们在村寨附近的森林中采集菌类、野菜、野果等可食之物。遭遇荒年，采集更不可缺少。苗族生活素来简单，且无计划性，“苗人生活极简单，谋生无宿计，故烹一牛，开一瓮，一餐可尽也。累月无酒肉，无油盐，不以介意也。”[1]241可见，苗族在生活中耐苦性极强。

（二）瑶族农业经济发展概况

清代至民国时期，瑶族已分布在文山各地，居住在高寒山区、半山区，其情况与苗族极为相似，都经历了生产力水平极低的“刀耕火种”、游耕农业阶段。民国《马关县志》载：瑶族“刀耕火种，逐山箐以为家”，[1]225他们在焚烧冷却后的火灰地中点种旱稻、包谷、高粱、豆类、薯类等粮食作物以及蓝靛等经济作物，不中耕，不施肥，不除草，等待秋季收获。土地的肥源全靠烧荒的火灰，不砍地烧荒就不能增加肥力，耕作三四年后，肥力耗尽，土地贫瘠，不能再种，就任其荒弃，举家迁徙，另寻森林砍烧，开垦新地。因此，瑶族“刀耕火种，故足迹所至，林箐难存。箐尽则他徙，不置田产，拙于谋生”。[1]226 刀耕火种作为一种原始、粗放的农业生产技术，由于受自然环境的制约和落后生产技术的影响，其收获带有很大的不稳定性。而这种极其落后的生产方式又常常使其所居之地的资源造成较大的损失，山林遭到极大的破坏，于是，他们不得不到处寻找更为理想的可供从事刀耕火种农业的生存空间，因此，不定居的迁徙生活就成为他们必然的选择。乾隆《开化府志》载：瑶族“所居之处，不四五年即迁”。[6]246 民国《新编麻栗坡地志资料》亦载：瑶人“住居无有一定，全视山林之繁茂与否为定度，若彼所住之地山林被其砍完则迁其他山箐茂盛之地矣，颇似古代逐水草而居之游牧民族”。[2]4 由于刀耕火种这种游耕农业的不稳定性，即广种薄收甚至广种无收，使狩猎与采集在瑶族的经济生活中成为不可或缺的重要补充。乾隆《开化府志》载：瑶族“多处深山，喜猎，善搏虎豹”。[6]246 民国《马关县志》载：瑶族“不置田产，拙于谋生，善于打猎”，“好猎，善火枪，能制弩药，以杀猛兽。”[1]226 这些记载说明瑶族也是一个善于狩猎的民族。同样，由于刀耕火种经常迁徙的原因，瑶族饲养的牲畜和家禽都不多，于是飞禽走兽常常成为他们猎取的对象，并成为他们改善生活、增强体质的重要肉食来源，同时兽皮还可以拿到集市上换回必要的生活用品。因此，狩猎在瑶族的社会经济生活中得以长期沿袭和保留。在瑶族居住的高山森林中，生长着各种菌类、野菜、野果等野生植物，妇女们对这些野生植物的采集，是对刀耕火种农业收获不足的重要补充。

二、清代至民国时期文山地区苗族、瑶族农业经济特点分析

清代至民国时期，文山地区苗、瑶族所产粮食均不能满足日常需要，这除了他们本身所受的封建剥削较重之外，还与他们所采用的耕作技术极其落后、农作物产量低以及他们所居住的生活环境有直接的关系。因此，耕猎结合的经济活动在苗、瑶族经济生活中占有较大的比例。

第一，其耕作方式均是原始、落后的“刀耕火种”。在耕作技术上，苗、瑶族祖辈沿袭的是原始、落后的“刀耕火种”山地农业生产经营模式。“刀耕”并非用刀耕地，而是在播种季节到来之前，用刀砍倒山地或轮歇地内成片的树木、杂草，暴晒于烈日之下；“火种”则是在播种前把砍倒晒干的树木、杂草放火烧成灰烬作为肥料，[7]8 然后用木棒或木锄刨一小坑，点种稻、包谷、荞、麦等农作物种子。点种后就只等收获了。这是犁耕农业之前的原始农业。作为一种经济活

动，“刀耕火种”技术含量极低，并且大量消耗森林资源，一开始就以破坏生态的面目出现。民国《马关县志》载：马关“天然森林，遍于全属”，一方面因管理不善，砍伐无度，另一方面，“苗、瑶各族，火种刀耕，斫伐尤甚。其结果，近数十年，各地多成童山，天然森林所余无几，日用柴薪，渐感困难，建筑木材，已至缺乏”。[1]987 这正是刀耕火种结出的恶果。在这种极为原始、粗放的耕作技术体系下，所烧山坡没有被转化为稳定的土地，往往栽种一季之后就丢荒；烧山后遗下的草木灰虽然可以作为肥料，但它既不持久，又难以追加，甚至被大风吹走后，使山地失去应有的肥力而常常难以达到增加土壤肥效的目的。可见其经济发展水平极低，普遍过着半年野菜半年粮的贫困生活。

第二，狩猎、采集是刀耕火种游耕农业经济的重要补充，是在长期历史发展过程中形成的经济发展模式。由于历史上的迁徙，各少数民族进入文山地区有先有后，居住环境和条件因此而各有差别。一般是壮族占据了条件较为优越的河谷和坝区，瑶族居住在半山区，苗族居住在高寒山区。从河谷、坝区到山顶，随着地形的变化，气候和植被成立体变化，生活条件却逐级降低。在文山地区的民间长期广泛地流传着“苗族住山头，瑶族住箐头，壮族住水头，汉族住街头”的说法。居住的环境和地区决定着各少数民族经济生活水平的高低，越往山区，生活条件越艰苦，生存越艰难。苗、瑶族聚居的山区，地貌极其复杂，山高坡陡，陡坡地、石山地占的比例很大。由于大部分耕地只能靠天吃饭，收成极低，在这种情况下，为了满足基本的生活和生存需要，就需要结合养殖、狩猎、采集等经济活动来作为辅助和补充。

第三，苗、瑶族长期保持以农业为主的自给自足的自然经济特点，手工业、商业和畜牧业均未从农业中分离出来。手工业产品主要满足自用，很少出售，如苗家妇女纺织的麻布及自制的衣服、自编的竹篾器、木制的桌、凳等。苗、瑶族均没有专业的手工业者，仅有半农半工的工匠，在农闲时制作苗、瑶族妇女喜欢的银项圈、银手镯、银耳环、银围腰链等银饰，农忙时亦要从事生产劳动。商业的发展多停留在以物易物阶段。居住在山区的苗、瑶族，要用自己的农副产品、手工业品到集市上换回生活必需品如食盐等，往往要翻山越岭行数十里甚至上百里路程，或靠汉商“游村串寨”上山进行不等价交换。游耕状态下的苗、瑶族，很少饲养家畜。

综上所述，清代至民国时期文山地区的苗、瑶族因居处山区、半山区，长期沿袭刀耕火种的游耕农业，狩猎和采集占了经济生活的很大比例，到民国时期，部分处于“半定居”状态。大多数家庭粮食仅够维持半年，其余靠采集野菜度日。中华人民共和国成立后，这种落后的农业经济直接进入社会主义社会，文山地区的苗族、瑶族经济在建国后的相当长一段时期内处于落后状态。

参考文献：

[1]［民国］张自明修、王富臣等纂：《马关县志》，民国二十一年（1932年）石印本，（台北）成文出版社1967年影印制版。

[2]［民国］陈钟书等修，邓昌麒纂：《新编麻栗坡地志资料》中卷。

[3] 云南历史研究所编著：《云南少数民族》，云南人民出版社1983年版。

[4]［民国］《广南县志》第6册，1965年云南大学借云南省图书馆藏广南县志稿本传钞。

[5]《文山壮族苗族自治州概况》编写组：《文山壮族苗族自治州概况》，云南民族出版社1986年版。

[6]［清］汤大宾、周炳纂，娄自昌、李君明点注：《开化府志点注》，兰州大学出版社2004年版。

[7] 杜玉亭：《云南多民族特色的社会主义建设问题探讨》，载《云南多民族特色的社会主义现代化问题研究》，云南人民出版社1986年版。

（原文发表于《曲靖师范学院学报》2011年第4期）

《盐课碑》与清代云南省和文山地区的盐政

曾跃明　娄自昌

摘　要：马关县八寨镇的《盐课碑》是研究清代云南省和文山地区盐政的重要史料，该碑记载了嘉庆初年开化府民众因不堪官府增加盐课而推举生员李占春等两次万里赴京控告，最后使开化府官盐价格从每百斤卖银 3.64 两降为 3.03 两的史实。从《盐课碑》和相关史料中可以看到，清代在云南省和文山地区推行的官府垄断和控制食盐生产、运销的政策，一方面使盐课成为政府财政收入的重要来源，另一方面也为相关官员营私舞弊创造了条件，最终使云南省和文山地区的盐政成为一项官累民病、上下交困的弊政。

关键词：盐课碑；清代云南盐政；官运官销；烟户盐

文山州马关县八寨镇原文化站前院西墙壁上有一通清代嘉庆年间所立石碑，碑用条石镶边，两侧书写对联“课减六钱嘉帝泽”“功加八里庆皇恩”，碑额题“永垂不朽”（横批）、“皇恩浩荡”（竖题）八字。碑文右侧上方书写“告示”，左侧下方书写“右仰通知”。碑文分三部分：第一部分为刻碑原因的说明。第二部分为嘉庆皇帝和有关官员关于审理云南开化府江那里生员李占春、张耀和张鼎两次赴京控告开化府和文山县官员的有关批示和奏稿。从批示和奏稿的内容看，因开化府和文山县增加盐课等原因，李占春和张耀赴京控告，因冲突仪仗之罪，被判军徒之刑；张耀之弟张鼎第二次赴京控告，引起了嘉庆皇帝的注意，令刑部和在云南审理此案的兵部侍郎那彦宝、大理寺少卿章煦重新审理。最后审理结果是，李占春和张耀仍判军徒之刑，开化府和文山县官员无罪，但开化府和文山县的官盐价格从每百斤卖银 3.64 两恢复到原来的 3.03 两，每百斤盐削减课银 0.6 两。第三部分为开化府知府金某应江那里民众请求将有关削减盐课的告示再次发给各里张贴的说明。从内容来看，碑文原为一篇告示，曾在开化府所辖八里张贴，而在永平里张贴的告示最终被刻成碑文，保存至今。

从碑文的记录来看，该碑应立于嘉庆二十四年（1819 年）年底，因涉及盐课的削减，当地群众称之为“盐课碑”。该碑保存基本完好，但接近地面的部分由于长期被雨水浸蚀，部分字迹已经难以辨认。《盐课碑》对于研究清代文山地区乃至云南省的盐政是一份珍贵的实物资料，有着重要的史料价值。现将《盐课碑》全文标点抄录于下，以便对清代云南省和文山地区的盐政作分析说明。

一、《盐课碑》全文①

窃闻：莫为之前美弗彰，莫为之后盛弗传。是有美，而藏于美所不见之地，而后之人忘夫美，而不能代前宪以传也。如开化八里分销府、县盐九十万斤，向日收课三两六钱四分，民不堪，令有生员李占春、张鼎、张耀叩阍，将三人分别军徒，奉旨钦定三两三分定例，屡邀府、县主殊恩，遵定章程。饮水思源之际，将此情禀请府主金颁示刻石，蒙恩给示。若不宝贵，是有美，而藏于美所不见之地，忘夫美而不能代前宪以传也。爰将前禀始末并部文、宪恩、给示美意，镌次于左：

内阁抄出钦差兵部侍郎那、大理寺少卿章奏云南开化府民人张鼎所奏从军犯李占春指使赴京叩阍、希图翻案、审拟治罪一折，嘉庆八年三月二十九日奉朱批：“刑部核拟具奏，钦此。”三十日抄出到部。该臣等议得：据钦差兵部侍郎那等奏称“窃臣等于本年闰二月初九日接奉上谕：‘张鼎因伊兄张耀久禁囹圄，远涉万里叩阍，其中恐有冤抑情事。且阅张鼎所供情节，按甲押领官盐，始系该县听信乡约尚林、盐书李锡等之言更改章程，继经张耀控准批示，尚林等串同隐匿。此等胥吏舞弊累民，尤应严诘究办。现在那彦宝、章煦在滇审案，着接奉此旨后，不必俟张鼎解到，即就近提集张耀等一干人证，先行详查，秉公确审，定拟具奏，不可稍有瞻徇。至此次张鼎来京控告，系属伊兄主使，那彦宝等审明，如果所控属实，则冲突仪仗之罪，可量减一等问拟；倘所控竟属全虚，即当加等，照诬告例治罪，以儆刁徒。等因。钦此。’臣等即札饬开化府，将案内应讯人证提集解省，并将府、县收发盐斤底账及该县萧晋连按甲押派底簿原卷等项一并送核。兹于本月初三、四日陆续解到。臣等详核卷宗，亲提研鞫”，除讯供治拟长文不录外，又据钦差兵部侍郎那等奏称“李占春主使教诉，应照例充军，该犯已于前案问拟军罪，似毋庸重科。张耀随同李占春商量，令伊弟张鼎赴京控

① 盐课碑碑文，参照盐课碑实物与民国《马关县志》（台北成文出版社1967年版）卷八《艺文志·碑记·八寨碑记（即盐课碑碑文）》整理而成。

告，应照为从例问拟徒罪，张耀亦于前案问徒，亦勿庸重科。其余无干，概于省释”等语。均应如所奏完结。再据奏称“开化文山行销盐斤，每百斤例收课银三两，何以该府示内有三两六钱四分之语？臣等检查案卷，严讯该县萧晋连，自乾隆十六年原定咨部章程内，每征课银一两，有随解课费八厘，又盐课银两，例应拨充兵饷，每两有坐平二厘，于征收盐课时可每两随征二厘。在查粤盐由剥隘运至府城，计陆路十三站半，每百斤每站实在须脚银一钱七分，共银二两三分，除例准报销脚银一两八钱三分五厘外，每百斤计不敷银五钱六分，加以解费、倾销、火耗等项，不得不额外加增。经阖郡绅士公议，每百斤加贴银六钱，由来已久。前任知府刘青照恐日久滋弊，是以出示晓谕，于向定三两六钱四分之外，不许稍有增添，均属实在情形。但此项津贴，从未详咨立案，该县百姓不能尽知系属办公，往往借口挟制官吏，讼端由此而起，自应永远禁止。惟解费八厘、坐平二厘，每百斤共随征银三分，系属办定章程，未便扣除。其余加增银五钱七分，概行裁革，只须照例每百斤征银三两三分，即使脚费不敷，该府、县设法蹲节，勿许丝毫累民。俟后，该处百姓领盐纳课，谕令俱用库平纹银兑交，以免官吏借口倾销、火耗为名影射多取。其粤省解到盐斤，着该府、县逐包查验，如有掺和沙土，立即禀究。若已经收明贮店行销，经百姓呈出掺和沙土盐斤，即将该府、县究办。至发销盐斤时，经手书吏等短少斤两以及折收子课等事，实难保其必无，亦应一并严行禁止，责成督、抚、盐道随时（检）查，有犯即惩，庶以杜讼端而便民食”等语。恭候命下，臣等部移咨户照例核办。等因。嘉庆八年四月十六日奏，本日奉旨：“依议。钦此。”

云南开化府正堂加五级纪录六次金为如禀给示遵守事：据江那里民人张泰、王堂、何逢元、侬老九等禀称：“缘开化文山额销粤盐九十万斤，内府盐四十万斤，在于府城、枯木、马腊、江那设店行销；县盐五十万斤，在于乐竜设店行销。于嘉庆八年十月内，蒙庄府主出示内开：‘因吴前府主改换章程，致李占春、张鼎等叩阍，蒙钦差那、章大人审讯，将李占春、张耀二人军徒在案。业经奉到部文，饬令酌减，每盐百斤准收课银三两三分，其先前陋规概行裁革。’出示晓谕在案，各里民人无不均沾膏露。兼奉部文之后，果蒙历任府主遵三两三分收课银，盐净秤足。仰体皇恩浩荡，下逮厚泽深仁，民等既属含生负性之俦，难忘食泽饮和之恩。回念庄府主所颁告示，已被风雨吹残，蚩蚩之众，其天良不禁怦怦！幸逢福星荣临，是以禀恳仁恩，俯赏查案，再行给示，民等得以宝贵刻石，永远世守，虽世易代殊，得睹皇王子惠元元之仁，举各府主登民衽席之恩，与新恩并垂千古。”等情。据此，本府细查前案，果给有示，既被风雨吹残，犹复眷恋不忘，足见尔等爱戴之诚，合再出示晓谕为此示，仰各里汉夷军民人等知悉。自示之后，遵照钦定章程、奉到部文饬令酌减，每发盐百斤，准收课银三两零三分，永垂定制，里民等毋得违例，倘乡约、伙头人等格外浮收，许即指名禀究，各宜禀遵毋违。特示。

嘉庆十六年九月十六日发江那等里实贴晓谕、二十四年十一月二十日给永平里八寨。

二、《盐课碑》和相关文献所见清代云南省和文山地区盐政概况

（一）清代云南省盐政概况

盐是人们日常生活中必不可少的必需品，对盐的生产和运销实行垄断，很容易获取高额利润。中国历代王朝为了获取盐课（税），增加政府财政收入，往往对食盐的生产和运销实行官府垄断，禁止或限制民间力量参与经营，清朝也不例外。

云南位于边疆地区，地瘠民贫，经济落后，清代云南财政收入的来源，除了地丁钱粮外，只有盐课最为大宗，因而清朝云南当局对盐政非常重视，官府对食盐生产和运销的垄断程度，远比其他省份更为全面、深入。但不同时期、不同地区的情况也有所不同。

具体来说，康熙中期以前，云南各地食盐的生产和运销主要承袭了明代的方式，生产上主要实行官府控制，并就井征课（税），而运销则实行商运商销。具体运销办法为：各盐井定出每年产盐数额，由盐道按各井产盐数额发给驻井官员盐票，由商贩到各盐井官员处领票纳课，再凭盐票领盐运销。[1]卷149,12

到康熙中期以后，云南食盐无论是生产还是运销都开始实行全面的官府垄断，一直到嘉庆初年，沿袭百余年之久。其具体办法，嘉庆初年任迤南道台的屠述濂说："查滇省盐井二十八区，以供十三府三厅四州民食，立提举、大使等官分辖经管，预领薪本，督率灶户每年煎办额盐三千七百一十万六千二十斤，按月交存井仓。而行销之法，则系按照各州县户口多寡，酌定额数，地方官垫价雇夫赴井运归本地，设店收贮，分发所属铺贩销售，每盐百斤，定价三两。各属每年共解盐道库银一百四万三千四百一十八两，内拨解司库正课盐二十六万一千六百四十三两，余作开支养廉、经费、归还薪水运价等项，按年造册分款奏销。"[1]卷147,21 。

由于官运官销存在种种弊端，到嘉庆初年，各种弊端已经积重难返，并在云

南十余州县引发多起大规模民众暴动，经御史谷际岐、云贵总督富纲、云南巡抚初彭龄等屡次奏请，嘉庆五年（1800年），清廷最终同意对云南井盐的运销实行改制，取消官运官销，改行民运民销，“卖价听从民便”，官府则仍控制生产并就井征课，并负责防止各盐井偷漏走私，同时防止四川、广东私盐侵越入境。[1]卷147,20嘉庆改制的最主要特点，就是在运销环节中引入民间力量，以革除官运官销积弊所造成的危害。嘉庆改制取得了很好的效果，推行约五十余年之久，直到“咸同变乱”。

咸丰同治年间，云南全省大乱，官府瘫痪，各种武装派别到处攻城略地，相互争杀，盐政废弛，食盐的生产和运销都不再有固定模式。

光绪年间，随着云南局势逐步恢复稳定，云南盐政得以逐步重建，基本上恢复到嘉庆改制后的状态，即生产由官府控制，并就井征课，而运销主要实行官府控制下的民运民销。但由于附加在官盐上的各种捐派不断增多，致使官盐价格日益高昂，来自法属越南和英属缅甸的质美价廉私盐泛滥，致使云南盐政大坏，难以为继，最终跟随清朝的灭亡而告结束。

（二）清代文山地区盐政概况

由于文山地区不产盐，清代时主要运销云南内地井盐和广东海盐，因而有关文山地区的盐政主要涉及食盐运销而不涉及食盐的生产。

清代文山地区食盐的运销总体上与全省类似，也有一些差异。清代早期，与全省一样，主要由商人运销，由于盐课已经在产地征收，文山地区不再征收盐课，因而对商人的运销，地方官没有太多干涉。在此情况下，大量来自越南的廉价走私盐长期在民间销售，成为清代早期文山地区运销的最主要食盐之一。[2]74

从康熙中期起，由于云南省食盐的运销开始实行官运官销，文山地区大体与全省同步，也开始实行官运官销。

广南府境内的官运官销主要由广南府和宝宁县两级官府负责完成，主要运销广东海盐，从广西百色接收，运到境内各盐店销售。自从乾隆九年（1744年）以后，广南府每年负责完成运销广东海盐80万斤；乾隆三十一年（1766年）以后，又增加到每年运销100万斤；到嘉庆初年（1796年）以后，又增加到每年运销110万斤。其中，广南府负责土富州（今富宁县）境内的运销，嘉庆道光时（1796～1850年），每年负责完成运销55万斤，分别运至剥隘、皈朝、富州三处盐店销售；宝宁县主要负责今广南县一带的运销，嘉庆道光时每年负责完成运销55万斤，主要运至府城（即今广南县城）设店销售。广南府和宝宁县运销广东海盐所需各项费用主要从上级请领，各地卖价按上级官府规定执行，其中，剥隘盐店每盐百斤卖银2两，皈朝盐店2.4两，富州盐店2.7两，府城盐店3两。所有卖得银两，扣除店费和少量地方垫付费用外，全部上缴。[3]607-610

开化府境内的运销由开化府和文山县两级官府负责完成，有时运销云南井盐，有时运销广东海盐，不同时期情况各有不同。

乾隆四年（1739年）以前，主要由开化府知府负责运销，每年负责完成运销云南阿陋井盐33万斤。乾隆四年后，划归文山县知县负责运销（当时的文山县辖区与开化府辖区一致，仅级别不同），仍运销阿陋井盐33万斤。由于阿陋井盐供给不足，乾隆六年（1741年）文山县知县请领广东海盐10万斤运销。两年后，文山县知县负责运销的广东海盐又增加到每年40万斤，而阿陋井盐由于运费昂贵，运脚难雇，降到20万斤，两项合计，每年负责运销60万斤。到乾隆十三年（1748年）时，又实行开化府知府、文山县知县分别负责不同地区的运销并长期执行。乾隆二十二年（1757年）时，开化府知府负责运销广东海盐40万斤，在府城（今文山县城）、枯木（今古木）、马腊、江那（今砚山县城）设店行销；文山县则负责运销广东海盐20万斤、阿陋井盐20万斤，在乐竜设店行销。乾隆三十八年（1773年）时，文山县停止运销阿陋井盐，但增加运销广东海盐30万斤，这样，文山县知县共负责运销广东海盐50万斤，整个开化府境内不再运销云南井盐，每年运销广东海盐90万斤。这种情况一直持续到嘉庆时期。嘉庆十八年（1813年）以后，开化府停止运销广东海盐，转而运销云南井盐，[2]73-74直到清朝灭亡。

开化府境内官运官销所需各种费用主要向上级部门领取，少量由本地垫付。至于卖价，根据乾隆元年（1736年）乾隆皇帝谕旨，云南境内食盐价格，每盐百斤卖银不得超过3两，因而每百斤卖银3两。[3]609但从《盐课碑》反映的情况来看，到乾隆晚期嘉庆初期时，开化府和文山县官府擅自增加到每百斤卖银3.64两，经李占春、张鼎等到北京控告，嘉庆八年（1803年）以后降为每百斤3.03两。开化府境内官运官销卖得银两，除了店费和少量垫付的其他费用外，其余全部上缴。

如前所述，到嘉庆初期，由于官运官销积弊祸害严重并引发民众暴动，云南各地井盐的运销改而实行民运民销，卖价听从民便。但由于当时的文山地区主要运销广东海盐而非云南井盐，因而嘉庆改制后的民运民销模式并不适用于文山地区，从《盐课碑》和《开化府志》《广南府志》的记录来看，直到道光年间，文山地区食盐的运销方式一直是官运官销，仍由开化、广南两府地方官负责从井盐产地或广西百色接收，然后运到各自所管地方销售，直到“咸同变乱”为止。由于文山地区仍实行官运官销，因而官运官销的积弊依然存在，《盐课碑》中所反映的开化府生员李占春和张耀、张鼎兄弟在民众支持下两次万里赴京控告的事件就是在此背景下发生的。

“咸同变乱”后，云南盐政逐步恢复到嘉庆改制后的状态，即生产和征课实行官府控制，运销则实行官府监督下的民运民销。但文山地区仍主要实行官运官销，原因主要是质优价廉的越南私盐泛滥，而云南官盐价格高昂，商人不愿意运销，因而继续实行官运官销。光绪十二年（1886 年）在开化府设立官盐总局，一方面负责运销云南黑井官盐，另一方面负责在麻栗坡到河口等沿边地带设卡巡缉，阻止越南私盐入境。[1]卷148,7但由于云南官盐价格高昂，盐贩非法贩运越南私盐销售的情况极为普遍。清末时，为抵制越南私盐泛滥的影响，云南当局曾对文山地区的官运官销官盐实行大减价（减免各种税课和捐派），起到一定效果。

总体来看，清代云南食盐的生产一直实行官府垄断和控制，而运销，不同时期、不同地区则有所不同，有的实行官运官销，有的实行官府监督控制下的民运民销。尽管运销方式有所不同，效果也不一样，但官府的控制和干预一直存在，因而对食盐的生产和运销实行官府垄断、控制或干预一直是清代云南省和文山地区盐政的主要模式。

三、官府垄断和控制食盐产销的利与弊

从相关文献和《盐课碑》所反映的情况来看，对食盐的生产和运销实行官府垄断、控制和干预，既有利也有弊。

（一）有利方面

从有利方面来说，主要是为官府征收盐课（税）提供了方便，并使盐课成为政府财政收入的重要组成部分。

在清代云南财政收入中，盐课的地位非常突出。清代初年，云南各盐井每年征收课银即达 14.6 万余两，相当于明代后期每年征收 3.5 万余两的 4.17 倍。[1]卷147,6-7到了嘉庆道光年间，云南每年征收的正杂盐课银则达 37 万余两，[1]卷147,26而当时云南每年的财政总收入仅有 130 万两左右，盐课一项就占整个财政收入的近三成，其重要性可见一斑。到清末时，由于附加在食盐上的各种捐派日益增多，官府从垄断食盐产销过程中获取的收入更是大为增加，根据云贵总督锡良于光绪三十四年（1908 年）的咨度支部电文，清末时云南省每年从食盐

中征收的正杂各款达银130万余两，[1]卷148,24相当于嘉庆时期的3.5倍。总体来看，在清代云南的财政收入中，盐课长期仅次于地丁钱粮而居第二位。

文山地区情况稍为特殊，因为文山地区不产盐，无论是云南井盐产地还是广东海盐产地，离文山地区都比较远，加上道路崎岖，运输艰难，致使运费高昂，而价格与全省类似，利润因此相对较低。尽管如此，官府仍可从中获利，并不亏本。根据相关案册，嘉庆初年（1796年），广南府和开化府每年运销广东海盐200余万斤，每年可卖银6万余两，除去盐价、运费和其他各种运销费用4.6万余两外，尚有利润1.4万余两。特别是广南府境内，由于运费相对较低，每年利润可达1.2万余两，在广南府境内征收上缴的各种税课中占有非常突出的地位，超过了其他税课的总和而位居第一；开化府境内由于运输费用较高，利润低微，但并不亏损，每年仍有0.2万两左右的利润，在开化府征收上解的各种税课中仍有一定的地位。[3]608-610

总之，清代云南省和文山地区的财政收入中，盐课一直是最重要的组成部分之一，而这是与官府对食盐的生产和运销实行垄断、控制密不可分的。

（二）主要弊端

对食盐生产和运销实行官府垄断，所带来的弊端也是非常明显的，有清一代，史不绝书。康熙时期、雍正时期、乾隆时期、嘉庆时期、光绪时期都曾对云南盐政进行过多次整顿，但除了嘉庆时期的改制力度较大，取得了较为明显的效果外，其他时期的整顿往往都是人走政息，各种痼弊反复出现，使得清代云南盐政成为一项官累民病、上下交困的弊政。

清代云南盐政的弊端，不同时期各有不同，尤以康熙中期至嘉庆初期、晚清时期的积弊最为严重。晚清时期的积弊主要是云南当局在食盐上附加种种捐派，致使官盐价格日益高昂，长期积压滞销，而来自法属越南、英属缅甸的优质廉价私盐充斥市场所造成。限于篇幅，不作更多说明。这里主要就与《盐课碑》相关的康熙中期至嘉庆初期积弊作更多说明。

康熙中期至嘉庆初期云南盐政的积弊主要是官运官销弊端长期发展而成，主要表现为相关盐政官员利用职权便利，通过种种手段对百姓进行盘剥、损公肥己，给人民和国家造成严重祸害。从多任云南督抚奏疏、地方官文稿和朝廷谕旨中，可看出这一时期云南盐政的弊端主要有以下几方面：

首先是负责官盐生产和运销的各级官员相互勾结，利用生产和运销官盐的便利和特权，大量生产和运销所谓余盐以中饱私囊，致使私盐泛滥，官盐长期积压滞销，盐课亏空严重。

早在康熙末雍正初，云南盐政的这一弊端已经显现，当时的云南巡抚杨名时在其告示中说："其加煎余盐，名目繁出，倍于正额之数，……既加煎，则行销必致壅滞。"[1]卷147,9并于雍正元年（1723年）奏准："云南九井行盐办课，革去上下一应陋规，不许督、抚、盐道等官赴井煎盐，居积买卖。"[3]561

但到乾隆、嘉庆时，相关盐政官员贩卖所谓余盐牟利的情况更加严重。嘉庆初年的云南巡抚初彭龄谈道："不肖州县官勾通井官，于额盐之外，私买余盐，行销肥己；灶户利于卖私，益滋偷漏。其初，一二人开其端，数年来互相效尤，处处皆然。……迨至乾隆五十六年（1791年），……而应销额盐积压愈多，于是州县官又有计口授盐，短秤加课之弊。"时任迤南道台的屠述濂说："乾隆四十五年清查，商民积欠四十六万一千六百余两，奏蒙恩旨，分别有着无着追赔在案。今又阅二十年，灶户堕煎盐斤、商民积欠课银为数又复不少。"[1]卷147,21

第二，由于官府支付给灶户的官盐薪本严重不足，为减少亏损，灶户一面在官盐中搀和沙土以充斤两，一面与井官勾结大量煎卖余盐。一方面使得官盐潮杂不可食，更加滞销，另一方面也进一步加剧了私盐的泛滥。

前述康熙末雍正初任云南巡抚的杨名时告示中说："煎盐时插和泥土，几至三七，病民殊甚。"[1]卷147,9嘉庆初年，御史谷际歧奏疏中说："将井出净盐四十斤搀和沙土六十斤为一石。"[1]卷147,23迤南道道台屠述濂说："且因薪价日昂，原定薪本实有不敷，灶户无项赔垫，不得不搀和沙土，以低潮充数交官。而卖给私贩，则成本之外，得沾余润，故利于私贩，不乐于交官，反偷煎净盐以招徕私贩。此官盐之所以潮杂而私盐之所以纯净也。私贩所买私盐，无需完课，有利可图。井上司事分润走漏，枭徒益无忌惮，百十为群，塘汛不能堵截。私盐成色既高，价值较贱，小民止图便宜，罔顾食私之律，此私盐之所以充斥而官销之所以日堕也。"[1]卷147,21

第三，各级相关官员上下其手，通过私自增加盐价、任意短少斤两、倒收脚价、搀和灰沙以及其他多种方式对民众进行盘剥，致使百姓困苦不堪。御史谷际歧奏疏中说："剥削太甚，……各处官店发盐，任意短扣，积零成多。……更有民间备本自运，而亦照数征收脚价者。此外积弊尚多，各处情形亦不一，大约正盐一倍，课几化作三倍。"[1]卷147,23

第四，由于官盐长期积压滞销，地方官无法完成运销任务，为免受处罚，于是实行所谓"烟户盐"（又称"计口授食""按甲押派""门户盐""压盐"等）。即按照户口摊派劣质高价官盐，以各种粗暴恶劣手段强迫穷苦百姓购买，从康熙年间到嘉庆初年的百余年中，多次给云南各族民众带来严重祸害，最终造成嘉庆初年云南十余州县民众的大规模暴动。

对于“烟户盐”的危害，康熙末雍正初的云南巡抚杨名时在其告示中已经明确指出并严行禁止。告示中说：“销盐之法滞，遂使计口授食，名曰‘烟户盐’。州县勒令烟户案领，责之乡保总领，压散穷民。所食无几而加倍给之，豪强之家则不敢及。且前盐尚在，后盐又到，于是百姓作三分七厘领者，不得不作一分六厘卖去，以后领之盐贱卖而完前盐之课。日朘月削，鞭扑桁杨，不得已，鬻妻子以偿，徇刀缳而死者，岁岁有之。……，凡此诸弊，深足病灶困民，本部院前经示禁，近闻玩违如故。……，嗣后……如有地方官再将盐责令乡保压散尔百姓者，即赴本部院辕门呈告，官以贪劣题参，乡保等立拿杖毙，决不姑容。”[1]卷147,9杨名时还奏准：“云南派烟户痼弊，著勒石永革。”[3]561

但杨名时的整顿并未能从根本上解决“烟户盐”的痼弊。到乾隆元年（1736年）时，云南“烟户盐”的祸害再度引起中央关注，以致乾隆皇帝谕令云贵总督尹继善设法妥善解决。但尹继善等并未拿出根本解决的办法，以致“烟户盐”的祸害一直存在，到乾隆后期和嘉庆初年更加严重。

对于乾隆后期和嘉庆初年“烟户盐”所造成的祸害，《滇系》的作者师范、嘉庆初年的云南迤南道道台屠述濂、云南籍御史谷际歧、云贵总督富纲、云南巡抚初彭龄等大批官员都在他们的文稿或奏疏中有明确的说明，各有侧重，兹并节录于此：

师范《滇系》说：“始则计口授食，继则按户分摊；始则先课后盐，继则无盐有课。……各属士民，诉诸大府，大府故商籍，左袒州县，而州县之昧良者，深以士民为仇，追比愈急，或立毙于庭，或羁死于狱。呈控督抚，仍批州县。”[4]1

迤南道台屠述濂说：“承销州县，盐有定额，课有定限，欲顾考成，不得不分派里甲，勒令领销，此门户盐之所以不能尽绝也。盐既非人心之所愿领，不得不签差以提其来；课既非民力之所裕输，不得不立限以严其比。追呼需索，已属不堪。且发盐之时，由官店而发交于乡保，由乡保而转交于火期小甲；收课之时，由火期小甲而转发于乡保，由乡保而汇交于官店。盐则递发而渐少，课则递收而渐增。凡各州县经手办盐之人，以千百计，无不以小民为鱼肉。称贷鬻及儿女，春课未清，夏课又紧，鞭笞不惜，堕欠仍多。从前民力稍宽，姑忍剥肤之痛；近日民力已竭，各怀走险之心。”[1]卷147,21

御史谷际歧奏疏中说：“云南盐法，向系官运官销，日久因缘为奸，将井出净盐四十斤搀和沙土六十斤为一石，按口比销。居民生子女即计口，而病故数十年者不除其籍；又牛一头，比人三口，其牛转卖，则既科买者，而已卖之户亦不除。民备课市盐，不可食，率缴价而弃盐于署前。价稍不足则刑求，至苛急，民不堪命。”[1]卷147,23

云贵总督富纲奏疏中说：“承销州县惧干参处，非按粮领压，即计口派销。上月之课未清，下月之盐复至，且由乡保分散收课转缴，其间短发浮收，侵渔欺饰，弊窦从生，深为闾阎之害。”[1]卷147,21

云南巡抚初彭龄奏疏中说：“应销额盐积压愈多，于是州县官又有计口授盐，短秤加课之弊，按照烟户，无论男女老幼，皆有应交盐课，日日追呼，家家不免，库款日亏，官追日急，百姓穷苦已极。”[1]卷147,21

以上这些话从封疆大吏和各级官吏的口中说出，可见当时官运官销积弊祸害之重。面对盐政弊端带来的祸害，云南民众走投无路，最终在嘉庆二年（1797年）揭竿而起，“迤西、迤南各属，纷纷蠢动”；“一、二日之间，十余郡县，不约而同，蜂拥蚁聚，呼声如沸鼎”；“聚众抗官，殴毙差役，焚烧房屋”；[1]卷147,21“缚官亲、门丁、蠹书、凶役及本地绅衿之为害者，挖眼折足，或竟投于积薪中”。[4]1

嘉庆初年十余州县民众的暴动使云南封疆大吏深感震动，在调查过程中遂形成前述奏疏、文稿。由于深知云南官运官销积弊之深，已经无法整顿、挽回，御史谷际歧、云贵总督富纲和云南巡抚初彭龄等先后上疏陈述云南盐政积弊，要求废除官运官销制度，改归民运民销，卖价听从民便。嘉庆五年（1800年），朝廷同意，历时百余年的云南官运官销制度遂告废止，民间力量被引入官盐运销环节中，官府垄断食盐产销的程度有所减轻，而云南盐政的弊端也相应缓解。

从《盐课碑》间接反映的情况来看，康熙中期到嘉庆初期云南盐政的弊端，文山地区都不同程度地存在。尽管《盐课碑》中并没有明确指明有哪些弊端，但从相关批示和奏稿的只言片语中，我们还是可以看到当时文山地区盐政的弊端与全省是类似的。

如嘉庆皇帝批示中提到张鼎等人控告的内容有：“按甲押领官盐”，文山县“胥吏舞弊累民”等，那彦宝奏折中提到的审理证据有文山县知县“萧晋连按甲押派底簿原卷”，说明当时文山县的官运官销方式正是“按甲押派”，而这就是此前全省各地普遍存在的按里甲户口摊派、强迫民众购买劣质高价官盐的所谓“烟户盐”弊政。

再如那彦宝等在审理后的奏稿中想方设法为开化府和文山县官员开脱，认为他们增加盐课的做法没有错，“此项津贴……系属办公”，而李占春、张鼎等冒着极大风险两次万里赴京控告的举动是“借口挟制官吏”，却又在奏稿中提出应将增加的盐课减去，“自应永远禁止”“勿许丝毫累民”，正反映出开化府和文山县擅自增加盐课的做法是一种非法行为，而这与前面提到的当时云南省各地盐政官员“私行加额加课”以捞取好处的做法类似。但审理结果，却没有人为此受到追究，反而是揭露出这种非法行为的李占春等被判处军徒之刑，而在批示中强调“此等胥吏舞弊累民，尤应严诘究办”的嘉庆皇帝最后也同意按那彦宝等人的奏稿办理，好像没有任何非法的事情发生一样。之所以出现这种情况，正是因为这种非法行为在云南省和文山地区已经非常普遍，并已成为常规，已经无法单独处理某几个人的结果。

再如那彦宝等在审理后的奏稿中有如下说法“俟后，该处百姓领盐纳课，谕令俱用库平纹银兑交，以免官吏借口倾销、火耗为名影射多取。其粤省解到盐斤，着该府、县逐包查验，如有掺和沙土，立即禀究。若已经收明贮店行销，经百姓呈出掺和沙土盐斤，即将该府、县究办。至发销盐斤时，经手书吏等短少斤两以及折收子课等事，实难保其必无，亦应一并严行禁止”。

这些话正反映出“官吏借口倾销、火耗影射多取”、在食盐中搀和沙土、经手书吏“短少斤两”和“折收子课”等全省普遍存在的盐政积弊同样存在于文山地区，这些积弊也极有可能正是李占春、张鼎等赴京控告的内容。

另外，李占春、张鼎等不在本县、本府、本省控告和申诉，却冒着极大风险万里赴京控告的事实也说明，当时的文山地区民众与云南全省民众一样，只能忍受贪官污吏的欺压盘剥而投诉无门，那彦宝奏稿中虽说“经百姓呈出掺和沙土盐斤，即将该府、县究办”，但从他们对李占春等控告开化府和文山县官员一案的处理结果来看，这句话并没有什么说服力，要不是张鼎第二次的控告引起了嘉庆皇帝的注意，下令重审并最终将开化府擅自增加的盐课减去，开化府人民恐怕只能像六年前的滇西十余州县民众一样“聚众抗官，殴毙差役，焚烧房屋”了。

参考文献：

[1] 周钟岳等：《新纂云南通志》影印本，云南民族出版社2007年版。

[2] [清] 汤大宾、周炳纂，娄自昌、李君明点注：《开化府志点注》，兰州大学出版社2004年版。

[3] [清] 阮元等：《道光云南通志·食货志·盐法》，载方国瑜主编《云南

史料丛刊》第十二卷，云南大学出版社2001年版。

[4]［清］师范：《滇系·事略》，载方国瑜主编《云南史料丛刊》第九卷，云南大学出版社2001年版。

（原文发表于《文山师范高等专科学校学报》2009年第1期）

论民国时期云南文山地区鸦片的种植与危害*

何廷明

摘　要： 民国时期，云南当政者唐继尧、龙云对鸦片的种植、贩运先后采取“寓禁于征”、征收“烟亩罚金”“新案亩法”等“禁烟”措施，将禁种、禁运变成鼓励，大开烟禁。文山地区鸦片烟毒泛滥，人民深受其害，而国民党政府的禁烟措施却变成了官样文章。

关键词： 民国时期；文山地区；罂粟种植；鸦片贸易；危害；禁烟效果

鸦片战争前，英、美等帝国主义国家就已将鸦片大量销往中国，赚取中国的白银和资源，毒害中国人民。鸦片战争后，鸦片成为“合法”商品大量流入中国，泛滥成灾，给中国人民带来了巨大的灾难，造成国穷民困，哀鸿遍野。居住在祖国西南边疆云南东南部的文山人民亦未能逃脱鸦片的毒害。

一、鸦片的种植与运销

云南适宜种植罂粟，“自清代末叶便在沿边疆一线大量种植鸦片，后来延伸到云南腹地，年产鸦片二至三千万两”，云南鸦片号称“云土”，因质佳量大，销路好，成为风行全国的“俏货”。[1]500文山虽处穷乡僻壤，但因与越南接壤，种植罂粟面广，生产鸦片量大，文山各族人民深受其害。

早在清嘉庆年间，罂粟由越南传入文山地区，在马关、广南已有零星栽种。[2]1鸦片战争后，由于市场对鸦片的需求量大，种植与销售鸦片有利可图。富宁在“道光后期，争种罂粟”，以致“土地兼并甚烈”。[3]2在利益的驱使下，文山地区大量种植罂粟。至民国时期，先后执掌云南政权的唐继尧、龙云政府，为增加财政税收，采取“寓禁于征”、上缴“烟亩罚金”等措施，打开烟禁，致使鸦片种植泛滥。民国《广南县志》载：“入秋以后，兼种罂粟，罂粟产地甚多，”[4]11

* 基金项目：云南省教育厅科学研究基金项目“文山地方史研究”（2010Z037）。

以致民间出让土地，地价高低要视其能否种植罂粟而定。在丘北，“除了不适宜种大烟的土地外，几乎全部用来种大烟”。[5]250民国二十四年（1935 年）秋冬，广南“全县种植罂粟 12 000 亩”；[6]19民国二十六年（1937 年），砚山“全县偷种 440 亩鸦片”；[7]12民国三十三年（1944 年），“丘北地区偷种大烟，已成为公开的秘密”；[8]248同年，广南“全县大种罂粟”。[9]128据统计，民国十五年（1926 年），文山地区“年产大烟 1 000 万两，仅广南县年产 160 万两”。[10]22为逃避“烟课税”，烟农、烟贩普遍瞒报、不报鸦片的真实数量，确切数字难以统计，但就广南来说，“据有关老人称：在新中国成立前的几年间，县境年产约五百万两左右比较接近实际。”[11]173中华人民共和国成立后，仅在 1952 ~ 1953 年的土地改革运动中，广南就没收得鸦片 100 余驮（每驮 75 公斤），于 1953 年 8 月组织 100 多匹骡马运交云南省财政厅。[6]27

鸦片种植的泛滥导致了鸦片贸易的猖獗。各县大小集市，鸦片贸易充斥市场，“每街上市大烟上万两，广东、广西等外省商旅，以棉纱、棉布、百货和黄金、白银换取大烟，交易异常活跃。”[10]22用文山、广南等地的烟土制作的“马屎土”是云南烟土中质量最好的，其香味烈，烟劲大，壳子硬（经得住吸），吸引了两广一带的烟商。两广烟商常常活跃在文山各县集市收购鸦片，是文山烟市的大主顾。“邱北盛产大烟”，[12]153而且“无论其力头和香味，都比其他县为佳”，因此，“两广烟帮，每年陆续不断地到丘北来”，烟商“为了保护贩运安全，防止和抵抗沿途土匪之抢劫，而聚成帮，小的三百人一帮，大的七八百人或上千人一帮。”[5]250烟帮都带有枪支防身，“有的烟帮达 1 200 余人，枪械 200 余支。”[2]3如此众多的烟商云集文山地区，足见鸦片交易之红火。

文山地区所产的鸦片，除在本地销售外，还用马帮驮运，大量销往广西百色、靖西、南宁，广东，省内的蒙自、昆明等地，有的也运往越南、香港交易。

二、鸦片的危害

罂粟的大面积种植和鸦片贸易的猖獗，使文山各族人民深受其害，同时也给社会带来了极大的危害，阻碍了社会经济的发展。

一是烟毒泛滥，极大地危害着人民群众的身心健康。烟农为了检验大烟的质量，自种自吸上瘾；达官显贵、公子王孙、黎民百姓等吸食者各乡均有，并有烟馆供吸，“在那时，吸食大烟者，遍地皆是，凡有集镇的地方，烟馆林立”。[5]252据统计，中华人民共和国成立前夕，仅西畴县“共有烟馆 198 家”。[13]长期吸食鸦片会损害身体健康，丧失劳动力。年轻人吸毒，严重的会影响后代智力，甚至丧失生育能力，断子绝孙。鸦片一旦吸食上瘾，往往吸光家当，戕害身体，家破人亡。人们痛恨鸦片，用编歌或顺口溜的形式，在民间传诵，绘声绘色地宣传吸食鸦片的危害，警告人们尤其是青少年远离鸦片。如“罂粟开花口朝天，背着儿子吹洋烟，三口两口吹上瘾，黄皮寡瘦命归天”。[14]91 再如“鸦片烟来白浆浆，吹田吹地卖家当，一切家产吹尽了，无法只得卖婆娘。鸦片烟来胜毒药，吹上瘾来断不脱，不是爸妈坑害你，自搬石头自打脚”。[15]100 这是对鸦片毒害的血泪控诉，也是对世人的警醒。

二是使农民生活陷入极端贫困的境地。正值小春时节不种粮食作物而种植罂粟，直接导致粮食生产下降，严重影响了农民的正常生活和农业生产的正常发展。部分地主见利忘义，不但强迫佃农种罂粟，而且乘农民贫困破产之机大量购置土地种罂粟，导致土地兼并激烈。

农民种植罂粟，要交烟亩罚金，甚至不种也要交。不管大烟的收成如何，罚金的数额是不能减少的。“烟亩罚金”成为农户家庭经济中数量最重的支出与负担。这里仅以20世纪20年代末30年代初广南农民的生活及赋税支出来进行说明，以窥斑见豹（见表1）。

表1　广南农民平均每户消费统计表（每户以五人计）

消费类别	消费数量	说　明
食	米三石	每人年食谷十二挑，二十挑舂米一石，年需米三石
衣	三十元	每人添二袭，每袭最少数三元，共约三十元
添购农具	三元	各种农具年须修、置，最少数须三元
购种子	一元	肥料可以不须资本购置，种子约需一元
烟盐	二十五元	烟、盐为农民消费最大者，年约须二十五元
其他生活所需	四十元	
负担	一元五角	此种负担数非间接负担，乃直接向门户摊派之无理苛杂
合计	100.5元	

资料来源：民国《广南县志》第六册，第54页。

从表1可看出，农民吸烟及食盐的开支要占其支出的四分之一左右，这是一笔不小的开支。再看烟农们的家庭经济负担（见表2）。

表2　广南农民平均每户负担调查统计表

种　类	数　量	说　明
田赋	约二角五仙	广南田赋，九千一百元分配于全县农民，平均每户约二角余
禁种罚金	约一元七角	罚金年各不同，平均每年六万元左右
烟酒牲屠	约三角	烟酒牲屠应取之于商不应取之于农，乃因各种原因，亦不免按甲摊收
团保比户捐	约三角	团保比户捐每乡一百元，以三百户计，平均每户约负担三角
自治区经费	约三角	区经费每乡约一百元
区团经费	约一角五仙	区团经费，各区负担不同，平均计之，每户约一角五仙
临时摊派	约一元五角	临时摊派，随时俱有，虽多少不等，平均每年不下数万元
合计	4.5 元	

资料来源：民国《广南县志》第六册，第55页。

从表2可以看出，在农民的家庭经济负担中，禁烟罚金支出占38%，即三分之一强，是农民最大的经济负担。经过层层盘剥，烟农所剩无几，难以度日，只好提前将地里、田里尚未成熟的新烟、新谷抵借高利贷以渡难关，“故腊月卖新烟，五月粜新谷（烟土须三月始上市，谷须八月末始黄熟，贫农在腊月、五月烟、谷尚未成熟之际已将田地中之烟、谷抵押罄尽），明知剜肉补疮，受高利贷之剥削，而生活压迫之下，虽火坑亦甘心跳入也”。“烟、谷尚未熟已早有主者，其生活不止无衣，亦且无食。”[4]54因此，种植罂粟，真正获利的并不是烟农，广大烟农“在种种剥削之下，能得二餐饱食，薄小棉衣，烟、盐无缺，追呼者不至门，即可谓农民中之登天堂者也。其余贫而无告之农民，有早无晚，鹑衣百结，野菜淡食，呼告无门，虽寒风凛冽，仍以皮肉之躯在风雪中颤抖挣扎而不已也”。[4]55

三是枪多、匪多，社会治安混乱，人民生命财产没有保障。文山生产的鸦片量大质佳，引来无数外地商人尤其是两广商人争相购买，“他们带来的，除了两广的名特产品或名贵药材外，还带来了大批的枪支弹药，这些枪支除防身外，大部用来换取大烟”，各种枪支在集市上应有尽有。另外，国民政府“对私人贩卖枪支武器和收藏武器均无明文禁止”，以致抗战胜利后，国民党的散兵、游勇大肆盗卖武器，“解放前期，国民党的反动军队和官吏则十数百支公开进行盗卖，枪支成甘蔗一样，成捆成串在市场出售”。[5]250枪支在市场上公开买卖，正适应了烟贩、土匪购枪的需要。因此，烟农、烟贩大都有枪。

在鸦片贸易中，购买枪支或用鸦片兑换枪支十分普遍。从事鸦片贸易的商贩，绝大部分都随身携带枪支，或出售，或防身。一般的中产之家，为了保家防匪，他们需要买枪；官僚豪绅，地主恶霸，为了扩大势力，尽量买枪；一般的小商小贩，为了防止土匪拦路抢劫，也要买上一支枪；土匪、流氓，为了抢劫别人，更少不了枪。在广南县，用鸦片兑换枪支的活动十分活跃，约 100 两鸦片兑换一支步枪，1 000 两鸦片兑换一挺轻机枪。到 1949 年底，广南县有各种枪支近万支，大部分是用鸦片兑换来的。[6]21 由于民间私藏枪支弹药，管理失控，导致社会治安混乱，人民生命财产得不到保障。民国十一年（1922 年）冬的一天，广东、广西土匪 130 余人，伪装购买大烟商人，窜入温浏街，抢劫 18 户大烟富户，打死 9 人，打伤 10 余人，抢去许多大烟，骡马数匹，最终不了了之。[12]11 土匪打家劫舍、拦路抢劫、祸害人民之事不胜枚举。总之，大烟、枪、土匪是当时社会的三大毒瘤，而大烟是罪魁，枪、匪因其而起，近百年来，给文山各族人民带来了极大的灾难。

三、国民政府在文山地区的禁烟措施与成效

面对烟毒泛滥，国民政府以及各县先后采取了一些禁种、禁吸措施，但收效甚微。民国二十四年（1935 年），国民政府下令禁绝鸦片，陆续发布条例，并派员到文山地区督禁，宣传禁种，组织武装查铲，收缴鸦片，惩处违种者，惩治官员，烧毁鸦片，层层具结禁种。同年一月，马关县根据国民政府发布的“禁烟令”，明令“禁止种植罂粟，禁止贩运、吸食鸦片”。[16]16 民国二十五年（1936 年）八月，“省禁烟委员会发布告民众书，晓谕吸食鸦片者，限期于次年一月一日戒断”，民国二十六年（1937 年），砚山县政府“先后向各乡镇发出禁烟令和布告”。[7]11、12 民国二十七年（1938 年），西畴“禁种罂粟，实施连保具结，保证本区域土地无罂粟苗出土事发生，是西畴禁种罂粟较彻底的一年”；民国二十八年（1939 年）六月三日，“全县各乡镇召开‘六·三’禁烟群众大会”；民国二十九年（1940 年），“成立禁吸鸦片验戒所，将 60 岁以下吸民分别传验戒断”。[17]16 民国三十六年（1947 年），国民党文山专员周淦、省民政厅秘书李馨谷，在丘北县政府门前监烧鸦片 1. 96 万两。[10]30 但是，在查禁鸦片的过程中，政府官员往往打着“禁种、禁售”的幌子，行征税之实，常与烟农、烟贩发生冲突，致人死亡的事件时有发生。民国二十九年（1940 年）四月十日，省民政厅禁烟委员会杨明武率县政警队 60 余人到砚山县布凹乡（今属丘北县）查禁，吊打无辜群众，

逼交鸦片，引起民怨。禁烟者被群众持械围困。禁烟者将李二打死，民众开枪打死法白乡长梁文炳等 23 人，伤 2 人。随后县长董楠材率壮丁进剿，中饱私囊，被民众告发撤职。[10]27民国三十年（1941 年），国民党丘北县长芮虞舜禁烟不力，被省府撤职查办，省府派张永年接任县长，在芮的住处查获大烟 1 500 两。民国三十一年（1942 年）四月三十日，泸西县长李承勋与省禁烟终查员施灵伯率 300 余名军警到丘北舍得乡（时属泸西县）婆得凹坝子禁烟收税，强行铲除罂粟，激起民愤，烟农抗铲抗税，打死县长李承勋、终查员及军警 21 人。后经省府查明，县长唆使栽烟，索取巨款，并将参与策划的兵役科长王正德、五槽乡长段克信枪毙。[10]28民国三十二年（1943 年），布凹一个赶集日，禁烟委员由县常备中队护卫前往视察，发现售烟者甚多，即派兵包围以武力收缴。烟农不服，开枪抗拒。禁烟委员死 1 人，伤 1 人。驻砚山国民革命军第十七团闻报，派出 1 个营前往救援，又遇烟农开枪反抗，致援军 4 人死，14 人重伤，28 人轻伤，烟农死伤不详。[7]13民国三十三年（1944 年）十月二十五日，桂普乡乡长朱国才率乡丁 17 人到六常铲烟苗，路过坝郎村发现烟苗甚多，即到保长何正才家追究，寨老张臣良、赵华昌等人聚众百余人将朱一行包围。次日，把朱国才等 11 人打死。[13]14民国三十五年（1946 年）三月，广南县长刘剑魂调集团队 300 余名，到北藩乡（今底圩）石山村（现属八达乡）勒收朱钧隆鸦片烟税 7 000 银元，与朱发生械斗，被朱击败退回县城。[6]21

可见，民国时期的禁烟行动，主要是为征税而禁烟，征税损害了烟农、烟贩的利益，不但烟毒屡禁不止，而且还导致冲突连连。中华人民共和国成立前夕，罂粟的种植与鸦片买卖并未禁绝，中华人民共和国成立后进行坚决的禁毒斗争，直到 1952 年底，鸦片毒品才在大陆被禁绝。

应当承认，国民政府颁发的禁烟措施是严厉的，对偷种抗铲和受贿的地方官员采取了罚款、撤职、监禁以至枪毙等措施，但鸦片在文山地区为何屡禁不止、愈演愈烈？究其原因有五：

一是清政府及云南统治集团，为增加财政收入明禁暗放，将禁种变为“鼓励”。清政府对鸦片贩运征收“土药厘金”。民国九年（1920 年）以前，云南省政府也曾经颁布和执行过严厉的禁烟措施，云南的鸦片曾经一度被禁绝，[12]30但是，只要有庞大的吸食群体存在，鸦片的需要量就会有增无减。云南禁绝了鸦片，而英国控制下的缅甸乘机将鸦片倒灌入云南，且价高利厚，这对云南的禁烟是一大打击，从而导致当时云南军政主要人士错误地认为：“与其让鸦片偷运、偷种和偷吸暗中盛行，肥水外流至邻国邻省，地方蒙受损失，莫如公开容许种植、运输和吸食，化私为公，尚可为地方获得可观的经济利益。”[15]35于是，为维持庞大的军政开支，唐继尧政府饮鸩止渴，于民国九年（1920 年）实行“寓禁于征”，将清政府实行的“土药厘金”改为“烟亩罚金”，征收产地罚金，打开烟禁，鸦片种植面积随即猛增，名为“禁烟”，实为“种烟”，鸦片得以公开合法地泛滥开来。民国十一年（1922 年），唐继尧政府成立“靖国军军饷委员会”，在昆明设立官商合办的云广公司，在文山地区的广南、开化、丘北、富州剥隘设分公司专司贩运鸦片。[2]3龙云执掌云南大权后，从 1928 年起，将鸦片的种植与征税之事交由陆崇仁办理。陆崇仁将“烟亩罚金”改为“新案亩罚”，对不种鸦片的农民要征收所谓“懒烟捐”，实际上就是鼓励农民大量种植鸦片，以扩大财政厅的鸦片税收。[1]501政府派到地方查禁罂粟种植的官员，表面上制造“禁种”的紧张空气，实际上就是去核实种烟亩数，以便按亩征烟税。因此，种烟缴税，“可以增加旧政府的财政收入，国民党政府不怕多种，只怕少种”。[5]250禁烟变成假禁真种。这是以牺牲人民健康换取财政税收的恶毒之举。

二是政府官员腐败，禁烟不力。国民政府虽然颁布了许多禁烟令，但地方政府官员贪赃受贿，使禁烟流于形式。如民国二十九年（1940 年）被省政府撤职查办的丘北县长芮虞舜，受贿大烟 1 500 两；民国三十三年（1944 年）被核准枪决的“国民党丘北县常备队长彭继周受贿大烟 15 171 两”；[10]29民国三十四年（1945 年）被省政府撤职查办的丘北县长王承忠贪污大烟 1 616 两；还有唆使烟农栽烟、索取巨款而被烟农打死的泸西县长李承勋。他们为一己私利，置国法与民众健康于不顾，放种罂粟，任鸦片贸易横行街市，并乘机以禁烟为名刮取民脂民膏，中饱私囊。

三是官绅勾结，武装押运。由于种植罂粟与贩运鸦片获利大，地方官绅勾结，引诱和强迫农民种植罂粟，刮取民脂民膏；一些军政大员也纷纷染指，以暗中投资或非法榨取等手段，直接或间接地从鸦片贸易中捞取好处。部分烟贩或商号公开勾结地方军队进行武装押运。武装贩运鸦片大宗的上 1 000 公斤，最大一宗为 3 500 公斤，就是富宁民团大队长为江苏省长的宠妾、剥隘人王某调运到百色，再由驻军三三零师押运到广东。[2]3烟贩为防抢劫，或对付官府敲诈、没收，亦配带枪支，武装贩运，他们打着“典田卖地，将本求利，有人挡着，人头落地”[15]32的口号往来于各地。

四是利益驱动，各方齐上阵。民间视鸦片为生财之道，“官僚政客、军队、下野军政人员，都挤入了鸦片、枪支武器、白银的买卖中”，因为经营“鸦片周转快，获利大，很多小商贩拉钱借债卷入了鸦片贸易的浊流中”，他们趋之若鹜，竞相经营，以致城内经营日用品的商店几乎不见了，“一般白布、香皂、牙膏都不容易买到，大小商店多数都转了行，资金投入了做黄白黑生意（即黄金、白银、鸦片）去了”。[9]128城镇中有鸦片专业经销户和中介人，仅广南城就有上百专业户和数十名中介人，专门从事鸦片的经营活动。“因为种大烟经济价值高，一般卖上一二两大烟，即可买上百多斤大米，”[5]250因此，种植户为谋生路，抵抗勒索，组织抗禁抗铲，致使抗铲戕官事件屡屡发生。

五是鸦片在流通领域里成为贵重商品和大宗商品交易的“媒介”。鸦片难禁还因为鸦片在交换过程中成为流通的“货币”之一，“国民党通货膨胀，钞票贬值，大烟成了市场通行的货币，所以当时黄（金）白（银）黑（大烟）三者并重，这就是大烟多的又一个主要原因”。[5]250 “四十年代后期，100 两鸦片可兑半开三、五百银圆，兑黄金 2 – 3 两，买卖枪支弹药也以鸦片交换。”[9]128市场上大宗商品的交换也多以鸦片为媒介，如用鸦片兑换房屋、牛、马、布匹等，土地的交换也大多以鸦片为媒介。可以说，鸦片在社会经济生活中起着较为重要的作用。因此，鸦片在文山地区成为经久不衰的一项大宗生意。

民国时期，由于政府禁种、禁运、禁吸的行动不坚决，特别是云南省统治集团为增加财政税收而采取的“鼓励”举措，以及地方部分握有实权的腐败官员为牟取暴利，对罂粟种植及鸦片买卖采取明禁暗放，终使禁烟流于形式。部分禁毒人员虽曾为禁毒付出了生命代价，但他们的“禁毒”多为征烟税而与烟农、烟贩因利益冲突致死，并不是真正的禁毒。国民政府虽然从 1935 年起进行干预，实施禁种、禁运措施，但其目的也是想乘机捞上一把：在禁种方面，采取分期分区的禁种办法；在禁运方面，成立“特货统运处”，企图借禁烟之名，垄断鸦片收购、运输、制造和销售的全部利益。以后又借严厉缉私之名，搜罗民间鸦片，虽然制造了相当紧张的缉私鸦片的气氛，但上梁不正下梁歪，鸦片的种植、贩运、吸食依然很普遍，从未真正禁绝过。因此，通过“禁烟”获取财政税收，这恐怕才是国民政府禁烟的真正目的。

参考文献：

[1] 杨毓才：《云南各民族经济发展史》，云南民族出版社 1989 年版。

[2] 中共文山州委党史研究室、文山州公安局：《文山州禁毒斗争》（内部资料），2006 年。

[3] 云南省富宁县地方志编纂委员会：《富宁县志》，云南民族出版社 1997 年版。

［4］［民国］《广南县志》第6册，1965年云南大学借云南省图书馆藏广南县志稿本传钞。

［5］王增辉：《鸦片对丘北人民的危害》，《丘北县文史资料选辑》第二辑，1989年。

［6］云南省广南县地方志编纂委员会：《广南县志》，中华书局2001年版。

［7］砚山县志编纂委员会：《砚山县志》，云南人民出版社2000年版。

［8］刘正炎：《我对县参议会的点滴见闻》，《丘北县文史资料选辑》第二辑，1989年。

［9］戴启林：《民国时期广南县城商业简述（1912－1949年）》，《广南县文史资料选辑》第三辑，1989年。

［10］文山壮族苗族自治州地方志编纂委员会：《文山壮族苗族自治州志》第一卷，云南人民出版社2002年版。

［11］曾昭富：《句町与广南》，中国文史出版社2006年版。

［12］云南省丘北县地方志编纂委员会：《邱北县志》，中华书局1999年版。

［13］李天友：《民国至新中国成立初期文山禁绝鸦片烟毒档案史料之一》（西畴部分），见《文山史志》，2003年。

［14］戴启林：《建国前广南的鸦片产销与社会状况》，《文山州文史资料选辑》第二辑。

［15］秦和平：《云南鸦片问题与禁烟运动（1840－1940）》，四川民族出版社1998年版。

［16］云南省马关县地方志编纂委员会：《马关县志》，生活·读书·新知三联书店1996年版。

［17］云南省西畴县志编纂委员会：《西畴县志》，云南人民出版社1996年版。

（原文发表于《文山学院学报》2011年第1期）

民国时期文山地区商业贸易的发展及变化*

何廷明

摘　要：集市贸易的兴起及发展推动着地区商品经济的发展。民国时期，文山地区各县、乡镇集市发展基本定型，各街市定期集贸，既方便了民间互通有无，又推动了地方经济的发展。而文山地区早期从事商业贸易活动的主要是汉族移民，汉族聚居区逐渐成为集市和后来县、乡镇所在地，成为地区政治、经济、文化的中心。商业贸易的发展将农民卷进了商品经济的轨道，促进了农村自然经济的解体。对越贸易更促进了文山地区商品经济的发展。

关键词：民国时期；文山地区；集市贸易；商品经济；促进作用

集市贸易在地区经济发展中起着积极的促进作用，常言道：无商不活。一个地区，集市贸易、商品交换不发达，该地区的经济发展自然处于落后状态。历史上，文山地区地处僻远，交通落后，与外界联系较少。民国以前，文山地区集市贸易规模小，商品经济发展缓慢，到民国时期，文山地区的商品经济有了一定的发展，对文山地区经济的发展起到了积极的推动作用。

一、文山地区集市的兴起及发展

集市是人们约定俗成定期进行商品交易的场所。百物交易，起于人类在生产活动中按各自所需的以物易物。人们长期定期在某一固定地点举行以物易物活动，便形成集市。后来贵重金属、货币充当交换媒介，促进了集市的繁荣兴盛。民间商品交易场所一般选在某一人口相对较多又便于周围村寨民众来往的村子或村子外宽敞之地，约定俗成，定期举行。届时，四面八方的村民相集于此，以有易无，日久成市，这是城市发展的雏形。此类乡村集市，人少货少，集散较快，但却为乡村农民交换农副产品、购买生产生活用品所必需。民国《广南县志》：

---

* 基金项目：云南省教育厅科学研究基金人文社科重点项目（2010Z037）阶段性研究成果。

"各乡市集为其交易之所，以有易无，集散而退。市集有古代日中为市之遗风。广南人烟稀少，各乡相距，有远至百里以上者，距城市则更远，农人买卖货物，若集中于都市，其不便殊甚。故市集为农民惟一交易之所。""虽有市集，不集于村内而集于野外，即俗所谓草皮街是也。"[1]50-51处于交通要道的村寨，由于商旅往来云集，逐步形成集市，久而久之便发展成乡镇。如距广南县城74公里的板蚌，是滇桂水陆交通道口，明清时期商贾云集，江西、湖南、广东、广西等省商人往来频繁，商业逐渐发展起来，成为新兴商业集镇。

文山最早的商品贸易市场是富宁剥隘集市，形成于南宋绍兴年间（1131～1162年）。[2]60剥隘处于云南通往两广的交通要口，是南宋沿滇桂通道到大理购买马匹的必经之地，贩马者不绝于途，剥隘也因此成为马匹、商品集散地。民国《富州县志文稿》载："富州河道狭窄，舟楫不通，商务大形减色，惟剥隘河量稍大，船通两粤，各种货物均由粤西百色输入，堆集剥隘。本属商人及广南属商人并马帮常云于此，运取货物，络绎不绝，可为富州之一大商埠。"[3]53江西、福建、广东、广西等省及云南省内商人先后来此经商、定居，并兴建了粤东、粤西、江西三个会馆，促进了剥隘商业的兴旺。同时，由于人口的不断增加，刺激了周边农民生产的积极性。

文山地区习惯将集市称为"街子"，把参加集市交易叫作"赶街"。清朝至民国时期，是文山地区集市发展较快的时期，清代有37个集市，至民国年间各县街子逐渐增加。《新纂云南通志》载：开化街场甚多，县城、江那、阿猛、者腊等地较盛，均六日一集；安平厅有马白、仁和、木厂、文华、八寨、古木、都龙等街；丘北有温浏、腻革龙、树皮、曰者、双龙营等街。[4]90-91这仅是其中的一部分。各县治所所在地是各县最大的集市。清末至民国年间，各县县城及较大集镇涌现外籍人和本地人开设的商店，坐商、行商并存。[2]8到中华人民共和国成立前，各县都有几十条大小不等的街子，县、乡镇集市基本形成。如广南全县有农村集市61个，其中主要集市4个，即县城、八宝、那洒、珠琳，均处于交通要道。[5]8每逢街天，人头攒动，熙来攘往。平时来县城赶街的人达万人，逢年过节达2万多人。八宝商旅往来频繁，市场繁荣，每街仅县城下八宝做生意的就不下500人。[5]7马关县共有大小街子41条，大的2条，即马白和八寨，赶街人数多时约一万二千人，少时六至八千人。[6]149民国《丘北县志》记载，民国时期丘北共有街子24处。民国《新编麻栗坡地志资料》载："麻栗坡共分七区，大小街道二十五条街，均系穷乡僻壤之区，地瘠民贫之地，除麻栗坡、董干、大坪、都竜、普梅、木央稍成市场外，其余各乡村小街人家不过三五十户，并无重大商情经来，仅油盐小菜买卖而已。”[7]22－23可见，到民国时期，即使是“穷乡僻壤之区”，到处都有了大小不等的集市，大大方便了人民的生活。

文山的集市，一般是隔六天赶一次，仅广南县城是六日赶三次。[8]127参加集市交易的主要是城乡附近的农民、本地商贩和外地行商，上市交易的主要是农副产品、牲畜、日用百货、生产用具、药材、鸦片等，货物的运输主要靠肩挑马驮。每逢集日，人们从四面八方前来赶集，肩挑的、身背的、马驮的，络绎不绝。集市上，各家店铺敞开门面做生意，小商小贩沿街摆摊子。由于长期的积淀，各街市逐渐形成按类按区域销售，如布匹百货街、农副产品市场、手工业品市场、农具、竹木类器具市场、牛马牲畜市场等，经营和购买都比较方便。农民用自己的农副产品和手工业品换取必需的生产资料和日常生活用品。集市无论大小，它都为人们的生产与交换、生产与消费搭起了一座桥梁，使整个社会得以正常运行。此外，人们还通过集市传递信息，会亲交友，联络情感。集市促进了人们的社会交往。

从文山地区集市的形成和发展可以看出，文山地区的集市多为乡村集市，以交换农副土特产品、农具、日用百货等为主，规模都比较小。经过长期的发展，到民国时期，文山地区人口相对集中或处于交通要道的村寨，已发展成固定集市，并成为各县、乡镇治所所在，成为地区政治、经济、文化的中心，集市也因此成为早期城镇的雏形。各地集市贸易的发展，活跃了农村经济，打破了农村原有的封闭性，换言之，即破坏了农村自给自足的自然经济基础，把农民推向市场：交换或出售多余的农副产品、手工业品，换回自己所需的生产、生活用品如农具、食盐、布匹、洋油等，从而刺激了农村生产，即农民要获得一些必需的生活用品，必须用自己的劳动产品去交换，即使“一些单靠种田为生的农家，为了生活必需，往往向一些商店、作坊赊物还谷，如到商店买布，买烟、盐、纸火，到馆子吃米线，到理发铺理发，或向面坊赶猪去宰杀，祭龙祈雨等等，都用挂账的办法，秋后结账，挑稻谷或大米偿还店铺”。[8]127这反映了农民与市场的联系越来越紧密，对市场的依赖程度越来越深，从而刺激了商品经济的发展。同时，有广大农民参与市场活动，反过来又刺激了城镇经济的发展。

二、商业贸易的发展及变化

商业贸易在推动地区经济发展中的作用毋庸置疑。但是，文山土著居民主要从事农业生产劳动，不善经商，从事经商活动的主要是外来的汉族移民。《云南通志》载：“广南府苗倮杂居……人尽刀耕，不治末业。”[9]254民国《广南县志》

载："各种夷人，以侬人最占多数，几乎人人皆从事农业。""广南除汉人而外，凡属夷人，无不以农业为本业，世代相传，职业不变。"即使偶有兼营工商业者，也仅仅是利用农闲时间，"其专以工商为业者，十之一、二尚不足也。"[1]53民国《马关县志》载："民多力田，不善经商，"[10]195大量商业活动由外省人经营，"清康熙改土归流时，内省商贩源源而至，客久成家，乐不思蜀，汉族渐盛。"[10]193民国《新编麻栗坡地志资料》说："麻栗坡汉人占十分之四上，江浙两湖籍者，喜居平原地带，其职业不一，士农工商均有之。"[7]4民国《丘北县志》亦载："咸、同兵燹后……商业权利则操之临安、江西等处之人，迨光绪中叶，邑人穷则思变，始有经商。"[11]21这些史料说明，自明末清初汉族移民大量进入文山地区以后，他们中的大部分从事经商活动，靠"末业为生"。

长期以来，进入文山地区的汉族移民主要居住在交通要道和街道上，这一有利条件便于经商和从事各种服务行业。汉族商人或挑担串寨，又销又购，赚取差价；或于集市投资开店，赚取利润，日积月累，逐渐成为拥有一定资本的坐贾行商。他们长期走村串寨，购进卖出，搞活了商业经济，繁荣了市场，促进了文山地区集市贸易的发展。由于外省到文山地区各县定居经商和从事服务行业的人越来越多，为了相互关照，加强联系，他们按照地籍，在县城和一些大的集镇成立同乡会馆，如在广南县城建有广东、江西、三楚、川黔、湖南等会馆，[5]9在剥隘建有粤东、粤西、江西会馆。会馆是地区商业经济发展的见证。

民国时期，文山地区的商业贸易在广南县城、文山县城等集镇有了充分的发展，且较为活跃。

广南府是明清时云南通往两广的交通要口，人流、物流量大，因之而起的客栈、马店、餐饮业十分活跃，城内各种店铺林立，百物畅流，广南城成为文山地区商业贸易的重要活动场所。据统计，到民国十九年（1930 年），广南县城有各种布店 28 家，各种杂货铺 42 家，银饰业 25 家，客马栈 10 家，经营土布商店 70 余家，还有各种名特小吃等，[5]4并形成了比较合理的市场分布：西街以布匹、绸缎、中成药、洋广杂货为主，南街以江西摊的丝线、小百货、纸火香烛、土杂土货为主，[8]116有的商店既经营土杂百货，又收购三七、药材等山货特产销往外地。为适应商旅往来，城内的西街、南街、小南街都开设了客马栈，生意红火。

广南集市交易除农副土特产品外，以牛马为大宗。县城西门外牛场坡是牛马交易市场，每街上市牛马一般都有五六百头，多则上千头，除本县内销外，还销往蒙自、泸西、师宗、罗平、陆良等地。[5]7据民国《广南县志》载："每年春末，泸西一带商人自广南贩运水黄牛出口，年均数千头。"[12]10在外销商品中，鸭子也是一大宗，“每年约产七、八十万只”，[13]27除供本地销售外，“或千百成群驱至蒙自、河口一带售卖，或远至安南河阳，综计每年出口之鸭，当不下四五万头也。”[12]45

据统计，民国前期，广南入口过境的大宗货物主要有绸缎、洋纱、水烟、牛皮、茶叶、木耳、三七、八角、茶油、米等，交易十分活跃。详细情况见表1：

表1　云南广南县大宗商品表（民国十年）[13]9-10

类别	进口		过境		出口	
	数量	价值	数量	价值	数量	价值
绸缎						
洋纱	一千驮以至一千五百驮	每驮值银百元至一百二十元				
水烟	五百驮以至一千余驮	每驮值银三十元至四十元				
牛皮					三千驮至二千五百驮	每驮值银二十元至二十五元
茶叶			五百驮至八百驮，系普茶	每驮值银三十元以上至七、八十元	广南底圩茶二、三十驮	每驮值银二十元以上至五十元
木耳			七百驮至一千驮	每驮值银三十元至六十元	本地产者一百余驮	每驮值银三十元至七十元
三七					三百驮至五百驮	四百余元
八角					二百至三百驮	每驮价银十五元（至）三十元

续 表

类别	进口		过境		出口	
	数量	价值	数量	价值	数量	价值
茶油			五百余驮	价银同上	八百驮至五千余驮	每驮价银二十五元至三十元
米					七、八千驮	每驮价银四元至六元

附说：民国十一年是军事期间，调查困难，故将十年进口、过境、出口者填入（七、八、九等年与十年亦大致不差），特此说明。除上表所列各种外，广南出口之货品尚有黄草、那郎酒、茯苓、棉布等，因数不如牛皮之多，故不备列。

滇越铁路通车后，内地通往出海口的人流、物流改道从滇越铁路抵海防，通过海运到沿海及世界各地，广南的商业活动因此受到很大的影响。

开化府内最大的集镇是开化和马白。在开化经商的大多是内迁的汉族，他们靠小本经营发家致富，有的置田买地变成了地主。据统计，到1949年10月前，文山县城有商号100多家。外地输入文山的主要是工业产品，如水火油、洋靛、棉纱、香烟等，尤其是水火油、洋靛、棉纱为人民日常生活所必需，销量较大，其中水火油每年销3火车皮共780箱，棉纱3 000驮左右。从开化府输出的主要是三七、草果、八角、木耳、药材等，20世纪40年代后，运销桐油到越南获利较大。[14]155

马白是马关县治所在地，是开化通往越南的必经之地之一，清代已有许多商人经由马白到越南做生意。商贾往来，带动了马关县城商业经济的发展。据民国《马关县志》载：“县政府在马白，无城郭，居民八百余户。二十年前只有油、盐、烟、酒店二、三家，绸缎店则未之见，菜蔬亦不讲种植方法，每感缺乏。今则绸缎店已有数家，菜蔬则多而且美，市面繁华，确有进步。”[10]194 市场交易以农副土特产品、生活日用品、土布、农具为主。在商品的输出中，杉木、柏木棺材板为一大宗，“旧日以杉木、柏木、棺材板为大宗，其木料产于县属之南区，毗邻越南边界。各地集中于县城，运往各县及省会销售。县城居民之恃此为生，十之六、七。”[10]981 外货输入，“以洋纱、煤油为大宗，洋布匹及丝杂货为次位”，但资本雄厚的店主较少，“县城商店虽有十数家，要皆资本微弱，满国币万元者，未之闻见。肩挑背负，小本营生则甚多。”[10]981－982 大宗商品被少数人操纵、控

制，“如马白街道刘廷佐控制了洋纱、棉布；木厂的吕运尧控制了红糖和食盐；牛马榔的王堂忠控制了粮食。”[6]149-150

西洒、董干牲畜买卖兴旺，“每遇街期约有牛、豕各百余头上市。”大宗的进口商品为洋纱、洋油、丝杂货，出口以鸦片、三七、草果、粮食为大宗，交易量和交易额都比较可观（见表2）。

表2　云南西畴县商品表（民国十至十二年）[15]

类别/年份	洋纱进口		鸦片出口		三七出口	
	数量	价值	数量	价值	数量	价值
十年	千二百驮	三十万七千余元				
十一年			一百万两	百二十万元	三万五千斤	二十八万元
十二年	千四百驮	三十六万五千元	一百万四十两	二百一十一万二千元	四万斤	三十二万元

三、对越贸易的发展

文山地区的马关、麻栗坡、富宁3县与越南河江、老街两省的北河、猛康等9县接界，国境线长438公里，具有与越南贸易的优越条件。早在清代以前，麻栗坡县边民与越南边民就有商贸往来。为了加强联系与管理，光绪二十三年（1897年），中法两国在麻栗坡和越南河阳（今河江）对设督办，督办公署下设若干对汛，对汛所在地即为边境出入口岸。[2]28清代至民国时期，文山地区与越南的商贸交往有了进一步的发展，“在蒙自、河口未辟为商埠之前，开化府与越南的贸易及运往越南的商品居全省之冠。”[16]287但双方交易的品种多限于各自的农副产品和土特产品。文山输往越南的商品，不仅有本地的土特产品，如茶叶、八角、中药材、牛、广南鸭、辣椒、鸦片，手工业制品如桐油、醋、酒、土布、斗笠、草纸、铁制器具以及矿产等，而且一些外地商品如两广的麻布，江浙的生丝、绸布，江西的瓷器也通过文山地区出口到越南。[17]281其中，牛、广南鸭、土布、斗笠、桐油、食盐等为大宗商品。交易方式多为以物易物，也有用法银、中银为媒介的。通商口岸开辟后，客商、马帮来往更加频繁。民国三年（1914年）设立对汛区，对边民互市有所放宽，发给护照凭单，在规定之处出入。贵州、广西、广东客商云集麻栗坡口岸，桐油畅销越南，边民互市一度繁荣。民国二十九年（1940 年），日本占领越南，边民互市中止，抗战胜利后再度开放。对越贸易的发展，促进了文山地区商品经济的进一步发展。

民国时期，文山地区以商业贸易为主体的商品经济发展较为活跃，不仅商品种类繁多，而且商业贸易的发展，已成为农村自然经济解体的催化剂。19 世纪末 20 世纪初洋货大量输入的结果，冲击着传统的家庭手工业，并促使手工业逐步脱离农业而独立出来。商业经济的发展，使靠经商致富的商人积累了一些资本，但受传统观念的影响，他们并未将商业资本转化为工业资本，而是用来买田置地，如麻栗坡的商人王世和就是一个典型代表。但总体来看，近代文山地区从事商业贸易的商家或商贩，普遍经营规模都不大，资本额小，经营范围多集中于消费领域，如农副产品、日用品等，来自于生产领域的生产资料耗用极少，或几乎没有，也从一个侧面反映出经济发展水平较低的状况。尽管如此，民国时期文山地区的商业经济的发展，虽然缓慢，但对文山地区经济的发展和农村自然经济的解体，无疑起着推动作用。

参考文献：

［1］［民国］《广南县志》第 6 册，1965 年云南大学借云南省图书馆藏广南县志稿本传钞。

［2］文山壮族苗族自治州地方志编纂委员会编纂：《文山壮族苗族自治州志》第二卷，云南人民出版社 2002 年版。

［3］［民国］陈肇基原纂，杨磊、农应忠点辑：《富州县志点注及资料辑录》，云南大学出版社 2007 年版。

［4］牛鸿斌等点校：《新纂云南通志》（七），云南人民出版社 2007 年版。

［5］广南县商业局编纂组：《广南县商业志》，文山报社印刷厂，1988 年。

［6］武维彰：《马关县商业发展概况》，《马关县文史资料选辑》第二辑，1986 年。

［7］［民国］陈钟书等修，邓昌麒纂：《新编麻栗坡地志资料》中卷。

［8］戴启林：《民国时期广南县城商业简述（1912－1949 年）》，《广南县文史资料选辑》第三辑。

［9］《云南通志》，载《景印文渊阁四库全书》第 569 册，台湾商务印书馆 1986 年版。

［10］［民国］张自明修，王富臣等纂：《马关县志》，民国二十一年（1932 年）石印本，（台北）成文出版社 1967 年影印出版。

[11]［民国］徐孝喆等纂:《丘北县志》第三册，1926 年。

[12]［民国］《广南县志》第 8 册，1965 年云南大学借云南省图书馆藏广南县志稿本传钞。

[13]［民国］《广南地志资料》上册，民国十二年。

[14] 杨宗亮:《壮族文化史》，云南民族出版社 1999 年版。

[15]［民国］《西畴县地志》，民国十三年查报。

[16] 孙晓明:《新中国建立前云南与越南的贸易》，《云南文史资料选辑》第四十二辑，云南人民出版社 1993 年版。

[17] 李燕:《试论清代文山地区与越南的贸易》，载云南大学历史系编《史学论丛》第七辑，云南大学出版社 1999 年版。

（原文发表于《曲靖师范学院学报》2011 年第 1 期）

云南山区半山区农村经济的半自给自足模式及其走向现代化的困境

——以文山州麻栗坡县猛硐瑶族乡坝子村为例

娄自昌　浦加旗

摘　要： 目前，云南广大山区半山区的农村经济模式主要是一种半自给自足模式。这种经济模式有其鲜明的特点，有其形成的特殊自然、社会和经济背景，同时也有其相应的价值和功能。但这种经济模式也有着严重的局限性，即立足于传统的自给自足生活，与以市场为中心的现代化经济格格不入，是阻碍云南山区半山区农村经济实现现代化的最主要障碍，也是云南山区半山区农村长期贫困落后的重要根源。要消除半自给自足经济模式对农村经济现代化造成的阻碍，需要政府和农户相互协作，采取一系列综合的措施逐渐破除这种经济模式。

关键词： 云南山区半山区；农村经济；半自给自足模式；现代化

坝子村是云南省文山州麻栗坡县猛硐瑶族乡下辖的一个行政村，共辖 18 个自然村，全属土山区，村民主要是瑶族和苗族，另有少量汉族和壮族。与云南广大山区半山区农村类似，坝子村经济以农业为主，其他行业经济比重很小。2008 年 1 ~ 7 月，我们对该村经济社会发展状况进行了调查，发现其经济模式与云南广大山区半山区农村经济的模式一样，主要是一种半自给自足模式。为了说明云南山区半山区农村经济的现状及发展前景，我们特以该村的半自给自足模式为例进行分析说明。

一、坝子村半自给自足模式的特点

坝子村的经济模式主要是一种半自给自足模式，与其他经济模式相比，这种模式有以下一些特点：

第一，农户所生产的大部分农产品，主要都是为了自己消费，而不是为了投入市场以获取利润；同时，农户所需要的各种生产和生活物资，凡是自己能够生产的都尽量自己生产，而很少从市场上购置。

坝子各自然村所有农户都种水稻，部分农户还种玉米，但在笔者随机抽样调查的51户农户中，没有一户卖粮。有的农户确实有较多粮食，当新粮收割在望时，粮仓中还有很多陈粮，自家吃不完，但他们要么存粮以备荒，要么用来饲养猪、鸡、鸭以改善生活，除非急等钱用，一般都不卖粮。

坝子村各自然村几乎家家户户养猪、养鸡，部分农户还养牛，半数以上人家养鸭，还有少量人家养羊、养鱼和养田螺，但饲养畜禽并不是为了投入市场以获取利润，而是为了满足自家的生产、生活所需。各农户饲养的猪鸡鸭中的大部分都是自家食用，只有急等钱用时或自家吃不完时才卖一点点，商品率非常低。大部分农户饲养的牛都是为了自家役使，只有个别养有两三头牛的人家偶尔会卖一两头。

坝子村各自然村农户使用的大量生活用具和生产工具也是自己制作的，从市场购置的很少。在笔者抽样调查的51户农户中，大部分农户家中使用的桌椅、板凳、床、犁、耙、背箩、掼槽、囤箩、粮仓、晒台、猪槽等都是自己制作的，很少有农户从市场上购置以上生活用具和生产工具。只有自己不能制作或自己制作实在太困难的生活用具和生产资料，如电视机、衣服鞋袜、食盐、化肥农药等，才从市场上购买。

在坝子村农户所生产的各种农产品中，也有一部分是专门为市场生产的，现在主要有茶叶和草果，以前还有杉木、八角等，但这些农产品只是农户所生产的各种农产品的一部分，这些农产品投放市场后获得的利润，主要用来购买自家不能生产的各种生产和生活物资，以巩固和维持半自给自足的生产生活。

第二，为了使生活中所需要的各种物资都能尽量自我满足，农户往往同时从事多种非常细碎零散的生产，不但非常忙碌、劳累，而且效率低下，收益很少，生活困难。

调查中我们了解到，坝子村的所有农户都从事多种细碎零散的生产，一般每户农户都耕种两三亩梯田、几分到一两亩旱地，种植几小块茶叶、杉木、草果或八角等作物，有一两块柴山，养殖两三头猪、十几只到二三十只鸡、几只到十几只鸭、一两头耕牛，少量人家还饲养一匹马或几头羊，农活少时则到附近打一点零工或到矿山采矿。由于每户农户的劳动力都很少，一般就是一两个或两三个劳动力，从事如此多的零碎生产，使得每户农户的每一天都是忙碌而劳累的，一天从早忙到晚，很少有空闲的时候。即使农闲季节，也要每天放牛、到山中找猪食煮猪食，还要砍柴、背柴，打制、维修家具和生产工具，维修水渠、圈舍等。

尽管每户农户都很忙碌、劳累，但由于每个人的能力都是有限的，从事多种零碎生产，使得农户注意力分散，无法在生产中做到专业，因而农户在各种生产中的技术水平都不高，都只是一些简单粗放的生产，每种生产的收益也因此微乎其微，有的甚至没有收益，如种植粮食、饲养猪鸡鸭和牛马一般都没有收益可言。因而农户尽管很忙碌、劳累，但却很贫困。

第三，为了满足农户自给自足的需要，土地承包到户时，生产队将各种类型的土地和山林资源按等级细分承包给农户，使得农户耕种和管理的土地、山林都非常分散、零星，耕种和管理非常不便。

调查中我们了解到，承包到户时，坝子村多数生产队的梯田一般分为三个等级进行承包，每户农户往往承包到一等田若干、二等田若干、三等田若干，而旱地和山林也采用了同样的方式进行承包。结果，每户人家承包的各种土地和山林虽然只有几亩、十几亩，但却不集中连片，而是分成很多小块，一般每户人家都有分在不同地方的七八块甚至十几小块土地，每块从一二分到几亩不等，每户农户的各类土地往往零星地散布在相距数公里之遥的不同地方，从一处到另一处往往要走几十分钟甚至一两个小时，耕种和管理非常麻烦。另外，由于地界犬牙相错，地界纠纷因此非常多，成为村民关系不和谐的重要诱因。有的人家因此将一些零星小块土地和山林放荒，不再耕种和管理。

我们在大塘、上垮土、中坝、岩脚上、岩脚下五个自然村随机抽样51户农户的调查中，调查到承包土地、山林情况的共49户，这49户仍耕种和管理的土地、山林块数见表1。

表1　坝子五村49户抽样农户耕种和管理的土地山林块数表（单位：块、户）

土地块数	3	4	5	6	7	8	9	10
户　数	2	1	4	3	5	7	7	4
土地块数	11	12	13	14	15	16	17	18
户　数	4	5	3	2	0	0	1	1

在49户抽样农户中，耕种和管理土地、山林最少的有3块，最多的有18块，绝大部分人家在5块到14块之间，这类农户占抽样农户的89.8%。需要说明的是，上列土地和山林仅仅是农户仍在耕种、管理并且地块较大的（几分以上）的块数，至于已经放荒的或者非常小的地块，调查时农户往往并不计算在内。总之，每户农户耕种和管理的土地、山林是非常分散、零星的，很少有集中

连片的情况。

第四，由于农户的各类生产主要是为了满足自家生活的需要而不是为了获取利润，因而一般很少计算生产成本和利润，许多生产实际上成本很高，利润很小，甚至经常亏损，但农户往往继续从事这些生产。

调查中我们了解到，坝子村农户一般都不知道自己耕种和管理的耕地和山林的具体面积，至于收成的多少，更是模糊不清。如收了多少水稻，仅知道大约有多少口袋；收了多少玉米，仅知道大约有多少背箩。至于这些水稻和玉米有多少斤，值多少钱，除去投入的籽种、化肥、农药和换工费用外还有多少利润，则谁也说不清。当我们在调查中逐一询问种植水稻和玉米每年需要多少化肥、农药，换工需要多少开支，是否还有利润时，很多农户都感到种植粮食没有利润、不划算，但却没有农户打算放弃种植粮食。

再比如牛马羊和猪鸡鸭的饲养，农户既投入很多劳动力和精力，又投入很多粮食，有时还要购买混合饲料、兽药，付出很多而收入和报酬却很少。由于防疫不到位，坝子村畜禽的疫病很多，猪、鸡得病死亡是常有的事。由于规模小、饲养粗放，即使没有疫病、不出现死亡也没有利润可言，一旦猪、鸡出现死亡，往往就是亏损，但农户一般不计算是否亏损，是否有利润，不因为没有利润可言就不饲养牛马羊和猪鸡鸭。

坝子村农户之所以很少甚至不计算各种生产的成本和利润，也不因为成本太高利润太低或没有利润就不从事生产，最主要的原因是：坝子村农户从事各种生产的目的主要不是为了获取利润，而是为了满足自家各方面生活的需要。

二、坝子村半自给自足模式形成的背景及其功能

坝子村各自然村的半自给自足经济模式，是多种因素综合造成的，既有传统习惯的因素，也有自然条件的因素，还有经济现实的因素和社会体制的因素。

就传统习惯的因素而言，中华人民共和国成立以前，坝子村的瑶族和苗族与云南广大山区半山区的各民族一样，长期盛行粗放农耕、简单手工业和采集、狩猎相结合的自给自足的小农经济模式，与市场的联系非常低下，几乎没有专门以市场为中心组织生产的情况。中华人民共和国成立以后，虽然进行了近三十年的合作化和集体化改造，但并没有清除人们头脑中关于传统经济模式的记忆，当合作化和集体化的改造失败以后，坝子村各自然村农户迅速恢复了传统的自给自足的小自耕农经济模式，因为这是他们所熟悉的、能够有效维持基本生存的主要经济模式，在没有其他更好的经济模式可供选择的情况下，选择这种模式是非常自然的。

就自然条件的因素而言，与云南广大山区半山区类似，坝子村可资利用的土地类型是多种多样的，既有稻田，又有旱地，既有山林，又有荒山，而且每种土地都不连片而分散在各处，具体的自然条件千差万别。

就稻田来说，往往既有灌溉方便的保水田，又有靠天吃饭的雷响田；既有比较肥沃不需太多施肥的良田，又有比较贫瘠产出很低的低产田；既有交通方便、位于大路边的稻田，也有位于深山、交通不便的稻田；既有比较平缓、方便耕作的大田，也有非常陡峭狭窄、耕作不便的山田。就山林来说也是如此，既有适宜种植某类经济作物如草果的山林，也有不适合种植某类经济作物仅能作柴山的山林；既有离村较近，只需几分钟、十几分钟就可以到达的山林，也有需要走两个多小时山路才能到达的山林；既有以竹材为主的山林，也有尽是杂木的山林。旱地和荒山的情况同样如此。

当改革开放初期土地承包到户时，为了平均公平地将各类土地资源承包给农户，坝子村采取了对各类土地资源细分承包的办法，各种类型的土地资源，每户农户都能分到一点，因而农户承包到的各类土地和山林一般都有七八小块甚至十几小块，非常零碎、分散，耕种和管理极为不便。

尽管耕种和管理极为不便，但这种承包方式对于维持半自给自足的生产生活来说却是非常有用和必要的。比如，如果遇到干旱年景，许多旱地和雷响田不能按时耕种，但因为每家多少都有一点保水田可按时耕种，使得每户人家多少都还有一些依靠，不至于完全没有生活的希望。遇到多雨的年份，河谷和洼地的庄稼容易被冲毁或淹没，但因为还有山地、梯田，生活也还有希望。再如，如果茶叶、草果涨价，由于每户农户都有一些茶地和草果地，大家都能够多少获利，生活都有一些改善，不至于有的人家发财而有的人家只能干瞪眼；如果八角、茶叶价格暴跌，卖不成钱，由于每户农户的八角地和茶地并不是很多，农户并不仅仅靠八角、茶叶为生，还有其他经济作物，生活仍然可以维持。

就经济现实的因素来说，改革开放初期，边疆地区的市场发育极不完善，各种商贸活动仍基本为政府所控制，主要服务于城镇居民而很少服务于农村居民；加之广大山区半山区交通不便，离集市太远，所生产的农产品特别是新鲜农产品大多很难及时投入到市场中以获取利润，村民也很难随时从市场中获得各种必要的生产生活物资。在此情况下，改革开放初期，坝子村各自然村农户只能着眼于现实，在土地承包到户时，采取了尽量自给自足的安排，使每户农户都尽量承包到各种类型的土地，让每户农户所需的各种粮食、竹木、畜禽产品、经济林果、烧柴等都能够自我提供、自我满足。同时，为了满足各方面基本生活的需要，每户农户都必须同时从事多种细碎零散的生产，因为少从事一样生产，基本的生产生活就难以维持。如果不经常砍柴，最基本的生火做饭就会遇到问题；如果不饲养牛马，农忙时节的耕种、运输就会陷入困境，而所需农家肥也无从获得；如果不饲养猪鸡鸭，生活中所需的肉类、油脂和禽蛋就无从获得。尽管从事多种生产非常忙碌、劳累，而且效率低下，但在远离市场的条件下，同时从事多种生产对于维持农户的基本生活来说是非常必要而有效的。

就社会体制的因素来说，长期以来，我国一直实行城乡分隔的户籍制度，农村居民被排斥在工业化、城市化的进程之外，同时也被排斥在国家社会保障体制之外。这种社会体制是包括坝子村在内的广大农村半自给自足经济模式得以长期维持的重要原因，由于被排斥在工业化和城市化进程之外，由于没有社会保障，使得广大农村居民既无法顺畅地向第二产业和第三产业转移，更没有能力抵御专业化和市场化经营的风险。为了降低风险，农户只好小心翼翼地同时从事多种经营，小心翼翼地与市场若即若离。一旦某项经营失败、亏损，其他方面还可以弥补；一旦市场风险太大，可以很快离开市场而不是深陷其中无法自拔。尽管专业化和市场化经营会更有效益，但对于没有社会保障的农民来说风险太大，一旦经营失败，很容易导致倾家荡产、走投无路，全家人的生存都会成问题。因此，从事多种细碎零散经营，拥有多种类型的地块，实际上是一种非常有效的自我保障手段，它虽然使农户非常劳累，生活困难，但只要继续从事自给自足的生产，即使遇到荒年，即使发生经济危机，对他们的影响都不会是致命的，他们都可以生存下来。

三、半自给自足模式对农村经济现代化的阻碍

尽管半自给自足经济模式有其相应的作用和功能，但它毕竟是立足于古老传统的一种经济模式，与我国的经济现代化进程格格不入，而且正是这种经济模式，成为农村经济实现现代化的主要障碍，是坝子村经济长期停滞不前的重要根源。具体来说，它对农村经济现代化的阻碍主要表现在以下三个方面：

第一，这种经济模式阻碍了农业的商品化和市场化，也阻碍了市场的培育和发展。

商品化和市场化是经济现代化的必由之路，因为只有商品化和市场化，才能明晰某种生产是有利润还是亏损，是有效益还是没有效益，是值得生产还是不值得生产；只有商品化和市场化，才能将经济活动的触角延伸到广泛的范围，让全国各地甚至世界各地的需求成为推动一个地区经济发展的动力，让广阔范围内的

资源、技术能为我所用，从而大大扩大一个地区经济活动的空间，扩大一个地区经济活动的资源利用效率。总之，只有商品化和市场化，才能推动一个地区经济的现代化。

但半自给自足模式是一种半封闭的经济模式，农户生产的农产品主要为了自己消费，很少投入市场，农户所需的各种主要生活物资主要依靠自己生产而很少从市场上获得，既不利于市场的培育和发展，也不利于衡量农户的各种生产是否有效益，是亏损还是有利可图，也不利于利用广阔地区的需求、技术和资源来为本地经济的发展服务。因而，在半自给自足的经济模式下，要实现经济的现代化是不可能的。

第二，半自给自足模式下细碎零散的生产方式阻碍了农业的规模化和专业化经营，也阻碍了各种科学技术成果的有效应用。

规模化和专业化经营也是经济现代化的必由之路，因为只有规模化和专业化，才能充分发挥规模效益，减少生产成本和浪费，提高资源利用效率，使收益最大化；也只有规模化和专业化经营，才能更充分地利用各种科学技术成果，从而推动经济的现代化。

调查中我们了解到，麻栗坡县政府和猛硐乡政府都试图在包括坝子村在内的农村推广各种新式种养技术，如冬季农业开发、各种新式养殖技术、沼气池建设等，尽管政府花了很多力气，但老百姓要么不接受，要么虽然有一定程度的接受，效果却微乎其微。主要就是因为：大量科学技术成果的应用，只有在规模化和专业化的前提下才能产生应有的效益，而在零碎而分散的生产经营中，许多科学技术成果的应用不但不能产生经济效益，反而增加了农户的成本。因此，正是坝子村半自给自足经济模式下非常零散、规模极小的经营，使得大量现成的农业科技成果无法得到推广应用，无法产生应有的经济效益，广大农户只能采用几百年前甚至上千年前就已经使用的传统生产方式进行生产，甚至仍然靠天吃饭。

由于以上原因，坝子村的农业经济要实现现代化是不可能的，坝子村各族人民要摆脱贫困面貌也是非常困难的。

第三，半自给自足模式阻碍了坝子村各族人民创造精神的培育和人们潜能的有效发掘，是坝子村经济、文化、科学技术和社会事业都非常落后的重要根源。

笔者一行在坝子村调查走访过程中，特别是在对抽样农户进行调查的过程中，都询问对以后的家庭经济发展有什么打算、有什么想法，结果，绝大部分农户都没有什么打算和想法。我们感到，坝子村农户将继续按照传统的生产方式从事生产，继续维持非常劳累却又非常贫困的半自给自足生活，在经济现代化面前，缺乏必要的创造和进取精神，在传统的简单生产中，人们的潜能也将很难得到有效的挖掘和应用，在科学技术日新月异的今天，仍然生活在遥远而古老的时代，当全国各地都在发展的时候，这里仍将是贫困落后地区，将难以依靠自身的力量实现现代化。

今天的坝子村，不仅经济发展相对滞后，各种社会事业和文化事业的发展也非常落后，这里有大批找不到结婚对象的青年，却没有相应的民间社会组织或机构来帮助他们，一些越南女孩的嫁入解决了部分问题，但这些越南女孩遇到的问题却没有相关机构和组织来帮助她们解决。这里的人们文化生活非常贫乏，一堆人聚在一起喝酒成为人们消遣时光的主要手段。

四、破除半自给自足模式的思路

坝子村半自给自足经济模式的特点、成因及其所面临的问题，实际上正是云南广大山区半山区农村经济的一个缩影。要使坝子村的经济获得发展，逐步实现现代化，仅靠政府的扶持、仅靠时间的推延是无济于事的，必须采取一系列有效措施逐步打破半自给自足的经济模式，构建起有利于坝子村经济向现代化发展的模式。

（一）目　标

具体来说，新的经济模式应该朝以下目标转变：

首先，坝子村各村的各种经济门类逐步向规模化和专业化经营方向转变，最终形成有利于各种科技成果应用、有利于规模效益发挥的经营模式。

其次，各种经济行业逐渐从立足于自给自足、为自家生产各种生活物资向立足于市场、为市场生产各种物资转变，从单纯追求产量向追求利润和效益方向转变，最终建立起以市场为中心，以获取利润为目标的经营模式。

再次，每户农户逐步从同时从事多种生产向从事两三种生产转变，从粗放式生产向节约化、专业化生产转变，放弃面面俱到而每一面都不专业的落后状态，最终成为精通一两门生产技术的专业户。

（二）条　件

要实现坝子村经济模式从半自给自足模式向以市场为中心的模式转变，目前已经具备了一些基本条件。主要条件有四：

其一，随着我国市场经济的发展，市场的发育程度已经很高，加上交通的不断改善，对坝子村农户来说，以市场为中心重构本地经济模式的市场条件已经逐步具备。比如，坝子村所生产的各种农产品如粮食、茶叶、草果、杉木、猪、鸡、鸭等，绝大部分都可以投入市场，而坝子村农户所需要的各种生活物资，现在大部分都可以从市场上获得，一旦现在正在修缮的麻栗坡县城和天保口岸通往猛硐瑶族乡的道路不再晴通雨阻，坝子村经济与市场的联系将变得更加容易。

其二，坝子村在经济发展过程中，已经有一定的与市场联系的经验，如茶叶、草果、八角和杉木主要都投入市场中交易，而坝子村也已经有一部分人（虽然很少）以市场为中心从事商贸活动，具备一定的市场经验，对市场的好处、风险和运作模式有一定程度的了解，为坝子村经济模式向以市场为中心转变准备了人才条件。

其三，政府的支持。目前，各级政府对新农村建设非常重视，不但取消了农业税，而且下拨很多资金用于村庄道路改善、住房亮化、补贴农产品的生产以及支持农村文化活动的开展，如果坝子村各自然村能够主动利用这一机会对本地传统经济进行改造，将这些资金中的一部分转而用在支持农村经济向市场化、规模化和专业化转轨，无疑将对半自给自足模式转向以市场为中心的模式的构建产生有力的推动作用。

其四，全民基本社会保障的逐步推行对于降低规模化、市场化经营风险将起到重要作用，有利于农户经营方式的转变。目前，改革城乡分割的户籍制度、实行全民基本社会保障已经是大势所趋，已被逐步纳入国家的议事日程，尽管改革很不顺畅，但如果国家要实现现代化，这是必须要完成的任务。这无疑会为包括坝子村在内的云南广大山区半山区农户转变经营方式提供必要的保障。

（三）基本路径

从当前坝子村的实际来看，首先要进行广泛宣传，使农户逐渐认识到：立足于半自给自足的生产，不仅非常忙碌、劳累，而且效益很低，是农户贫困落后的重要根源。要摆脱贫困面貌，必须尽量实现规模化、专业化和市场化经营。通过广泛宣传，逐步树立起农户改变传统经营方式的理念，为构建适应市场需要的经济模式打下思想基础。

其次，动员和组织一些有条件的农户，让他们在自愿的基础上对承包土地和山林进行必要的调换，尽量做到集中连片，以形成适度规模化和专业化的生产经营，为广大农户进行示范。在示范成功的基础上，进一步支持、协调更多的农户从事类似的适度规模化和专业化经营，以便为以后的进一步发展打下基础。

再次，在农户适度规模化和专业化经营获得成功的基础上，鼓励更多农户在自愿、灵活的基础上实现某种程度的合作，以土地和山林承包权、资金、技术入股的方式逐步建立起一些公司式经营的农业企业，从而使生产经营活动更加优化，最终实现以市场为中心、以获取利润为目的的经济模式的构建。

（四）应该注意的关键点

在经济模式的转变过程中，有几点是最为关键的，如果处理不好，要实现经济模式的转变将是非常困难的。

第一，必须遵循农户完全自愿、自主的原则，政府只能通过政策引导，不能有任何的强迫、代劳，否则，集体化时代的痛苦回忆将使任何美好的目的都无法达到，经营方式转化过程中的所有失败都会转化成对政府的不满，甚至是敌对情绪。

第二，政策必须灵活。农户对自家承包土地和山林的自愿调换，经营承包权的转让，各级政府应尊重当事农户的意愿，可作必要的协助和管理，但不应该进行干涉。

第三，最为根本的是，各级政府应该集中精力尽快破除城乡分隔体制，尽快建立和健全全民基本社会保障体系，使所有农户和城镇居民一样，享有基本的医疗、养老和失业保障，而不必再依靠半自给自足经济模式来规避风险、实行自我保障。

建立健全全民基本社会保障体系对农村经济的现代化和全国的现代化来说是必须完成的任务，它可以使大量农村剩余劳动力能真正从农业中转移出去而不是随时回到农村从事半自给自足的生产，一方面可为二、三产业的发展提供充足劳动力，另一方面也使得想扩大经营规模的农户能够有更多的土地和山林可经营，为农业的适度规模化和专业化发展创造条件，同时，更多的农村人口转移到城镇后，又为农业的发展提供了更多的市场。因此，建立健全全民基本社会保障体系虽然暂时需要花很多钱，需要在第二、三产业创造更多的就业岗位，但从国家实现现代化的目标来看，绝对是利大于弊的。

（原文发表于《文山师范高等专科学校学报》2009 年第 4 期）

滇越铁路通车对文山地区的影响

何廷明

摘 要：滇越铁路通车后，“洋货”泛滥文山地区，境内棉花、蓝靛等种植业受到冲击，传统手工纺织业陷入瘫痪。但另一方面，滇越铁路通车又刺激着文山地区商品经济的发展。

关键词：文山地区；“洋货”输入；滇越铁路；冲击

鸦片战争之后，中国的大门被打开，中国从此沦为西方资本主义国家的原料产地和商品倾销市场，广大农村传统的耕织结合的小农经济逐渐走向解体，被融入到资本主义世界经济体系中。在农村，广大个体农民承受着封建主义、帝国主义、官僚资本主义的压迫和剥削，承受着“洋货”输入后带来的种种冲击。地处云南东南部的文山地区，同样遭受着“洋货”的冲击。

一、“洋货”的输入与泛滥

鸦片战争后，西方资本主义国家输入中国的鸦片、洋纱、洋布、洋靛、洋油、洋火、洋皂、五金等，逐渐由中国的沿海地区向内地和边疆地区渗透。早期进入文山地区的“洋货”，主要通过滇桂交通线，即从北海至南宁，经百色、剥隘、广南至文山，由马帮运输进来，单程需四十天左右，路途遥远，耗时长。由于马帮运输货量有限，这一时期，“洋货”暂且成为“稀罕货”。中法战争后，云南门户洞开，为“洋货”“入侵”云南打开了方便之门，但由于交通不便，仍然依靠马帮运输，货物的输入量小，此时洋货对文山市场的冲击仍然有限。1910年，滇越铁路建成通车，“洋货”通过铁路从越南快速运输至蒙自、开远和昆明，又通过商贩或马帮深入到文山地区的每一个城乡角落，严重冲击着文山地区农业和家庭手工业相结合的自给自足的自然经济基础。因此，滇越铁路通车，成为文山地区经济遭受“洋货”直接冲击的真正开始。

据民国《马关县志》记载：“外货输入，以洋纱、煤油为大宗，洋布匹及丝杂货为次位。”[1]981民国《西畴县地志》载：“入口货以洋纱、洋油、丝杂货为大宗。”洋纱的进口数量，民国十年（1921年）为“千二百驮”，价值“三十万七千余元”；十二年为“千四百驮”，价值为“三十六万五千元”。西畴县治西洒，“较大商店有兴盛祥、宝盛号、广发洋、明发隆四家，均系贩卖洋纱、丝杂等项。”[2]民国七至十年，广南县每年进口洋纱“一千驮以至一千五百驮”，“每驮值银百元至一百二十元”。[3]10民国《丘北县志》载：“吾邑自咸、同以前，初无所谓洋货。光绪初，洋货始渐输入。洎越亡于法，于是，洋货充斥，近则商所售，售洋货；人所市，市洋货，数千年来之变迁未有甚于今日者。”[4]20由于大量输入“洋货”，各县以销售“洋货”盈利的大、小商店异军突起，不胜枚举，“洋货”占据了相当的市场份额，几至泛滥，再加上“洋货”价廉物美，土货很难与之匹敌，渐有被取代之势。

二、“洋货”输入的冲击

在“洋货”的倾销之下，文山地区城乡各民族的种植业（主要是棉花、蓝靛的种植）、家庭传统手工纺织业等首先遭到严重打击，使大多数农民特别是少数民族农民失去了赖以生存的经济来源。

蓝靛是瑶族喜爱种植并以之为生的染料，他们所产的蓝靛，除了留下自用部分外，其余销售给境内的其他民族，甚至出口越南。民国《新编麻栗坡地志资料》载：瑶人“专以伐木种靛为业，每年造靛颇多，麻邑附近一带所需靛料，均唯此种民族是赖，故其靛业极为发达”，但因制靛方法老化，产量有限，质量不高，洋靛输入后，土产蓝靛很难与洋靛匹敌。洋靛属批量生产，量大成本低，市场售价自然低，人们转而购买洋靛自然是情理之中的事，“是以近年洋靛输入，所受刺激颇大。夫优胜劣败，此为当然之理，若不速加改良，将日渐减色而终于消灭也。”[5]4蓝靛在广南的生产也很发达，据民国《广南县志》载：“在昔洋靛未倾销时，广南所用蓝靛为瑶人所制之土靛，当时靛塘甚多，产量亦颇可观。”并由教育局按靛塘收税，但“自洋靛倾销以来，土靛几为其排挤尽净，政府为保护土制靛业”，立即停止收税。[6]11《新纂云南通志》亦载：“云南自来染色，俱用土靛……至洋靛输入，土靛渐衰。”[7]84洋靛逐渐取代蓝靛，瑶族人民失去了赖以生存的经济来源，生活陷入更加贫困的境地。

壮族支系土僚人“种棉花纺线织布，以其方法陈旧，故其布粗陋不堪”，即便如此，其所产土布仍很受人们的青睐，“昔时销路颇广”，但自“民国纪元后，洋纱传入，其布业已大为减色，及至现在，几消灭殆尽矣”。[5]7可见，土布在

"洋纱"的倾销下失去了市场竞争力，"洋纱"同样给土僚人的正常生活带来了威胁。

1913～1934年，广南县永利祥商号颜伊人、涌丰号曹俊侯集资500银圆开办"民生工厂"，从昆明买来几台织机，"请来师傅，雇了十多个工人，织土布、毛巾、袜子等产品"，从蒙自雇马帮驮来五华纱、金城纱纺织，最初销路还是很不错的，"但禁不住机织布、洋布的倾销，前后办了三年多就关闭了。"[8]126

毕竟，机器纺织的"洋纱"均匀细腻，色泽好，比粗细不匀的土纱纺出的布更受人们的喜爱，土纱自然甘拜"洋纱"下风，即便是像广南"民生工厂"那样使用洋纱纺织的，但因属手工纺织，产量有限，不具备市场竞争实力，被"洋布"挤垮是完全可能的。《新纂云南通志》载："入口货中，以棉纱、疋头、棉花为第一位，约占贸易总额百分之四十以上。"[9]109因此，"洋货"涌入后，其以机制和价廉的优势，迅速取代了本地的土货，即洋布进口，土布滞销；城乡妇女纺织，主要依靠洋纱，土纱被洋纱取代。另外，文山地区手工生产的土布曾经是出口越南的大宗商品之一，"中法战争后，越南成为法国商品的倾销地，大量法国洋纱、洋布充斥越南市场，使开化府纺织业受到沉重打击，土布产量日减，逐步在越南市场销声匿迹。"[10]278 "洋布充斥越南市场"，严重影响了文山地区土布出口，使文山地区的棉花种植业和传统的手工纺织业受到了强烈冲击。据《续云南通志长编》记载，文山部分适宜种植棉花的县，民国四年（1915年）前，产量可观，但之后就非常少了。详见表1～表2。

表1　文山各县棉花产额一览表[11]297－299

县别	产地	产量（斤）	价值（每斤）	销路	备考
富县	皈朝、洞波、剥隘、本城各区	348 200	籽花一角二三，绒花四角	广南、丘北、开化、蛮耗、河口	风土俱佳，不待改进，只须普种
开化县	东区、江那镇、南区、江外乡	95 000	籽花一角四，绒花五角	河口、蛮耗	
广南县	板蚌、溪洋、八播、普梅、郎恒、板郎、法白	27 000	籽花九分，绒花四角	本境	
丘北县	小江口、插花地	3 200			色泽欠佳

表 2　民国五至八年文山各县属棉花产额一览表[11]300

年度 县别	民国五年		民国六年		民国七年		民国八年	
	种类	产量（斤）	种类	产量（斤）	种类	产量（斤）	种类	产量（斤）
马关县	土棉	5 000	土棉	5 000	土棉	6 000	土棉	6 000
丘北县	土棉	2 000	土棉	2 000	土棉	2 000	土棉	2 000
麻栗坡县	土棉	1 000	土棉	1 000	土棉	1 000	土棉	1 000

从表 1 可看出，民国四年（1915 年）文山各县棉花产量是很高的，富县（今文山州富宁县）、开化县（今文山县）的棉花还销往河口、蛮耗，由此出口越南。民国四年后，“棉花的产量较少，原料断难敷用。”[11]300洋纱的输入，严重打击了文山地区农民种植棉花的积极性，很多农户放弃了棉花种植。据“民国四年棉业调查员报告”，文山适宜种植棉花的各县种植情况是：“富县宜棉地 11 200 亩，已植 9 000 亩；开化县 1 200 亩，已植 730 余亩；丘北县 995 亩，已植 180 亩；马关县宜棉地 340 亩，未种；丘北县 640 亩，未种。”[11]304棉花的种植面积已大为减少，但市场的用棉量并未因此而减少。据“民国九年实业调查员报告，各地方官绅查报”的数据称，文山输入产自东京的洋棉 100 000 斤，每百斤 70 元。[11]310富宁曾经是文山地区种植棉花最多、产量最高的县，但自洋纱输入后，种棉业大受影响。民国《富州县志》载：“富州种棉甚少，乡间纺织多用洋纱，购自两粤。”[12]57文山已由原来的棉花出口变成了进口，境内棉花种植业萧条，以致后来逐渐淡出农村经济生活。靠种植棉花获利或以其作为副业经营的农户，失去了生活的基础，不得不艰难地另谋生路。

另一方面，洋纱的输入，客观上又刺激了纺织业的发展。如马关县的“马白、仁和、八寨等地，初时自纺自织，以供本地衣著。现改用洋纱织造，织机逐年增加，出品等第亦颇整齐。”[13]523 1932 年以前，马关“全县约有织机八百架，年约产土布二十万匹，除本县自用外，有输往越南销售者。”[1]985到 1937 ~ 1949 年期间，马关县有织布机近 2 000 台，[14]522织布量大增。人们为了获取洋纱，不断将自己纺织的布匹拿到市场上销售，于是出现了以纺织为生的固定纺织户。因此，纺织业的发展，又为另外一些人创造了就业机会。

三、滇越铁路通车后的冲击

1910 年滇越铁路通车，大大改善了滇南的交通条件，极大地提高了货物的运输能力。滇越铁路通车后，给文山地区的经济发展带来的冲击与刺激并存。

首先，滇越铁路建成通车后，使滇东南的交通重心发生了改变。明清以来，滇桂线一直是云南及内地通往两广及沿海重要的对外贸易通道之一，马帮、商旅络绎不绝。这条通道“以北海为起点，由北海至省会之旅程，计北海至南宁十四日，南宁至百色十七日，百色至剥隘三日，剥隘至广南八日，广南至云南府十三日，共计五十四日。该路进出商业颇繁，百色尤为滇、黔土产品出口必经之要道”。[15]108因路途遥远，凡马帮途经的县、乡、镇，都有大小不等为马帮服务的客马栈，这些客马栈既方便了远走他乡的马帮，又从经营服务中获得了一定的经济收益，由此带动了沿途城镇经济的发展，如广南县城、剥隘等。在广南县城，城内西街、南街、小南街开设了为来往商贩服务的客马栈，“这些客马栈顾客多是从蒙自下百色，或从广西方向流入的外省客商，也有广南海子、八宝、珠琳、那洒等马帮，客马栈既招待旅客食宿，也有马厩关马，供给草料，还代商贩堆存货物。在那不通公路的情况下，主要依靠骡马驮运，这些客马栈确是疏通商旅往来和物资交流的一个主要行业。”[8]122滇越铁路通车以前，文山商号经销的工业产品，是由广西通过剥隘运销的。沿海的工业产品由上海运抵广西北海，广西商人和马帮运到剥隘，文山商人到剥隘交易后由马帮运到文山各地。滇桂交通线曾经在古代、近代文山的经济发展中起到了不容忽视的作用。但是，由文山到剥隘大约有460公里的山路，按每天走30～40公里计算，单程需走12～15天的时间，[15]379一个回转需近一个月的时间，路程长，耗时多，成本高。铁路通车后，绝大多数商贩改由昆明、蒙自采办运销。昆明至蒙自主要靠火车运输，其中碧色寨到蒙自又用小火车转运，方便快捷，省时省力。蒙自到文山162公里，靠骡马驮运，单程4～5天即可到达，[15]379省时省费用。于是，交通重心发生转移，过往商旅、货物运输多取道滇越铁路，原滇桂线沿途城镇逐渐冷落，逐渐失去了昔日的繁荣。民国《广南县志》载：“滇越铁路未修筑以前，广南为滇粤交通要道，滇越铁路通，而广南之路塞，市场冷落。”“自滇越铁道通，云南与省外、国外交通多假道于安南。”[16]1,6由于交通改道，原来滇桂一线川流不息、络绎不绝的马帮、商旅已大为减少，广南的交通、经济发展受到严重影响。昔日红火的滇桂线也因路程遥远逐渐为人们所淡忘。

其次，滇越铁路的修建及通车，部分地改善了滇东南的交通条件，客观上又刺激了文山地区经济的发展。在铁路修建之初，“地主和商人雇工在马关县古林箐、文山县老君山一带砍伐森林作枕木，用马帮驮运至蒙自、河口”[14]366出售赚钱。过去，文山到昆明有近500公里的山路，山高坡陡，河流湍急，单程需走13～

14 天的时间，货物的运输主要依靠马帮驮运，不仅耗时长，劳动强度大，而且运输数量极为有限，成本高，致使文山地区物价昂贵，经济发展缓慢。滇越铁路通车后，货物由昆明装上火车，1 天到达蒙自，4 天到达文山，仅需 5 ~ 6 天，比原来节约了一半以上的时间，缩短了里程，降低了成本，货物的运销量比过去大为增长。由文山销往昆明的货物，亦通过蒙自装上火车运输。商品流通速度的加快，极大地刺激着文山地区经济的发展。

滇越铁路虽然距离文山还有一段路程，但它也给文山地区尤其是临近的马关县带来了极大的便利。民国《马关县志》载，滇越铁路通车后，“由县至省，交通遂称便利，文化进展，货物转输，颇有关系焉。”[1]172 过去，“物品转输，惟恃马驮。因地无平原，路多崎岖，一切车辆均不能行；既无大水，更无舟楫，交通不便。故邑人多老死不出乡，能至省者，已甚稀罕。自滇越铁路通，旅行较便，渐有至京沪者，非如向之裹足不前也。”[1]196 人们通过滇越铁路，走出大山，开阔了视野，增长了见识。因此，滇越铁路成为加强文山与内地联系的纽带，在一定程度上促进了文山地区经济文化的发展。

参考文献：

[1] [民国] 张自明修，王富臣等纂：《马关县志》，民国二十一年（1932 年）石印本，（台北）成文出版社 1967 年影印出版。

[2] [民国]《西畴县地志》，民国十三年查报。

[3] [民国]《广南地志资料》下册，民国十二年。

[4] [民国] 徐孝喆等纂：《丘北县志》第三册，1926 年石印本。

[5] [民国] 陈钟书等修，邓昌麒纂：《新编麻栗坡地志资料》中卷。

[6] [民国]《广南县志》第 8 册，1965 年云南大学借云南省图书馆藏广南县志稿本传钞。

[7] 牛鸿斌等点校：《新纂云南通志（七）》，卷 142《工业考·染色业》，云南人民出版社 2007 年版。

[8] 戴启林：《民国时期广南县城商业简述（1912 - 1949 年）》，载《广南县文史资料选辑》第三辑。

[9] 牛鸿斌等点校：《新纂云南通志（七）》，卷 144《商业考二》，云南人民出版社 2007 年版。

[10] 李燕：《试论清代文山地区与越南的贸易》，载云南大学历史系编《史学论丛（第七辑）》，云南大学出版社 1999 年版。

[11] 云南省志编纂委员会办公室：《续云南通志长编》下册，卷六十九《农业一》，云南省科学技术情报研究所印刷厂，1986 年。

[12] [民国] 陈肇基原纂，杨磊、农应忠点辑：《富州县志点注及资料辑录》，云南大学出版社 2007 年版。

[13] 云南省志编纂委员会办公室：《续云南通志长编》下册，卷七十三《手工业》，云南省科学技术情报研究所印刷厂，1986 年。

[14] 文山壮族苗族自治州地方志编纂委员会编纂：《文山壮族苗族自治州志》第二卷，云南人民出版社 2002 年版。

[15] 陆韧：《云南对外交通史》，云南民族出版社 1997 年版。

[16] [民国]《广南县志》第 7 册，1965 年云南大学借云南省图书馆藏广南县志稿本传钞。

（原文发表于《红河学院学报》2010 年第 4 期）

护国运动在文山

何廷明

摘　要：在护国运动期间，地处滇东南文山地区的广南、富宁一带，护国第二军与拥护袁世凯的龙觐光军队进行了激烈的争夺战，护国军最终打败了龙觐光的军队，加速了广西的独立，为顺利进军两广奠定了基础，同时也支援了其他战场的护国军。滇东南护国之战，对护国运动在全国的胜利具有重要意义。处在战争地带的云南文山各族人民对这场战争的胜利做出了重要的贡献。

关键词：滇东南护国之战；文山人民；贡献

一、护国运动兴起，护国军与袁世凯双方的作战部署

1915年12月13日，袁世凯忤逆民意，公然帝制自为，遭到全国人民的反对。12月21日，云南军政领导人和齐集云南的各路反袁志士唐继尧、蔡锷、李烈钧、任可澄、罗佩金、方声涛、刘祖武、顾品珍等人在昆明召开紧急会议，共商讨袁大计。22日晚，唐继尧、蔡锷、李烈钧等人举行宣誓典礼，表示“拥护共和，吾辈之责。兴师起义，誓灭国贼”。[1]72 23日，云南将军唐继尧、云南巡按使任可澄联名致电袁世凯，要求取消帝制，惩办帝制祸首，并要求在12月25日上午10点钟以前答复。云南的要求遭到了袁世凯的拒绝。25日，唐继尧、蔡锷、李烈钧等人联名通电全国，宣布云南独立，反对帝制，发布讨袁檄文，武力讨伐袁世凯，护国运动爆发。

云南宣布独立后，立即组织了护国军政府和护国军，推唐继尧为都督，将云南的护国军迅速编为三军，并制定出师计划：第一军，蔡锷任总司令，出征四川；第二军，李烈钧任总司令，进军两广；第三军，唐继尧兼总司令，留守云南，居中策应。另组挺进军，以黄毓成为司令，挺进湖南，以赴武汉。随后，蔡锷的第一军率先出兵四川作战。

袁世凯在接到云南宣布独立的消息后，也迅速采取对策，于1916年1月5

日派三路大军进攻云南。以曹锟为第一、第二路军总司令；以马继增为第一路军司令，进军湘黔；以张敬尧为第二路军司令，入川攻滇；派广东将军龙济光、龙觐光兄弟为第三路，假道广西入滇。袁世凯企图三路包抄，从川、黔、桂三个方向将护国军封杀于云南。

护国军出师讨逆，师出有名，士气旺盛，战斗力强。各路护国军勇猛作战，节节胜利。其中，李烈钧统率的第二军在滇东南文山地区广南、富宁的作战，击败了袁世凯第三路军的进攻，粉碎了袁世凯经广西进攻云南，以扰乱护国军后方的图谋。

二、滇东南争夺战

护国战争爆发后，护国军主力部队由蔡锷率领进军四川，留守云南的兵力较少。护国军在四川、湘西、贵州的作战，初期进展较顺利。袁军因后援不济，士气低落。1 月 27 日，贵州宣布独立，拥护共和，壮大了护国运动的声势。为扭转不利局面，袁世凯企图采用“围魏救赵”之术，原打算派北洋军通过广西进攻云南，但因遭到广西各界的反对而被迫放弃，只好命龙济光的粤军经桂入滇，捣毁护国军的后方，迫使护国军回救云南，从而打乱护国军的作战计划，达到绞杀护国运动的目的。袁世凯任用龙氏兄弟攻滇有三大优势，一是龙氏兄弟不但思想反动，而且十分忠于袁世凯，他们希望通过支持袁世凯称帝而得到加官晋爵的机会，因而深得袁世凯器重，袁世凯对龙氏兄弟亦十分放心；二是龙觐光与广西陆荣廷是儿女亲家，龙氏借道广西，陆荣廷碍于亲家情面，断不会为难，借道必定成功；三是龙氏兄弟出身滇南土司，部属多为云南人，比较熟悉云南的地形，用他们进攻云南是最合适的人选。于是，袁世凯委任龙济光之兄龙觐光为“云南查办使”，命其率粤军一师与陆荣廷配合进攻云南。龙济光还事先派其子龙体乾经越南潜回蒙自老家犒吾卡，与其侄子龙毓乾土司，勾结滇南各县地主、土匪武装，发动叛乱，以作内应。

1916 年 1 月下旬，龙觐光的部队开始从广东出发，2 月中旬到达广西百色一带，并在百色招兵买马，收编滇桂边境的地主、土匪武装，使队伍扩展到八九千人之众，号称“一万大军”，总司令部设在百色。紧接着，龙觐光将军队兵分三路，第一路主力部队，以李文富为司令，进攻滇边军事重镇富州（今富宁县）之剥隘，由此进入滇东南；第二路以黄恩锡为司令，绕道进入云南，骚扰丘北、弥勒、师宗、泸西、建水等县，以扰乱护国军后方；第三路以朱朝瑛为司令，镇守百色并作后方策应。部署完毕后，李文富率所部 3 000 人开始向滇境推进，并于3月1日晚向剥隘发起进攻。剥隘守军约一个连，连长陈宪廷率全连官兵，虽经一夜的英勇抗击，但仍难抵挡敌军机枪、大炮的攻击。次日，剥隘被敌军攻陷。是役，“护国军死2人，伤1人。龙军死4人，伤10人。”[2]694李文富在攻陷剥隘后，“招兵买马，收编康有富土匪武装200余人，命康有富为营长”，[3]10继续向前推进。因其部属多为广南、富宁人，地形较熟，又由于沿途守卫的滇军较少，因此，李文富乘势夺取者桑，杀奔皈朝而来。与此同时，李文富还派所部团长莫礼华率500多人偷偷进入广南县龙潭乡。因李文富是广南县的大地主，龙潭乡的农民十之八九是李家的佃户，因此，李文富的部队便轻易进占龙潭乡。龙潭乡距广南县城不足五十里，广南岌岌可危，连连告急。

龙觐光的军队猖狂进犯滇境，滇东南局势十分危急。因此，迎战龙觐光并将其消灭就成为护国第二军执行既定战略计划、扫清入桂道路的首要任务。1916年2月21日，李烈钧率第二军第二梯团（梯团长方声涛）离开昆明前往广南，并先期遣使催促驻开化（今文山）的第一梯团团长张开儒率所部迅速开赴富州阻击来犯之敌。同时，因滇东南局势严重，李烈钧在途中电请唐继尧急调正从贵州开往湘西的挺进军司令黄毓成和护国军第三军第一梯团长赵钟奇各率部队改道南下，直赴百色，攻击敌后。正当龙觐光的军队不断向广南县城和富州县城推进时，护国第二军先后赶到广南、富州前线，部署作战。方声涛的第二梯团在广南石洞（距广南县城二十里）一带与龙军莫礼华部遭遇。经过三天三夜的激战，护国军大败莫礼华军。莫礼华军残部败退广西，护国军收复广南失地。3月9日，李烈钧率司令部进驻广南县城。紧接着，方声涛梯团驰援富州皈朝。

富州地处滇桂边境，是护国军入桂和龙觐光的军队经桂进入滇东南的必经之地，战略地位十分重要。富州成为两军必争之地。张开儒梯团奉命后，星夜赶往富州皈朝布阵，迎击龙觐光的主力李文富部。3月11日，两军在皈朝相遇，展开激战，战至次日，双方各自据山对峙。13日，敌军援兵3 000余人赶到，突增敌众我寡之势，以致在阵地上，“敌方轮换战斗，而我方无队可换。敌方开饭时，一部分退下来吃，一部分留阵地监视；而我方吃饭只能送上阵地去吃”，[4]290且龙觐光的军队武器精良，“从兵力和武器上看，我方都居于劣势地位”，“我方要操胜算是比较困难的。”[5]316为鼓舞士气，李烈钧将司令部移至皈朝，亲临前线指挥。14日、15日，连续两天，李文富倾其全力向护国军进攻，用大炮轰击护国军阵地及皈朝街。“一日敌炮击中我军司令部驻地，将寺庙大门头掀去一边”，[4]290“民房毁于炮火者甚多，有一二弹落于司令部内，司令部为之几次迁移。”[3]11面对敌军炮火的猛烈攻击，护国军顽强抵抗，给敌人以重大杀伤。战斗异常激烈，阵地几易其手，形成拉锯战。由于连续作战，未得片刻休息，护国军“死拼死抵，疲乏已极，站立也会睡着”。[4]290士兵疲惫如此，可见作战之艰苦。“相持到最后一天，张梯团的右翼几乎不能支持，个别部队竟有未奉命自行撤退者。”[5]316-317为稳定军心，张开儒梯团长亲自到阵前督战，其“手执大刀，后者必斩，军心一固，终能维持原有阵地。使敌无丝毫便宜……”[2]6943月16日，张梯团与赶来增援的方声涛部在炮火的掩护下，猛攻敌军阵地。张梯团长在炮兵阵地上沉着镇静地指挥炮兵连长鲁梓材发射炮弹。只听敌方山上树林中左方人声嘈杂，但因树林茂密看不见目标，难测方向和距离，鲁连长约略估计位置，连射两发炮弹，“不意正值敌人集合开饭，以草席铺地，成群围坐，炮弹恰巧击中，伤死甚多。”[4]290接着又向右方连射两发。右方正好是敌军的炮阵地所在，“因我方炮轰开饭之敌，敌炮正要还击，恰遇我方炮弹击中敌炮位，将敌炮位掀翻”，[4]290敌炮失去了作用。鲁连长的“神炮”，四弹均击中敌军要害，使敌军官兵惊恐万状。护国军乘势发起冲锋，“霎时间，喊杀之声，震动山谷”，[5]317敌军纷纷溃退。这时，广西陆荣廷已于3月15日宣布独立，从而截断了李文富的退路。由于李文富所部多为广南、富宁子弟，多数不愿攻打家乡，再加上连日作战，又不能取胜，军心动摇，于是李文富率所部3 000人向护国第二军缴械投降，被集中到广南改编和遣散，其余溃逃广西。皈朝大捷是滇东南护国军开战以来的第一次大胜仗，大大振奋了护国军的士气。张开儒梯团“又乘胜击破者桑，剥隘之敌，夺获火炮二尊，机关枪四挺，其余枪枝子弹无算，杀敌千余”，[6]742并由剥隘挥师东进广西。至此，护国第二军在文山广南、富宁地区的作战，打败了龙觐光的主力部队，取得了辉煌的战绩。

正当护国第二军在滇东南与龙觐光军激战之际，第三军赵钟奇和挺进军黄毓成奉命分别于3月4、5两日由贵州黄草坝、兴义出发，南下会攻龙觐光的大本营所在地百色。沿途敌军望风溃逃，未遇抵抗。3月16日，黄毓成所部与龙觐光的军队朱朝瑛部激战于广西黄南田，大败朱朝瑛部并追至距百色八十里处，与从剥隘东进的张开儒梯团和桂军马济部对百色形成包围之势。在百色的龙觐光见大势已去，被迫缴械投降，于17日发表通电，宣布“辞云南查办使责任，赞助共和，以谢天下”。[7]21征滇的龙觐光军队全军覆没。与此同时，滇南蒙自等地的叛乱，亦被护国第三军平定。云南大后方得到了巩固。袁世凯企图由广西攻取云南，达到其捣毁护国军后方基地的阴险计划宣告破产。

三、滇东南之战的意义及文山人民的贡献

护国战争以其维护共和、反对帝制的进步性深得云南各族人民、全国广大爱

国军民和海内外爱国志士的大力支持和拥护。人心所向是护国战争之所以取得胜利的决定性因素。护国军在滇东南进行的战争，对全国护国运动的胜利具有重要意义。文山各族人民对在文山地区进行的这场护国战争，更是倾力支持，为滇东南护国战争的胜利乃至全国护国运动的胜利做出了不可磨灭的贡献。

首先，护国军在文山广南、富宁一带的勇猛作战，加速了广西独立的进程，推动了护国运动的向前发展。广西独立，虽早有酝酿，但却落于云南之后。陆荣廷在袁世凯推行帝制时，虽然没有明确表态赞成，但亦没有进行有力的抵制。云南宣布独立后，陆荣廷也未痛下决心立即响应云南通电，宣布广西独立，而是继续与袁世凯周旋，处于观望状态。护国运动爆发后，尽管陆荣廷拒绝了袁世凯的北洋军经桂征滇，但却允许粤军借道广西攻滇，甚至遣其子陆裕光、桂军将领张耀山、吕春琯等领兵随行。桂军虽未参战，但却不难窥出此时陆荣廷的矛盾之心。3 月上旬，正当护国军在川南、湘西及滇东南向袁世凯的军队发起猛烈攻击之时，陆荣廷还向袁世凯请求率兵攻黔，被袁世凯特任为贵州宣抚使。陆荣廷受命领兵北上柳州，屯兵湘桂边境，静观时变。如果护国军战败，陆荣廷将成为维护帝制的有功之臣。3 月中旬，滇东南战场上的龙觐光军队在李烈钧所率护国第二军的猛烈攻击下，开始向广西败退，云南挺进军和护国第三军又从贵州南下，包抄粤军后路。龙觐光困守百色，已成瓮中之鳖，护国军已稳操胜算。这时，陆荣廷才审时度势，从观望徘徊中摆脱出来，最终坚定了选择离开袁世凯而参加护国运动的决心。于是，他一面命令随粤军出发的桂军配合云南入桂的护国军围攻百色，一面指使驻守南宁的陈炳焜等立即通电讨袁，宣布广西独立。3 月 15 日，广西终于宣布独立，参加护国讨袁战争。应当肯定的是，在滇东南护国战争和其他因素促成下的广西独立，不但迫使攻滇粤军主帅龙觐光缴械投降，巩固了护国军的大后方云南，而且使护国军顺利进入广西乃至广东，同时还及时、有力地支援了川南、湘西的护国军战场。当时，正值护国军主力在川南战场作战失利后撤之时，黔军一梯团长说，“设广西再有十天不宣布独立，真不知如何收场。”[8]79-80滇、黔、桂及川南、湘西连成一片，扩大了反袁战线，增强了反袁声势，推动了护国运动的进一步发展。3 月 22 日，袁世凯被迫宣布取消帝制，6 月 6 日忧愤而死，讨袁护国战争宣告结束。综观全局，护国军在文山广南、富宁一带的胜利作战，对护国运动在全国的胜利，具有重要的意义。

其次，护国第二军在滇东南的作战，创造了以少胜多、以弱胜强的战例，其战绩在护国运动的历史上占有重要地位。滇东南战场上的护国军官兵，在兵力少、武器装备处于劣势的情况下，凭着“拥护共和，誓灭国贼”的一腔热血，以旺盛的士气，昂扬的斗志，奋勇杀敌。由于指挥得当，将士用命，使敌军6 000 人在皈朝不能前进一步，并最终被击溃。在战争中，很多将士为护国战争的胜利牺牲了自己的生命。皈朝战役，护国军“死伤百余人”，[9]293 龙潭战役“伤亡官兵数十人”。[9]294 第二军前线侦察上尉参谋侬鼎象（广南人），“自计与龙氏有亲谊，潜入百色龙氏营中，劝龙氏弃逆效顺，被龙氏子肢解之。”[10]306 为悼念阵亡将士，李烈钧回师广南休整时，在广南举行了追悼阵亡将士大会，挽联中有“马革裹尸无遗恨，龙潭埋骨有余香”，[9]294 寄托了对烈士的哀思，并特别抚慰了侬鼎象的家属。在广南、富宁作战的护国军，不仅作战勇敢，而且还是一支纪律严明之师。在龙潭激战中，“毛营长首先突入龙潭街，纵火焚烧……莫团缴械投降，毛营长以火烧龙潭，违反纪律，即被撤职。”[9]294 由于纪律严明，护国军“所过之地，无拉夫封马之事，市面买卖照常，战火虽逼近，地方安谧”，[9]294 深得当地群众的拥护和欢迎，至今仍有良好口碑。

第三，云南文山各族人民对护国运动的胜利做出了积极贡献。护国运动爆发后，云南各族人民筹粮筹款，掀起了支援前线的热潮。据当时报载，云南由于“民贫地瘠，每届年底，完纳粮税，甚属迟延”，但自护国战争爆发后，“省内外各县人民输纳粮税，异常踊跃。”[11]74 云南文山更是地处偏僻，少数民族杂居，地贫民困的情况更为严重。但是，处在战争前线的文山各族人民也和全省各族人民一样，为使战争早日胜利，尽快结束袁世凯的倒行逆施，他们踊跃捐款捐物，纳粮献米，参军参战。广南县知事林竹琴，“亲率县署法警数人到街上逐家催缴粮米”，[4]289 支持护国军。护国战争期间，“广南筹措银元 14 000 元备办粮秣军饷，支持护国军在广南扩充兵员 1 000 余人”，[12]20 为护国军在广南龙潭、石洞一带打败龙觐光所属李文富部和为入桂作战提供了有力的兵员和后勤保障。富州“知事张其崟筹粮备兵，支援护国讨袁运动”，[2]11 “富州人民筹送军饷络绎不绝。”[3]11 据统计，富州“县人为护国军筹集军费 5 万余元，抽调民夫 2 000 余，配合作战”。[2]695 正是文山各族人民在人力、物力方面的大力支持，使护国军将士能够全力迎战入滇的敌军，并取得了胜利，为顺利入桂奠定了基础，为护国运动在全国的胜利做出了应有的贡献。

参考文献：

［1］云南省社会科学院历史研究所、贵州省社会科学院历史研究所编：《护国文献》，贵州人民出版社 1985 年版。

［2］云南省富宁县志编纂委员会：《富宁县志》，云南民族出版社 1997 年版。

[3] 农贤生:《皈朝护国讨袁之战》,文山州地方志办公室、文山州地方志学会《文山史志》,1996 年。

[4] 苏镜川口述,杨维骞笔记:《护国军第二军在开化、广南、富州一带军事行动经历记》,载《云南文史资料选辑》第十辑,云南人民出版社 1985 年版。

[5] 陈润之:《护国第二军始末简记》,载《云南文史资料选辑》第十辑,云南人民出版社 1985 年版。

[6] 李新、李宗一:《中华民国史》第二编第一卷下,中华书局 1987 年版。

[7] 庾恩旸:《云南首义拥护共和始末记》上册,云南省图书馆,1917 年。

[8] 杜叔机:《护国战争中北路黔军作战经过及入川失败始末》,载《贵州文史资料选辑》第 2 辑,1963 年。

[9] 陈亚波:《护国之役李烈钧等入滇及皈朝龙潭战役见闻》,载《云南文史资料选辑》第十辑,云南人民出版社 1985 年版。

[10] 郜孔昭:《云南护国第二军入桂粤亲历记》,载《云南文史资料选辑》第十辑,云南人民出版社 1985 年版。

[11] 中国国民党革命委员会云南省委员会:《护国历史资料选辑》,载《纪念护国运动七十周年》。

[12] 云南省广南县地方志编纂委员会:《广南县志》,中华书局 2001 年版。

(原文发表于《文山师范高等专科学校学报》2007 年第 1 期)

20世纪20～30年代云南边疆官员与知识分子心目中的辛亥革命

——以民国《马关县志》撰稿人的倾向为例

娄自昌

摘　要：在民国《马关县志》众多撰稿者的心目中，1908年的河口起义和三年后的辛亥革命地位都不高，极少成为关注和歌颂的对象，特别是河口起义反而被多数撰稿者当作“叛乱”对待。之所以如此，主要是这场革命虽然推翻了让人不满的清王朝，但并没有带来人们所期望的进步，反而使国家和社会在革命后陷入了长期军阀混战、匪盗横行、经济和各种社会事业走向衰败、民不聊生的境地，在此背景下，生活在当时的人们对这场革命评价不高自然在情理之中。在辛亥革命百年之际，回顾辛亥革命十年、二十年后经历者和见证者的感受，对于辛亥革命及其作用的理解无疑会更加深刻。

关键词：民国《马关县志》；河口起义；辛亥革命；反思

民国《马关县志》于1919～1931年间经三次纂修而成，前后参与撰稿的大批官员、知识分子都是辛亥革命及其前奏如河口起义的见证者，也是这一时代的经历者，志书对河口起义和辛亥革命的记述反映了这些历史事件在他们心目中的地位。在辛亥革命百年之际，重新审视当时边疆地区的见证者和经历者在辛亥革命十年、二十年后对这场革命的看法，无疑很有意义。笔者在整理民国《马关县志》的过程中，发现这些经历者和见证者的评价有很多值得我们思考的地方，现谨将对这一问题的粗浅想法整理为文字，不当之处，还望方家指正。

一、民国《马关县志》有关河口起义与辛亥革命的记述

（一）对河口起义大多作负面评价

中国同盟会1908年发动的河口起义，对马关影响很大，因为当时的河口仍

属于以马关为中心的安平厅管辖，而且起义发生后，革命军曾向马关方向攻击前进，引起了马关社会的震动。民国《马关县志》中有4处提到河口起义，情况如下：

卷三《秩官志·循良》部分介绍当时的安平厅同知邹德淹事迹时直接提到了这一事件，称："戊申年（1908年），乱党由河口犯边，袭破新店、老卡、小坝子等处，本关危如累卵。当援兵未到，民心震恐奔走，……幸大军驰击告捷，不逾月而敌退远窜，人民安堵如初。"显而易见，撰稿人将革命军称为"乱党""敌"，在其心目中，清军则被当作己方，清军对革命的镇压行动被当作正义之举。

卷四《文教志·新制学校·河口学堂之起点》间接提到了这一事件，称"戊申年（1908年），督办王镇邦殁于乱"，虽没有更多的说明，但将起义称为"乱"，思想倾向是很明显的。

卷五《兵略志·军事绪言·河口之役》直接讲述这一事件及其影响，与前述两处不同，撰稿人力图站在第三方的立场上进行客观描述：对革命军采用中性的"革命军""革军"来称呼，没有称为"乱党"；对清朝云南当局一方，同样采用"滇督"等中性称呼，既未当作敌方，也未当作己方。但在描述作战过程和影响时，仍多少倾向清朝一方。如谈到革命军攻占河口时，称"河口陷落"；谈及河口起义影响时，称"全滇震恐"，"警耗所至，草木皆兵。而古林箐、大吉厂、桥头街、木厂街一带尤当其冲，居民惊惶逃匿，遍地悲声"。似乎起义所带来的仅仅是灾难。而谈及清朝云南当局在镇压起义后所做的善后布置时，则表现出明显的赞赏倾向，称"王正雅接任，整顿防务，办理善后，统领大营设于马关，谋长远之计，于是呈准锡督建筑营垒，开办随营学堂，陶铸人才"。

卷九《艺文志·诗》部分录有李朝纲诗"咏贺统领宗章收复河口"。其中有"小丑无知妄逞戈，天威一怒复红河"句，革命军被称为"小丑""无知"，而清军的镇压行动被称为"天威一怒"，诗中还有大量对清军统领贺宗章的过分吹捧。此诗可能作于贺宗章镇压起义后回师开化时，作者的用语、思想倾向与当时的氛围是合拍的，但到1931年国民党已经形式上统一全国时，修志者还收录丑化国民党先辈的诗歌，并且不作任何说明，其思想倾向颇值得玩味。

总之，民国《马关县志》在提到河口起义时，不同的撰稿者大多进行了负面描述和评价，思想倾向主要站在清朝一边。

（二）对辛亥革命的关注不多

对于1911年的辛亥革命，民国《马关县志》中先后有4~6位撰稿者直接间接提到13次。其中有9次都是几次纂修县志的主持人在序言中提到，在正文中提到的有4次。

在序言中提到的9次中，1931年县志的主持者、署理马关县长张自明一人就在其多篇序言中提到了6次，另有1919年的县志主持者唐世楷、卢一善各提到1次，1926年的县志主持者刘世勋提到1次。从序言中提到的情况来看，三次纂修县志的主持者都对辛亥革命持正面评价。

正文中提到的4次中，一次在卷五《兵略志·马关大事记》开头部分，主要介绍了马关官民响应辛亥革命的经过，除了使用“举义”“反正”“人心向往”等正面词汇指称辛亥革命外，基本为客观描述。

另一次在卷六《人物志·忠烈》部分，在介绍马关籍军官尹盛德事迹时，间接提到了辛亥重九起义，使用“辛亥改革”一词，内容基本为客观陈述。

最后两次在卷八《艺文志·诗》部分，收录了1919年的县志主持人卢一善所写的两首诗，一首为1912年所作，主要用以纪念辛亥重九起义一周年；另一首主要为悼念蔡锷所作。卢一善的这两首诗，是整个民国《马关县志》中唯一对辛亥革命进行发自内心的、热情歌颂的文字，现将其列于下：

壬子（1912）重阳反正纪念七律二章

去年九日奏肤功，浪卷滇池铁血红；革命声摧桐叶雨，共和旗舞菊花风。貔貅鹅鹳推清社，封豕长蛇斗化工；想到吾乡忠烈士，尚留义冢在圆通（大队长尹盛德于铜仁县阵亡，归枢葬圆通山上）。

革命当年气运昌，血花红处菊花黄；五华壮丽旌旗拥，三迤重开日月光。楚馆秋高恢汉制，吴江枫冷吊清亡；从今喜见共和世，醉倚东篱赏夕阳。

挽督军蔡松坡

义师两次起云涯，排满摧袁志可嘉；天褫北平专制魄，国开东亚自由花。养疴身退八千里，革命功成第一家；遽尔福冈乘鹤去，英魂犹许护中华。

以上就是笔者查到的民国《马关县志》直接、间接提到辛亥革命的大致情况。虽然表面看起来提到了很多次，而且大多持正面评价，不乏赞美、歌颂的语句，但这仅仅是表面的。在笔者反复通读民国《马关县志》的过程中，深感众多县志撰稿人极少关注辛亥革命，这至少表现在两个方面：

其一，虽然县志总共有13次提到辛亥革命，但9次都是在序言中，正文中提到的仅有4次，如果将卢一善诗中提到的两次拿走，正文中提到的实际只有2次，而且都是在无法绕开的情况下才提到的。如果抛开序言来看正文的话，笔者感受到，在众多撰稿人心目中，辛亥革命似乎并没有发生。这是特别值得注意的，因为民国《马关县志》所讲述的马关县各领域的情况，主要都集中在晚清时期和民国最初二十年间，辛亥革命正处于承前启后的位置上，是一个不可绕开的话题，应该在正文中被多次提到，但事实上并没有。

其二，诗歌最能反映人们的思想感情和志向，民国《马关县志》卷八共收录了133首诗、3篇赋、5首词，有一部分为晚清所作，大部分为民国所作。在如此多的诗歌词赋中，抒发对辛亥革命感怀的仅有两首，就是前文已经列出的卢一善的两首，实属凤毛麟角。辛亥革命在人们心目中的地位可见一斑。

总之，对于辛亥革命十年到二十年后的马关县经历者和见证者来说，辛亥革命及其前奏河口起义在他们的心目中并没有多少地位，因而在他们多次纂修而成的县志中，大部分撰稿人不予关注。部分主持人虽对辛亥革命有赞美之词，但大多空洞无实；而对于同盟会发动的河口起义，撰稿人大多作出了否定的评价。

二、辛亥革命在马关经历者和见证者心目中地位不高的原因

反复阅读民国《马关县志》，笔者感到，辛亥革命之所以在民国时期的马关人心目中没有多少地位，至少有两个方面的原因：

首先，辛亥革命后中央权威丧失，没有任何组织或个人能够建立起一个可以将其权威延伸到全国的中央政府，整个国家因此秩序崩溃，不断陷入军阀混战、生灵涂炭的悲惨境地中。马关虽然地处边境，也深切地感受到了这一点。

民国《马关县志》卷五《兵略志·马关大事记》记载了从辛亥革命开始到民国十九年（1930年）前后共二十年中马关所发生的各类大事，从中可以看到：在民国最初十年中，马关虽然没有多大发展，但局势总体还算稳定，境内并没有发生太大的动荡和战乱。这与此期间唐继尧有效掌控云南、云南的整体局势尚属稳定密切相关。但在接下来的第二个十年中（1921～1930年），情况突变，由于唐继尧的权威逐渐丧失，云南境内也开始陷入军阀混战的漩涡之中，地处边境的马关也未能幸免。我们看到，在马关境内及周边地区，兵、匪活动日益频繁，各种“杂军”来来往往，或征兵、征粮、征款，或相互厮杀，马关与全省一样，饱受战乱蹂躏，官绅疲于应付，百姓惶惶不可终日，逃无可逃，“唯觳觫悲泣、求怜待死而已”。[1]卷五战乱还引发了饥荒，特别是1925年，“岁奇荒，斗米十七、八元，包谷二十五、六元，……向之非肉不饱者，兹乃求糠秕而不可得，中产之

家化为奇穷，下等之户咸为饿莩。……草根树皮，搜掘一空。”[1]卷十

在这样混乱悲惨的时代，谁还有心思来歌颂与这一切有着莫大关系的辛亥革命呢？

其次，晚清时已经开始并取得了初步成果的各项现代化事业，如新式政权组织形式（设民意机构即议会限制政府权力）、现代教育、现代农工商业等，除了辛亥革命后最初三四年因政局相对稳定发展还不错外，后来都走向了停滞、衰败。如果我们读一读民国《马关县志》，对各种现代事业走向停滞和衰败的感受将会是非常强烈的。

如专门负责建设事业的重要政府机构建设局，原由晚清“劝业所”改设，在民国最初三四年时，因为社会相对稳定，也有一定资金，工作还能开展，“一时成绩斐然可观”。但后来“渐不如初……，愈趋废弛”，逐渐无事可为，“文件器物咸归县署”，局署成为“贫民聚居之所”。到 1929 年时，“因旧局舍已倒破不堪，复无款修理，不得已暂附团局办公。”[1]卷二

专门负责建设事业的建设局办公处所竟然“倒破不堪”“无款修理”，只能搬到别的部门内，可谓尴尬之至！不仅建设局如此，公安局、团保局都没有专门的办公地点，而“住议事会”；电报局借住于“寿佛寺内”；邮政局“赁民房”。[1]卷二实权机关的办公地点尚且如此尴尬，其他现代事业的开展可想而知。

再如现代教育，清末时，马关现代教育已经起步，开始创办新式学校。其中以军校——“随营学堂”最有成效，很多经过随营学堂培养的马关人在后来的民国早期成为中高级军官；一些新式小学校也相继开办起来，如县城、八寨等地都建立了新式小学校。但民国以后，由于政局混乱，现代教育趋于停滞和衰败，随营学堂早已解散，新式中小学也没有什么起色。到民国二十年（1931 年）时，马关全县仍没有一所中学，小学也仅有 39 所，都是一些规模很小的小学，全部在校生人数为 1 455 人，平均每校仅有 37. 3 人，在校生人数最多的县城初级小学校，也仅有 78 名学生。[1]卷四全部在校生占当时马关人口总数（11. 86 万人）的比例仅为 1. 2%，占适龄人口的比例也不会很高，得到中学阶段教育的人更是微乎其微了。

就现代农工商业而言，情况也是如此。晚清时期，马关县的现代农工商业已经开始起步，但到民国二十年时，这些现代农工商业或已衰败，或停留在原地，并没有什么发展。

如采矿业，马关境内矿产资源丰富，清代时曾有较大规模的开采，特别是都竜铜锡诸矿，一度非常兴盛。但到了民国时期，这些矿产基本上都已经停采。民

国《马关县志》共列有铜、金、银、煤、铁、铅等矿 27 处，绝大部分都注明“旧采今停”“今未办”，仅有 3 处煤矿注明有零星开采，1 处铁矿注明“现在试办”，[1]卷十让人有“今不如昔”之感。清代非常著名的都竜铜锡诸矿，为民国多任马关县长和绅士所重视，当作推动马关经济发展的关键，因而多次集股开办，但因缺乏技术人员、资金薄弱，到 1931 年为止，所有尝试全部失败。[1]卷十

再如县城商业，晚清到民初时，以杉木、柏木棺材板的经营最为著名也最为大宗，远销省城等地，“县城居民之恃此为生，十之六、七”。但到民国中叶时，因“山空木竭，此项营业之存在者，不过百分之七、八，有消灭之势”。当这项商业走向衰败时，却没有其他商业能够弥补，因为其他商业非常微弱，“县城商店虽有十数家，要皆资本微弱，满国币万元者，未之闻见”。至于商会，“在政令督促之下，故已早日成立，惟以商业寥落，民智锢闭，十余年来之商会，虽有若无，于商务之进展、商人之利益未见有若何之策划也。”[1]卷十

至于工业，除了传统的土布、土纸和竹笠制作外，一直没有什么新兴工业出现。清末已经开始试办的蚕桑业，几乎全部失败，没有任何值得称道的成效。[1]卷十

总之，从民国《马关县志》的记载来看，清末已经开始的各项现代化事业，到民国中叶时，要么停滞、要么走向衰败。导致这些事业走向停滞和衰败的原因，主要是持续不断的军阀混战耗尽了民力物力，整个社会民不聊生，人们能够活命就已经很不错了，哪还有余力投资于现代事业？在这样的社会环境中，与这种局面有着密切联系的辛亥革命自然不可能得到人们的歌颂和感激。因此，在辛亥革命十周年、二十周年纪念日的时候，民国《马关县志》都没有记录到任何纪念活动，也没有收录任何纪念的诗歌和辞赋。

三、一些思考

作为 20 世纪初叶中国历史上的最重大历史事件，辛亥革命虽然已经过去了百年，但仍有许多值得反思的地方。如辛亥革命的真正动因到底是什么？为什么当清朝开始推行更加开明的现代化改革时却发生了革命？革命到底为中国社会带来了什么——是更多的民主、自由、有序、富强，还是更多的独裁、专制、混乱、衰落？或者说，革命后所产生的那些结果是否是革命者和大众所希望看到的？

以上这些问题，无疑都值得我们深刻反思。

从长时段的观点来看，辛亥革命的发生无疑是晚清中国社会一系列大趋势下

的产物。当清朝政府难以顺利转变自身制度模式以迎接工业化列强的挑战、国家因此不断遭遇失败和屈辱时，革命的到来就越来越难以避免。正是这种大趋势，最终在 1911 年秋掀起了辛亥革命这朵耀眼的浪花，而正是这朵浪花，打翻了早已摇摇欲坠的清朝中央权威。

但对于中国这样一个人口非常庞大、历史上长期依靠集权专制来维持政治统一、从来没有过民主共和经验、绝大部分人民和官员习惯于用集权专制环境下的经验来处理各种问题的社会来说，仅凭一场革命就想建立起一个真正的民主共和国，其可能性可以说是微乎其微的。因此，当清朝中央权威垮台后，能够掌控这个国家的既不是国民大众，也不是革命者，而是军队的掌控者。由于军队掌控在不同的人手中，中国历史上多次上演的军阀混战、国家分裂解体、秩序崩溃再次上演。

在接下来的长期大乱中，革命者原先设想的种种美好局面最终都只能成为泡影，国家的富强与现代化变得更加遥不可及；在人们惨遭战乱蹂躏而无能为力的情况下，名义上的共和国已经没有意义，因为现在人们所面对的，是比清朝当局更加独裁专制、更加残酷无情的军阀；革命也没有使中国在世界上的处境变得更好，反而变得更加危险，要不是欧美列强因相互间的大战而遭到严重削弱、日本独吞中国的图谋引起了西方国家的抵制，中国能否作为一个国家继续存在都成了问题。

在辛亥革命之后的长期战乱中，我们看到，中国又发生了接连不断的革命，是什么原因导致了这些革命？这些革命的价值和意义又何在？

尽管辛亥革命之后的革命打着不同的旗号，用不同的“主义”来指导，但对于已经四分五裂的中国来说，这些革命的主要动因及其主要目标都是相同的，那就是：重建全国性权威、重建秩序、恢复统一。至于辛亥革命所要打倒的专制、所要建立的民主共和，早已不是绝大部分人所关注和追求的目标了，也不是民国《马关县志》的大部分撰稿人所关注和追求的目标了。1924 年初，民国《马关县志》的主持者之一刘世勋诗《甲子年（1924 年）元夜焚香感怀时事成句》写道：

> 元夜焚香告上清，不求富贵不求名；但期廿省烽烟靖，更冀四时税敛轻。处处人家无病苦，方方田亩有收成；红羊浩劫全消尽，士读农耕颂太平。[1]卷九

传统的“士读农耕”太平生活而不是打倒专制、建立民主共和现在成为最主要的愿望，这当然不仅仅是刘世勋个人的愿望，也不仅仅是边疆知识分子的愿

望，而是饱受战乱蹂躏的全国人民的愿望。正是这种结束战乱、恢复和平的愿望，成为新的革命的最主要动力源。

但是，我们看到，在中国这样一个没有民主共和经验的国家，要在大乱中重建秩序、恢复和平，无论任何集团，所能采用的手段都只能是更加强大的武力，更加强化的专制集权，而不是分权或权力制衡，更不是选举和民主宪政。因此，无论是以黄埔军校骨干和各种派系军队为依托的中国国民党，还是强调枪杆子里面出政权的中国共产党，其重建全国性权威、重建秩序的手段都是类似的，即武力统一而不是其他。

我们同样看到，在中国这样的国家，摧毁一个不得人心的旧秩序也许较为容易，但要重建一个新秩序却非常困难。在经历了三十多年的大乱、付出了无数的牺牲和代价之后，最终才由中国共产党及其武装力量用强有力的手段重建了秩序，恢复了国家的统一。经历了深重灾难、见证了无数悲剧和屈辱而幸存下来的人民，从内心为此而欢呼，实在是最正常不过的事情了。

如果说辛亥革命以后的历次革命有何意义和价值，那么，可以说，重建全国性权威、重建秩序、恢复统一就是其最大的意义和价值所在。因为，只有在稳定、秩序而不是四分五裂、战乱不断的基础上，人们的生存才会有保障，国家的富强与现代化也才有最终实现的可能；也只有在稳定、秩序的基础上，民主共和才有真正实现的可能。

阅读民国《马关县志》相关内容，感受辛亥革命经历者在革命十年、二十年后的想法，对这一点的理解将会是很深刻的。

参考文献：

[1]［民国］张自明修，王富臣等纂：《马关县志》，民国二十一年（1932年）石印本，（台北）成文出版社1967年影印出版。

（原文发表于《文山学院学报》2012年第2期）

云南文山地区修建飞机场述略*

何廷明

摘　要：云南文山地区地处祖国西南边陲，是祖国的南疆大门，历史上，文山的交通十分落后。为弥补陆地交通的不足和适应战争的需要，在民国时期，文山、广南、富宁、马关、砚山、丘北、麻栗坡七县或修过飞机场、飞机跑道，或有飞机降落，但多数飞机场在修建过程中半途而废，仅有文山、广南机场勉强能用。中华人民共和国成立后，人民政府先后在文山州砚山县平远镇、盘龙镇修建了现代军用和民用机场，实现了文山地区交通史上的历史性跨越。

关键词：云南文山；修建飞机场；概述；分析

飞机按其用途分为军用和民用两种，自1903年美国莱特兄弟试飞成功以来，经过不断的发展，很快成为近现代交通运输中最快捷便利的运输工具，极大地推进了人类现代化的进程。飞机自第一次世界大战投入战争后，军用飞机很快成为现代化战争中最具杀伤力的重型武器之一，既可远距离快速作战，又可捍卫领空主权，成为世界各国国防现代化中必不可少的重要武器之一。

云南文山地区地处祖国西南边陲，是祖国的南疆大门，历史上，文山的交通十分落后。为弥补陆地交通的不足和适应战争的需要，在民国时期，文山、广南、富宁、马关、砚山、丘北、麻栗坡七县或修过飞机场、飞机跑道，或有飞机降落，但多数飞机场在修建过程中半途而废，仅有文山、广南机场勉强能用。中华人民共和国成立后，人民政府在文山壮族苗族自治州的砚山县平远镇、盘龙镇修建了军用和民用机场，实现了文山地区交通的历史性跨越。本文试将文山地区修建和使用飞机场的基本情况作一概述和分析。

* 基金项目：云南省教育厅科学研究基金项目“文山地方史研究”（2010Z037）。

一、文山地区修建和使用飞机场概况

文山地区修建飞机场，经历了民国时期和中华人民共和国成立以后两个时期。

（一）民国时期

在文山地区修建飞机场，最早开始于20世纪20年代初期。民国十一年（1922年），被顾品珍赶出云南的原云南督军唐继尧，率其组织的靖国联军经广西回滇后，在文山县城扩西郊校场为飞机场。机场建成后，因跑道过短，飞机只能降落不能起飞，只能用作空投军需饷银，[1]14 用途不大。民国十三年（1924年），又在文山县城西卧龙村旁修建飞机场。[2]21 民国十四年（1925年），云南靖国军第二、第五军进攻广西，因遭桂军阻击，退守广南、砚山一带。驻粤滇军第二军军长范石生，率全军离粤，称“定滇军”，欲进入云南打垮唐继尧。范军尾追败退回滇的二、五两军，进逼文山。双方交战于砚、文两县交界的文山县二塘一带。唐继尧火速组织袁锡侯、李荷生两个团为一个旅，由旅长孟有文率领增援。孟旅攻占砚山，范军败退。这次作战，唐继尧从昆明派5架飞机来助战，但起飞时2架相撞损坏，仅有3架飞落文山机场，用马队从蒙自驮来炸弹备用。为能使带炸弹的飞机起飞轰炸范军，省政府命令文山县派民工抢修机场跑道。后因战斗结束，未执行轰炸任务，飞机返回昆明。[1]14 与此同时，为彻底打败范军，省政府还命令广南紧急修建飞机场，限令在短期内建成。广南县政府选西校场一带修建，“动工数月，建成长100丈，宽20余丈的场地。随后军情渐趋缓和，机场弃置。”[3]485 不了了之。

民国十七年（1928年），滇粤组织商业航空。省政府命令开化、广南、富州（今富宁）开辟航站，以备通航，并委派刘人淑到广南，会同地方官绅，勘测修建飞机场的地点。刘人淑到广南选址，最初商议仍选择在西校场旧址的基础上修建，但经实地测量后，尚须增筑一倍以上，而且地面高低悬殊，无法修筑，再加上坟墓较多，有千数塚以上，搬迁难度较大，于是决定放弃西校场，另行勘查选址。县城周围，实难找到一块可供选择的平地。经数日勘测之后，决定以县城北外松毛林后面一片空地开筑。后来，又以松毛林后场地与西外倒碑一片易于施工，决定移址倒碑，于民国十八年（1929年）五月二十日动工兴筑。施工前，由于勘测、预算不准确，导致经费投入不足（省政府拨款48 000元作为修筑经费）；施工中，由于管理不善，工程浩繁，资金短缺，又无机械，工程难以为继。

经过一年零三个月的修筑，至民国十九年（1930 年）八月，机场停工，耗工二十万个，耗资 54 400 元，所建成机场形状不方不圆，亦方亦圆，夏秋大雨，由于排水不畅，到处坍塌。以后数年不加维修，塌处愈塌愈宽。后来省政府两次派员查勘，都认为纵横不足，不能使用。[4]36、37

民国十八年（1929 年），省政府派员在富州城郊坝子督修飞机场，竣工后，因山势过高，不能通航。[2]23民国二十三年（1934 年），调民夫万人扩修文山飞机场，拓宽加长飞机跑道。结果宽加为 200 米，加长跑道为 400 米，当年即降落“云鹤”“威凤”号教练机，此后不断降落双翼机。[1]16民国二十六年（1937 年），文山机场首次降落一架驱逐机，因跑道长度不够而受损。后从昆明派人来修理飞机，并加长跑道，飞机起飞返昆。[1]17

抗日战争爆发后，为适应战争的需要，民国二十六年（1937 年），国民政府决定再修建广南机场。中央航空委员会拨国币 5 万元作为修建飞机场的专项经费。民国二十七年（1938 年），国民党中央航空建设委员会派刘工程员到广南选址勘测，仍选定西外飞机场增筑，即扩至太平寨脚至那糯寨脚。由于没有认真测设计算工程量就盲目组织民工上阵施工，开工 5 个月，耗工已达二十万余个，但工程量只完成总数的十分之一二，距政府规定的完工时间仅余下半年。县建设局局长李圣彝、督工主任刘渐逵、刘工程员均发觉问题不小，再加上民工生活自理，难以加速工期和提高工程进度，只得实情呈报。中央航委派工程员丁述贤到广南主持机场修建工作，将刘工程员撤换回去。丁述贤到广南后，亲临施工现场察看，认为工程浩大，若如此筑下去，即使再给一年时间，也难按期完成。于是，决定放弃西外机场，另选新址，最后选定县城东门外约一华里的新桥一片兴筑。新址因占用良田较多，一度遭到田主和农户的强烈阻挠，后县政府答应照价赔偿，① 工程才得以顺利施工。施工过程中，由于工程浩大，工具简陋，虽然“每天到工人数，多时达三千余人，少时也有六、七百人”，[4]38但工程进度仍十分缓慢，中央又催得紧，主持工程的丁述贤十分焦虑，一面召集会议研究按期完工措施，电请中央拨款 10 万元补贴民工生活；一面吁请西畴、砚山、丘北、富宁四县各派民工 2 000 人支援。结果，中央拨款国币 5 万元（当时国币 1 元可兑滇币或半开银圆 2 元），四县民工相继到达广南协助施工。[4]38各县援建民工，一个月换班一次，头两个月人员基本按规定之数到齐。机场工地民工达万余人。由于民工生活自理，困难较多，以后各县民工人数逐渐减少，机场每天上工人数减

① 被占田亩申报登记减免税赋后，田亩折价赔偿之事没有兑现，田户分文未得，不了了之。

至七八千或五六千人不等。经过一年的施工，于1938年底竣工，累计用工130余万个，建成长1 150米、宽600米的简陋机场一个，总占地738亩。不久，“先后有广西、昆明等空军基地的26架双翼教练机飞抵广南机场。”[5]179

民国二十九年（1939年）夏，美国援华抗日第十四航空飞行队驻昆明大队派一个战斗分队驻广南机场，机型有“鳖鱼式”“佩刀式”等战斗机27架，中型运输机1架。飞行员和地勤人员40人。[3]904广南机场作为空军基地启用。1941年初，政府派一胡姓工程员到广南改建机场，将长度缩短为1 100米，宽度缩短为500米，中间修筑一条长1 000米的跑道，靠东面坡脚一带修建六个飞机掩体（老百姓称之为“机窝”），每个掩体可掩蔽一架飞机，并修机场排水沟。跑道基坑挖好，铺垫块石，准备浇筑水泥面。胡工程员去越南采办水泥失踪。中央又派刘应林工程员到广南继续施工，结果仍未按计划修好跑道便中断了。但经过碾压的跑道，飞机亦可起降使用。1944年秋冬，国民政府动员10万知识青年学生从军抗日，广南应召40余人，于1945年初，由广南机场乘搭美国空军运输机飞往昆明入营。1945年8月15日，日本宣布无条件投降后，美空军驻广南机场分队撤离，机场清查造册，移交县政府管理。[4]39

民国三十二年（1943年），国民党第十八集团军一部驻丘北接受美军教官训练。省政府令丘北县修筑飞机场，丘北县在城西石缸坝赵姓耕地上建成一条长200米的砂石飞机跑道，供飞机起降使用，[5]179后“从陆良飞来小型帆布机翼飞机一架，接走美国军事教官”。[6]14民国三十二年（1943年）某日，2架美国军用飞机，先后降落在砚山县铳卡和炭南庄稼地里，飞行员由当地保甲长护送至县政府。[7]13民国三十四年（1945年），应援华美军要求，在麻栗坡县石盆垭口建一个简易飞机场，工程尚未建成，美军飞机即空投物资于机场，后因日本宣布投降，机场停工。[5]179同年，因为抗战需要，在马关县城东南部5千米处的石丫口修筑飞机场，尚未竣工，日本宣布投降，机场遂停建。[8]17

抗日战争结束后，文山各地飞机场相继停止建设和使用，文山、广南两地机场长期处于闲置状态。中华人民共和国成立后，文山等地机场另作其他用途，仅有广南机场被保留下来。

（二）中华人民共和国时期

中华人民共和国成立后，国家百废待兴，发展经济成为第一要务，在文山地区修建飞机场暂未纳入国家计划。1964年8月，美国出兵侵略越南，东南亚形势紧张。为了保卫祖国南疆的领土领空安全和战备需要，国家在砚山县平远街地区修筑军用飞机场，“中共云南省委战备领导小组人力动员部配给民工 700 名，加上其他民工共 3 700 人，同年 12 月开工，历经数年建成现代化设施军用机场。”[5]179这是文山地区第一个现代化飞机场，距文山州府所在地 80 千米左右。

1965 年 10 月，中国人民解放军昆明军区空军指挥所清理广南机场地产，总面积 738 亩，确认产权归其所有。跑道东侧场内 445 亩地借给广南县连峰区农民种植蔬菜和粮食作物，机场南端 37 亩借给南外公社，北端 23 亩借给菜园公社，并立协议规定，一旦国防需要，即将外借面积无偿收回，剩余机场面积 293 亩(其中草坪 213 亩)。机场划归砚山平远机场管理，并委托广南县人民委员会代为看管。[4]39 1972 年 6 月、1982 年 5 月、1983 年 4 至 5 月、1984 年 4 至 5 月，云南省林业厅四次使用广南机场作起降基地，对广南县、富宁县实施飞机播种造林 100 余万亩。[3]485但是，时至今日，广南机场已今非昔比，由于疏于管理，机场周围被临近农户逐渐蚕食，有关部门应加强维护和管理，以保护国有资产和军事设施不被占用。

随着我国国力的日益增强和文山地区社会经济的不断发展，为缩短文山与国内发达地区的空间距离，中共文山州委、州人民政府及时抓住中央西部大开发和战区战后恢复的机遇，于 20 世纪末 21 世纪初酝酿并适时提出、上报新建文山民用机场的请示报告。此举将有利于改善文山州的基础设施，开发全州丰富的生物资源、矿产资源、旅游资源，增强经济社会发展后劲，扩大开放，吸引外来投资和推进区域产业结构调整，是文山州构建“海、陆、空”多元化立体交通战略的重要组成部分，代表了全州各族人民修建民用机场的强烈愿望。

经过地理勘测和科学论证，文山民用机场选址在砚山县盘龙镇镇政府所在地附近，距砚山县城 5 千米，距州府所在地文山县城 26 千米。2002 年 4 月 24 日，省计委下文同意文山民用机场专用公路开工建设，批准投资 2 687 万元，总长 1. 74 千米；9 月 24 日省计委批复《机场专用公路初步设计》。2003 年 2 月 13 日正式动工，2004 年 4 月，1. 6 千米路基工程完工，完成投资 2674. 74 万元；7 月 4 日，省发改委组织有关部门对路基工程进行验收。[9]198 2003 年 5 月 23 日，国务院、中央军委批复同意文山机场立项建设，为国内支线机场，跑道长 2 400 米，宽 45 米；航站区按满足 2010 年旅客吞吐量 15 万人次设计。国家发改委下达《关于核定云南文山机场初步设计投资概算的批复》，核定总投资 26 267 万元。2004 年 3 月 24 日，国家发改委批准《文山民用机场可行性研究报告》。4 月 16 日，机场飞行区土石方工程招投标在昆明开标。4 月 28 日，在文山机场场址举行开工仪式，机场主体工程正式开工建设。至年底，机场道槽全线贯通，经民航西南管理局质监站等有关部门抽检，工程质量全部达到设计和规范要求。[9]199

2005 年 2 月 24 日，国家发改委批准机场初步设计及投资概算。10 月 10 日，国家国土资源部下达《关于文山民用机场主体工程建设用地的批复》，同意砚山县将农村集体农用地 1 396. 95 亩（其中耕地 256. 04 亩）转为建设用地并办理征地手续，另征收农村集体未利用地 280. 35 亩；以上共计批准建设用地 1 677. 3 亩，划拨给文山民用机场作主体工程建设用地。至 2005 年底，工程建设基本完工。

文山民用机场定名为“文山普者黑机场”。2006 年 1 月 4 日，中国民航校验中心下文批复《文山机场校验飞行计划申请》。1 月 15 ~20 日，在文山普者黑机场进行飞行校验，各项目建设均达到设计和规范要求。3 月 30 日，云南省发改委组织对文山机场建设工程进行了总体验收。文山机场共完成总投资 32 267 万元。5 月 18 日上午 10 点民航西南地区管理局组织、东航云南分公司对文山机场进行了试飞。一架东方航空公司云南省分公司的波音 737 －700 型客机降落文山普者黑机场，正式开始了通航前的试飞工作。当天，通过 7 个架次、载人 500 多名的起降，试飞取得圆满成功。[9]200－201 8 月 30 日，文山机场首航，从 9 月 1 日起正式投入运营，从此结束了文山地区没有民用航空机场的历史。

文山普者黑机场自 2006 年 9 月 1 日正式投入运营以来，相继开通了昆明—文山—南宁、广州—南宁—文山、郑州—昆明—文山的往返航班。郑州—昆明—文山往返航班飞行正常，至 2007 年 8 月 31 日，已安全营运 1 周年，保障各类飞行起降 1 056 架次，其中，客运航班 848 架次，试验飞行 14 架次，投产和校验飞行 68 架次，训练飞行 126 架次，进出港旅客 49 768 人次，其中，出港 27 632 人次，进港 22 136 人次，货邮 10. 18 吨。[10]57 文山普者黑机场的社会效益正在日益显现。

二、文山地区修建飞机场得失分析

（一）民国时期

民国时期，由于国家综合国力较弱，国家对文山地区修建飞机场的投资十分有限，修建方式是人工操作，无机械设备，再加上主持者的能力和水平不足，文山地区尚不具备修建飞机场的能力。

首先，未经科学论证和慎重选址，造成极大浪费。民国时期，文山地区修建飞机场主要是为了适应战争的需要，时间既紧且急，因此，均未进行充分的科学论证和慎重选址。如云南督军唐继尧为打败范石生军而急令文山、广南两地快速抢修飞机场；抗日战争爆发后，又在广南、麻栗坡、马关修建飞机场。省政府委派来指导、督修飞机场的工程员对飞机场的规格不够熟悉，飞机场要修多大，没底；飞机起降需要多长的跑道，不清楚。如民国十一年（1922 年），原云南督军唐继尧扩建的文山县城西郊飞机场，因跑道过短，飞机只能降落不能起飞。广南机场的修建几易其址，先是民国十四年（1925 年）为打败范石生军而修建的广南西校场机场，动工数月，建成了一块长 100 丈、宽 20 余丈的废弃场地；民国十七年（1928 年）为实现滇粤商业航空而“耗工二十万个，耗资 54 400 元”修建的“不方不圆、亦方亦圆”的广南机场，被省政府认为“纵横不足，不能使用”；抗战爆发后又在此基础上花费大量的人力物力续建，因工程量浩大而被迫放弃。富州机场竣工后，“因山势过高，不能使用”。民国三十四年（1945 年）在麻栗坡、马关两县修建的飞机场，均因日本投降而停工。这些飞机场在施工前都未进行科学论证和认真计算，盲目选址动工兴建，以致机场或半途而废，或不能使用；在文山 31 456 平方千米的土地上是否需要修建这么多机场，亦未进行认真论证，盲目修建，从而造成了人力、财力、物力的极大浪费。

其次，修建过程中组织不力。主持者对选中的场地未作认真测量计算，不知移山填地要挖多少土石，需要多少工、多少资金，贸然动工兴建，导致人力、物力不敷。民国十八年（1929 年）、二十七年（1938 年）两次修建广南机场最为典型。民国十八年（1929 年），工程员刘人溆选西外倒碑一带建机场，初以为将左右两排小山削平，并以削山之土填低凹处，只需五六万个工、四万八千元即可。但开工两个月后，土山尚未削去十分之一，用工已达 45 620 个，耗资 35 496 元，方知工程浩大，预计经费不足。于是采用包工、派工、义务工等办法仍无济于事，结果耗工二十万个亦未建成可用之机场。民国二十七年（1938 年），刘工程员再选西外倒碑机场增筑，仍然没有测设工程量就盲目组织民工施工，由于民工生活自理，难以加速工期和提高工程进度，耗时 5 个月，用工 20 多万个，但工程量仅完成十分之一二。[4]37 修筑工具极其简陋，仅有锄头、十字镐、撮箕之类，无机械施工，完全是人力操作，建成的机场之简陋是不难想象的。

当然，抗日战争时期建成的广南机场，虽极简陋，但对日机的轰炸起到了积极的遏制作用。

云南曾经是中国抗战的大后方，因远离战争前线，一度平静。但是，1940 年 9 月，日军占领越南，控制了越南北部的三个飞机场。在占领越南后，日军企图从越南北部进攻中国大后方，后因山大，不利进攻，且中国在文山方向的中越边境早已部署重兵，日军无法由此进入中国，不得不改变作战方针，不断派飞机由越南经文山飞往昆明、蒙自等地轰炸。从1940年2月至1941年7月，日机多次疯狂轰炸文山、富宁、西畴、马关、砚山、广南、麻栗坡七县县城及马关县都龙镇，造成大量房屋损毁和民众伤亡。[11]50-51日机甚至肆意低空扫射，无所顾忌。为遏制日机对云南内地的轰炸，国民政府、云南省政府督令广南快速修建飞机场。广南机场建成后，美国第十四航空队的28架飞机常驻广南机场，1941年7月以后，日机再没有对文山地区进行过轰炸。因此，广南机场的修建及启用，对日机起到了积极的遏制作用，保证了文山地区的空中安全。

（二）中华人民共和国时期

20世纪60年代修建的平远街军用机场，不言而喻，增强了祖国西南方的空中防守力量，为巩固边防提供了有力的保障。

21世纪初文山民用机场的修建，一是国家已经具备了较强的综合国力和投资能力，二是为适应文山经济快速发展的需要。文山民用机场的选址和修建，经过了科学的论证、勘测和政府有关部门的层层把关、审核，按照科学、标准规范的设计施工，“飞行区按4C级标准规划，本期按3C级标准建设。”[9]199施工中使用现代化的机械设备，仅用两年的时间即完成机场的整体工程建设。文山民用机场的建成和使用，不仅弥补了滇东南地区支线机场的空白，有利于全省航空枢纽的形成，而且还大大改善了文山州基础设施条件特别是交通设施的质量和水平，对提升对外开放水平，吸引外来投资，促进全州经济社会又好又快发展起到了十分重要的作用。

参考文献：

[1] 文山县志编纂委员会：《文山县志》，云南人民出版社1999年版。

[2] 文山壮族苗族自治州地方志编纂委员会：《文山壮族苗族自治州志》第一卷，云南人民出版社2002年版。

[3] 云南省广南县地方志编纂委员会：《广南县志》，中华书局2001年版。

[4] 广南县工业交通局：《广南县交通志》（内部资料），1990年。

[5] 文山壮族苗族自治州地方志编纂委员会：《文山壮族苗族自治州志》第三卷，云南人民出版社2002年版。

[6] 云南省丘北县地方志编纂委员会：《邱北县志》，中华书局1999年版。

[7] 砚山县志编纂委员会：《砚山县志》，云南人民出版社2000年版。

[8] 云南省马关县地方志编纂委员会：《马关县志》，生活·读书·新知三联书店 1996 年版。

[9]《文山壮族苗族自治州概况》编写组：《文山壮族苗族自治州概况》，民族出版社 2008 年版。

[10] 郭志荣：《文山普者黑机场》，载《砚山县文史资料》第四辑，昆明鹰达印刷有限公司印制，2007 年。

[11] 何廷明：《试述抗战期间日机对文山地区的几次轰炸》，《文山师范高等专科学校学报》2007 年第 2 期。

（原文发表于《文山学院学报》2011 年第 2 期）

试述抗战期间日机对文山地区的几次轰炸

何廷明

摘　要：抗日战争时期，云南文山地区处于抗战的大后方。但随着日本南进占领了中国的广西南宁和越南北部后，开始出动飞机频繁轰炸云南各地，企图切断国际援华运输线，炸毁中国的抗战后方，使其不能支援抗日前线，进而达到灭亡整个中国的目的。在20世纪40年代初日本飞机对云南文山的轰炸中，文山八县有七县遭到轰炸，造成极大人员伤亡和财产损失。

关键词：日本帝国主义；飞机轰炸；文山地区；思考

文山，地处祖国的西南边睡，云南的东南部地区，东与广西相邻，南与越南接壤。这里居住着汉、壮、苗、瑶等11个少数民族，他们祖祖辈辈繁衍、生息在这片土地上，过着日出而作、日落而息的平静生活。但是，20世纪40年代初，日本帝国主义飞机的轰鸣声及其炸弹的爆炸声，划破了这里平静的天空。

一、日本帝国主义的南进政策是文山地区遭到轰炸的前提

1937年七八月间，日本帝国主义发动了对中国的全面侵略战争。在抗日战争的战略防御阶段，云南及文山都处于抗战的大后方。对于侵华战争，日本原计划速战速决，争取在短时间内解决中国问题，但由于中国军民的英勇抗击，以及日本占领中国的大片领土后，战线拉长，兵力分散，至1938年10月占领武汉、广州后，日本已无力对中国发动大规模的军事进攻。中日战争转入战略相持阶段，日本速战速决计划失败。由于日本的侵华战争不同程度地损害了美、英的在华利益，因此，美、英开始对日本实行战略物资禁运。于是，对于日本来说，通过南进占领东南亚获取战略物资“以摆脱经济上对美、英的依赖，巩固自给自足的态势，便被看作是自存自卫上必不可少的要求”。[1]40东南亚国家物产丰饶，南进可获得战争急需的物资，以缓解日本国内物资短缺的状况；南进还可以切断滇越铁路和滇缅公路，断绝国际援华通道，甚至还可以包抄中国的抗战后方，迫使

国民政府投降，达到迅速灭亡中国的目的。1939 年 11 月至 1940 年 1 月，日本进攻广西并占领南宁。1940 年 9 月，日军占领法属印度支那北部（越南北部），控制了东京省的三个飞机场，获得了“可供对昆明方面进行空中作战的基地”。[1]60 于是，日本先以广西后以越南北部为其空军基地，不断派飞机轰炸中国抗战大后方云南省会昆明市及蒙自、文山等城镇。

二、日机对文山各县的轰炸及造成的生命财产损失

由于日军兵力有限，因此，对大后方云南，更多的是采取飞机轰炸的方式进行。从 1940 年 2 月至 1941 年 7 月，日机多次轰炸今云南省文山州的文山、富宁、西畴、马关、砚山、广南、麻栗坡七县县城及马关县都龙镇，给文山人民的生命财产造成了极大损失。

（一）对文山县城的轰炸及损失情况

1940 年 2 月 13 日下午 3 点，日军飞机第一次空袭文山。当时，空袭警报响过很久以后仍未见敌机飞来，已疏散的群众开始返家。突然，“敌机 27 架横队排列将空袭文山”，这时，我方飞机一架冲入敌方机群，与敌机空战，“击落敌领队机于城南三角塘，余机逃窜。”[2]17 文山城区人民因此幸免一难。

1941 年 2 月 13 日，“敌机 1 架轰炸县城，投弹两枚于开中（省立开广中学，校址即今文山州群艺馆——引者），一枚于警备司令部，并低空扫射，死伤新兵 10 余人。”[2]17 据当时开广中学校长胡占一在给云南省教育厅的《云南省立开广中学为敌机轰炸伤亡损失呈》中记载，“计毁房屋 12 间。炸后并以机枪扫射学生寝室第一、二、三、四舍，屋顶楼窗被破 50 余洞……目睹情形，至为悲愤，所幸校中人员均安无恙。”[3]250

1941 年 2 月 21 日下午 3 时，当空袭警报解除，疏散的群众纷纷回家时，敌机 3 架突然飞来轰炸、扫射县城。据当时文山县县长杨绍曾在给云南省政府、民政厅的《文山县被炸伤亡损失呈》中记载，敌机投弹 6 枚，低飞扫射，在空中盘旋 30 分钟后向马关方向飞去，“计此次被毁民房 10 余间……死男女共 5 人、伤男女共 13 人”，[3]250-251 并将伤亡男女情况造册上报省民政厅。[3]251 日机三次空袭文山县城，其中一次未得逞，共投弹 9 枚，伤亡近 30 人，房屋损毁 20 余间。

（二）对富宁县城的轰炸及损失情况

1940 年 7 月 14、15 日，“日本侵略军飞机 6 架先后轰炸富宁县城，炸死 10

余人，毁房 115 间。”[4]27 日军先后投下 3 枚燃烧弹，使“百余户民房被烧毁”。[5]87 1945 年 9 月 25 日，时富宁县县长朱鸿逵在给云南赈济委员会的《富宁县政府报敌机轰炸罪行呈》中载，1940 年 7 月 14、15 两日“曾被敌机轰炸，焚毁房屋 80 余家，死亡人民 12 人”，并附有当时富宁县警察局局长李邦俊的调查证明一份，[3]300 财产损失共计 22 189.6 万元（国币）。[3]324

（三）对西畴县城的轰炸及损失情况

1941 年 2 月 21 日下午 1 时，“日机 3 架轰炸西洒镇并用机枪扫射，投弹 13 枚。县府附近（今新文街一带）居民住房着弹处瓦砾横飞，烈焰冲天，烧毁 30 户，倒塌 6 户；中弹死 12 人，伤 5 人。”[6]16 1941 年 4 月，西畴县县长李攀桂在给云南省民政厅的《西畴县被炸伤亡损失呈》中记载，日机在西畴县城“共计投弹 12 枚，……炸毁民房 117 间，伤亡男妇老幼共 26 人。惟县城缺乏寺庙，难民无法收容……悲惨之状，目不忍睹，耳不忍闻。”[3]254 生命财产损失不计其数。

（四）对马关县城的轰炸及损失情况

1941 年 2 月 21 日下午 2 时 10 分，“日本侵略军飞机 2 架轰炸马关县城，投弹 10 余枚，炸死 5 人，伤 7 人，毁房 130 余户。”[4]27 1941 年 6 月 24 日上午，日机 1 架又轰炸了马关县都龙街，扫射、投弹 3 枚，炸死 1 人，损毁房屋多间。”[7]81 时马关县县长聂思培在上报云南省民政厅的《马关县政府报被炸伤亡损失情形恳予救济呈》中载，日机 3 架投弹 8 枚，“共烧毁民房 130 户，死 5 人，伤 8 人”，[3]249-250 直接财产损失 4 150 万元（国币）。[4]322

（五）对砚山县城的轰炸及损失情况

1941 年 2 月某日晨，日机 3 架轰炸砚山县城，投弹 6 枚，炸毁驻军团部、营部住房 3 间。4 月某日早上 8 时许，日机 9 架轰炸砚山县城，投弹 18 枚，炸毁驻军房屋若干间，吓死“江那 2 名老妪和 1 名男孩”。[8]12

（六）对广南县城的轰炸及损失情况

1941 年 6 月 16 日上午 10 时 10 分，“日本侵略军飞机 9 架轰炸广南县城，投弹 12 枚，炸死 48 人，重伤 36 人，毁房 275 间。”[4]28 时广南县县长刘彬文在给云南省民政厅的《广南县被炸灾情呈（1941 年 7 月 8 日）》中对广南被炸灾情作了详细的陈述，人员伤亡及房屋损毁情况，“总计中弹 7 处，投弹 12 枚，炸毙平民男女共48名、重伤36名、轻伤40名，被炸全毁房屋114间，半毁房屋161间，总共毁房275间。此外，被震动波及或被破片打击门窗坍塌者亦复不少。”[3]256据《广南县财产直接间接损失汇报表（1947年）》统计，造成直接间接生命财产损失共计122 180万元（国币）。[3]404-407

（七）对麻栗坡县城的轰炸及损失情况

1941年7月26日，麻栗坡县玉皇阁遭受敌机1架轰炸，“计死宪兵一名、轻伤平民3人，”[3]259造成财产间接损失1 850余万元（国币）。[3]321

日机轰炸给文山人民带来了极大的灾难。从1940年2月至1941年7月，日机对文山各县的轰炸共计10次，投弹75枚以上，人员伤亡213人，损毁房屋近800间（一格算一间），上千灾民无家可归，造成直接间接财产损失数十亿元（国币）。轰炸之后，家毁人亡，情状惨烈。日本帝国主义亡我骨肉，毁我家园，文山人民将永远记下这笔血债。

三、几点思考

文山地区遭到的日机轰炸，与全省其他地方遭到的轰炸相比，时间不长，次数不多（据统计，全省共遭到日机空袭508次），但日本法西斯所犯下的罪行，却给文山人民留下了永远的伤痛和记忆，亦给后人留下了深刻的教训和启示。

（1）增强群众的防空意识，提高群众应对空袭的能力。应该肯定，对于防空，国民党政府也采取了一些措施，如文山城成立了防空司令部，各县还设立了航空预警无线电台，规定了防空讯号，并广为宣传。起初，空袭警报一响，群众还是很认真地疏散的，但这时的日本飞机主要是经过文山去轰炸昆明等地，还没有把文山各县列为空袭对象。于是久而久之，群众对空袭警报就不太在意了。如西畴，“最初跑警报还是很认真的”，但由于空袭警报几乎天天有，人们“对跑警报就‘油条’（不在乎——引者）了，敌机来了，不少人还在大街小巷，翘首张望，指数架数。此次日机轰炸西洒，很多人家就吃了这‘老油条’的亏”。[9]78马关亦是如此。由于每天都有日机飞过，“一日数批，少的几架，多的几十架。对于这种情况，大家都习以为常，总认为我们这些边僻小县，它是不会轰炸的，因而失去了警觉，”以至“飞机临空，还站到门口看看，数数是多少架”。[10]79防空意识淡薄，麻痹大意，这是一般群众的普遍心理。因此，今天我们一定要认真总结历史的经验教训，认真贯彻《人民防空法》，注重平时宣传，提高人民群众的防空意识和应对能力，战时才能减少人民群众的生命和财产损失。我们要充分认识到，现代战争不分前方后方，战争一起即到处是战场，没有高度的警惕是不行的。

（2）增强边疆的防空能力。国民党统治时期，国家积贫积弱，防空能力十分薄弱，地对空武器十分落后，没有强大的制空能力，战斗机为数不多，因而对日军的空中打击能力较弱，以致日机肆无忌惮，轰炸屡屡得逞。如日机轰炸文山时，国民党在文山城四周都配备了防空高射机枪，“其中三处，敌机高空飞行时乱放枪，虚张声势，敌机俯冲低飞轰炸扫射时，全都变成‘哑巴’了。”[11]74 即使有一处在向敌机射击，但却毫无杀伤能力。广南在锑矿局烟囱上、白马庙炮台和东门城楼上架设了三挺机枪，但日机来时三挺机枪“都没有人开枪射击”，致使日机毫无顾忌地“猖狂俯冲离地面约二百公尺，肆意追击扫射群众”。[12]85 可见，由于没有防空、制空能力，日机的猖狂达到了何种程度！日机轰炸文山各县都有一个共同的特点，即低飞、盘旋、俯冲投弹和追击扫射，如果各县都有较强的防空能力，敌机就有来无回，何至猖狂至此。1942 年 5 月，欧阳河图先生随滇军驻扎云南保山时，亲眼目睹了日机轰炸保山的惨状，事后他问在太保山森林里的高射炮和高射机枪部队：“敌机来轰炸，为什么不开枪开炮。答复是：因炮弹不多，平时龙司令官（龙奎垣，驻保山第六旅旅长——引者）不准搞实弹演习，所以当敌机来时，没有把握射击，还怕暴露目标，吃敌机的亏。如此防空，真是天大的笑话。”[13]90 这恐怕代表了国民党当时在边疆地区的防空能力了。今天，我们一定要树立边疆也是前线的战略思想，增强边疆地区的防空能力，守好祖国的边防大门，坚决保护好祖国的边防安全和人民的生命财产不受侵犯。

（3）用身边的素材加强爱国主义教育。平时我们一提起抗日战争，一讲到日军对中国人民犯下的滔天罪行，很自然地想到的是沿海及内地的抗战，想到的是南京大屠杀，这固然是我们中华民族共同的历史和耻辱，是绝对不能忘记的，但是，我们也往往忽视了身边活生生的素材。日本帝国主义在文山地区犯下的罪行同样的罪恶滔天，一样的让我们刻骨铭心。因此，要将日本帝国主义在文山地区犯下的罪行搬进陈列室、展览馆、图书馆、课堂，让文山人民世世代代地永远记住这段血泪史，加深对日本军国主义的认识。学校教育中要特别注入这段历史，使我们的爱国主义教育由远及近，效果会更好。用我们身边的素材加强爱国主义教育，更有利于揭露日本帝国主义对中国人民犯下的罪行。

为了纪念在日机轰炸中死难的同胞，建议文山州有关部门，在每年的 2 月 21 日（日机轰炸文山、西畴、马关三县的日子）或 6 月 16 日（日机轰炸广南造成严重人员伤亡的日子）这一天鸣放空袭警报，此举一是对被日机轰炸夺去生命的同胞表示哀悼；二是警醒人们不忘国恨家仇，永远牢记日本帝国主义给中国人民带来的痛苦和耻辱，从而让人们始终保持警惕，增强忧患意识，珍惜今天的幸福生活，刻苦学习，勤奋工作，为中华民族的伟大复兴而努力奋斗，为维护世界和平做出积极的贡献。

参考文献：

[1] [日] 服部卓四郎：《大东亚战争全史》第一册，商务印书馆 1984 年版。

[2] 文山县志编纂委员会编纂：《文山县志》，云南人民出版社 1997 年版。

[3] 云南省档案馆编：《日军侵华罪行实录·云南部分》，云南人民出版社 2005 年版。

[4] 文山壮族苗族自治州地方志编纂委员会编纂：《文山壮族苗族自治州志》，云南人民出版社 2000 年版。

[5] 杜儒湘：《日机轰炸富宁情况》，载《文山壮族苗族自治州文史资料选辑》第三辑，云南广南县印刷厂，1985 年。

[6] 云南省西畴县志编纂委员会编纂：《西畴县志》，云南人民出版社 1996 年版。

[7] 范学武：《日机轰炸都龙目睹记》，载《文山壮族苗族自治州文史资料选辑》第三辑，云南省广南县印刷厂，1985 年。

[8] 砚山县志编纂委员会编纂：《砚山县志》，云南人民出版社 2000 年版。

[9] 谢晔：《日机轰炸西洒惨状纪实》，载《文山壮族苗族自治州文史资料选辑》第三辑，云南省广南县印刷厂，1985 年。

[10] 张子进：《日机轰炸马关罪行》，载《文山壮族苗族自治州文史资料选辑》第三辑，云南省广南县印刷厂，1985 年。

[11] 马永祥等：《抗日时期文山城的防空与日机轰炸情况》，载《文山壮族苗族自治州文史资料选辑》第三辑，云南广南县印刷厂，1985 年。

[12] 戴启林：《追述日机轰炸广南情况》，载《文山壮族苗族自治州文史资料选辑》第三辑，云南广南县印刷厂，1985 年。

[13] 欧阳河图：《抗日时期我亲历的两件事》，载《文山壮族苗族自治州文史资料选辑》第三辑，云南省广南县印刷厂，1985 年。

（原文发表于《文山师范高等专科学校学报》2007 年第 2 期）

苗族迁入滇东南和大陆东南亚北部的早期时间考*

娄自昌

摘　要：滇东南和大陆东南亚北部的苗族主要从贵州等地迁来，至于迁入时间，国内多数学者认为始于唐代并持续到宋、元、明、清，但这种观点并没有任何可靠的依据，因而并不可信。19世纪初以前，涉及滇东南民族情况的各种地方志都没有提到当地有苗族，提到这些地区有苗族的文献都出现在19世纪初以后，调查材料显示的苗族迁入时间也多在19世纪初以后。这些事实说明：苗族迁入滇东南和大陆东南亚北部的早期时间当在18世纪末19世纪初。

关键词：苗族迁徙；滇东南；大陆东南亚

滇东南和大陆东南亚北部是苗族的重要分布区之一，现有苗族人口近200万。其中，滇东南的文山州和红河州约70万，大陆东南亚的越南北部、老挝大部、泰国北部等地约100万。滇东南和大陆东南亚北部的苗族并非世居民族，他们的祖先主要从贵州等地迁徙而来。至于何时迁徙而来，由于苗族过去没有文字，汉文史籍的记录又非常少，学界的研究也不多，许多学者在其著述中不得不涉及这一问题时，也仅仅作一些简单的、似是而非的推论。因此，有关苗族迁入滇东南和大陆东南亚北部的早期时间，至今尚无明确可信的结论。本文结合文献资料和调查材料反映的情况，对此试作分析，以期就教于方家。

一、樊绰《蛮书》的记载不足以说明唐代时苗族已迁入滇东南

在涉及苗族迁入滇东南和大陆东南亚北部的时间时，国内学者大多引用唐代樊绰《蛮书》中的记录，认为开始于唐代，并持续到宋、元、明、清时期。有的学者甚至认为唐宋时期的滇东南和大陆东南亚北部已经成为苗族的五大聚居区

* 基金项目：文山学院科研基金项目“滇东南民族与文化构成的历史演变研究”（07WSZ04）。

之一。[1]194-196 然而，持这些观点的学者，除了引用樊绰《蛮书》中的相关记载外，并不能拿出其他任何有说服力的证据。而《蛮书》中被反复引用的有关记载，并不足以证明唐代时苗族已迁入滇东南。为了说明这一点，有必要对《蛮书》中的相关记录进行再分析。《蛮书》卷十《名类》中说：

> 黔、径（涪）、巴、夏（夔）四邑苗众。咸通三年（862 年）春三月八日，因入贼朱道古营栅，竟日与蛮贼将大羌杨阿触、杨酋盛，拓东判官杨忠义话得姓名、立边城自为一国之由。祖乃盘瓠之后。其蛮贼杨羌等云绽盘古之后。此时缘单车问罪，莫能若事。咸通五年（864 年）六月，左授夔州长史，问蛮夷巴、夏（夔）四邑根源，悉以录之，寄安南诸大首领。

在这段文字的后面，樊绰抄录了《后汉书》等文献所载有关盘瓠神话的内容。[2]

以上这段文字就是众多国内学者用来说明唐代时苗族已迁入滇东南和大陆东南亚北部的主要证据，但这段文字含义模糊，存在明显的脱漏和讹误。学者们在解读这段文字时，标点并不一致，对文意的理解也大相径庭。

樊绰《蛮书》卷四还有两段记录提到他本人于咸通三年（862 年）三月八日前往朱道古营栅探查虚实的情况，有助于对这段文字的理解。从前后内容比对来看，咸通三年初时，南诏正在调集大军和唐朝安南都护府北部已反叛唐朝的各民族武装，准备夺取安南地区，朱道古就是安南北部已叛唐投南诏的一位地方首领。该年三月四日，樊绰奉其长官、候任安南经略使蔡袭之命前往朱道古营栅探查虚实，于三月八日到达，并在此见到了南诏派来的将领杨秉忠，大羌杨阿触、杨酋盛，拓东判官杨忠义等人，与他们进行了一些接触、交涉，但这些南诏官员“言辞狡诈”，交涉并无结果。[2]

从整个背景来看，咸通三年三月八日在朱道古营栅向樊绰讲述“祖乃盘瓠之后”“立边城自为一国之由”的应该就是南诏派来的杨秉忠、杨阿触、杨酋盛和杨忠义。那么，杨秉忠、杨阿触、杨酋盛和杨忠义等是否是“黔、径（涪）、巴、夏（夔）四邑苗众”呢？樊绰《蛮书》卷四提到他与这些南诏将领见面交涉时，明确称“蛮贼将杨秉忠，大羌杨阿触、杨酋盛，悉是乌蛮贼人”。[2] 我们知道，唐代所称的“乌蛮”主要指南诏主体民族，今藏缅语族彝语支各族先民。

学者们之所以认为樊绰的这段文字反映苗族已迁入滇东南或大陆东南亚北部，主要是因为樊绰将他于咸通五年（864 年）在夔州了解到的“黔、径（涪）、巴、夏（夔）四邑苗众”的情况与两年前在朱道古营栅了解到的情况联系在了一起。但从上下文意来看，樊绰之所以将两者联系在一起，并非他认为在朱道古营栅了解到的南诏将领就来是“黔、径（涪）、巴、夏（夔）四邑苗众”，而是因为他们都信奉盘瓠神话，宣称“祖乃盘瓠之后”、曾“立边城自为一国”，猜想他们之间可能存在某种联系，因此才向前往安南作战的唐军将领作必要通报，遂留下了前述文字。

退一步说，即使杨秉忠、杨阿触、杨酋盛和杨忠义及其所部就来自于“黔、径（涪）、巴、夏（夔）四邑苗众”，即使樊绰所说的“苗众”就是苗族先民，那么，他们也仅仅是奉南诏征调前来作战的军队，并非迁徙到这一地域定居。即使他们在征战中流落在了本地，没有回到故土，那么，由于他们远离“黔、径（涪）、巴、夏（夔）四邑苗众”的分布区，这些人应该早已被当地民族同化了，与今天分布在滇东南和大陆东南亚北部广大地区的苗族人口并没有关系。

主张唐代或唐、宋、元、明时苗族已迁入滇东南的学者，除了樊绰的这段记录外，都拿不出其他任何可信的证据，这一事实本身就说明了问题。另外，晚清以前涉及滇东南民族情况的众多史料都没有提到苗族的事实也说明：现今居住在滇东南和大陆东南亚北部广大地区的苗族居民，他们的先祖迁到这一地域的时间实际上是非常晚的。

二、19 世纪以前的各种地方志都没有提到滇东南有苗族

19 世纪以前，涉及滇东南民族情况的地方志已经很多，特别是明代和清代早中期的地方志，已经比较清楚地反映出当时滇东南民族构成和分布的情况，但在这些地方志中，我们找不到关于滇东南苗族情况的任何记录。

明代涉及滇东南民族情况的志书有好几部，如陈文等于 1456 年修成的《景泰云南图经志书》、周季凤等于 1510 年修成的《正德云南志》、谢肇淛约于 1620 年修成的《滇略》、刘文征于 1632 年修成的天启《滇志》等，这些志书在谈到滇东南的情况时，都程度不同地提到了滇东南的民族构成和分布情况。从这些志书反映的情况来看，明代时滇东南的民族种类是很多的，主要有“倮罗”“扑喇”（或“蒲剌”“濮拉”）、“乌爨”（“黑爨”）、“母鸡”“夷罗”“些袁”“侬人”“沙人”（“沙蛮”）、“土僚”（“土人”）、“斡泥”（“窝泥”）、“僰夷”（“百夷”）、“白子”“马喇”“野蒲”“喇记”“阿成”等。今天，这些民族名称的一部分在滇东南仍被使用。从今天的民族归类来看，上述名称主要指彝族、壮族、哈尼族、傣族和白族先民。

清代早中期涉及滇东南民族情况的地方志更多，记载也更加详尽，如康熙

《蒙自县志》、康熙《阿迷州志》、雍正《临安府志》、雍正《阿迷州志》、乾隆《广西府志》、乾隆《开化府志》、乾隆《蒙自县志》、嘉庆《临安府志》、嘉庆《阿迷州志》、道光《开化府志》、道光《广南府志》、道光《云南通志·南蛮志》，以及引用前人资料于光绪六年（1880 年）编成的《滇南志略》等，这些志书都不同程度地对滇东南各民族的分布、经济、风俗习惯作了介绍，使晚清以前的滇东南民族情况更加清楚，但所有这些志书都没有提到滇东南有苗族。

最能说明问题的当数乾隆《开化府志》和道光《广南府志》。

乾隆《开化府志》于 1758 年成书，书中有两部分对当时的开化府民族情况进行了较为详尽的介绍：一是“里甲”部分，详细记录了当时开化府境内各个村寨（约 1200 个）的名称以及每个村寨的民族成分，笔者统计，共有三十多种民族名称，按村寨数（包括杂居村寨）的多寡分别是“侬人”“仆拉”“母鸡”“倮罗”“汉人”“土僚”“沙人”“摆依”“僰子”“阿成”“阿戛”“拉黑”“普岔”（“普刹”）、“回子”“聂素”“拉乌”“阿度”“拉鸡”（“腊鸡”）、“腊欲”（“拉欲”）、“孟乌”（“孟武”）、“阿系”“阿者”“腊兔”“腊歌”“窝泥”“瑶人”“普剽”“普马”“普列”“倮鸡”“阿倮”“夷人”“山车”；二是“种人”部分，也介绍了三十多种民族成分（包括许多仅有一个村寨的民族成分）的经济、风俗概况，提到的民族成分与“里甲”部分所列各村寨民族名称吻合。[3]《开化府志》所提到的以上民族名称，多数仍在民间使用，从现在的民族归类来看，这些名称主要指壮族、彝族、汉族、傣族、白族、回族、哈尼族、瑶族等民族先民。

道光《广南府志》于道光年间两次编修而成，从种种迹象看，在道光《广南府志》两次编修的时候，广南府境内已经有苗族，但《广南府志》“种人”部分在介绍了其他民族成分如“侬人”“沙人”“花土僚”“白土僚”“黑沙人”“白沙人”“白倮罗”“黑倮罗”“黑仆喇”“白朴喇”“花朴喇”“瑶人”“僰夷”“僰人”的同时，却没有关于苗族的任何介绍，只在“征事实启”部分提到一句“我广南，夙隶沙侬、杂居苗倮”，在“风俗”部分中引用《（云南）通志》称“苗倮杂居，性缓力弱”，[4]而且这两句话中所提到的“苗”是专指苗族还是泛称并不明确。

清代开化府和广南府之地即今天的文山州大部和红河州东南部，正是云南苗族分布最集中的地区，而且大陆东南亚北部的苗族也主要是从这里迁徙过去的，但乾隆《开化府志》和道光《广南府志》在介绍了其他民族的情况后却没有关于苗族情况的任何介绍，《开化府志》在详细记录各村寨的民族成分时却没有记录到苗族，前述涉及滇东南民族情况的各种地方志都没有提到滇东南有苗族，这些事实充分说明，现今分布在滇东南和大陆东南亚北部的苗族的先民，晚清以前要么还没有来到这些地区，要么虽然有部分已经来到，但人数并不多，因而并没有引起一批又一批当地修志人员的注意。

三、文献所见苗族迁入滇东南和越南北部的早期时间

清代道光年间及其稍后，开始有一些文献提到滇东南和大陆东南亚北部苗族的情况，从这些文献中，我们可以对苗族迁入滇东南和大陆东南亚北部的早期时间作出一些大致推断。

笔者知道的最早提到滇东南和大陆东南亚北部苗族的文献有四：一为道光十六年（1836 年）云贵总督伊里布、云南巡抚何煊的奏稿《遵旨稽查流民酌议章程奏》，二为越南《大南实录》有关明命时期（1820 ~ 1841 年）的纪事，三为文山州麻栗坡县董干镇者挖村龙堡寨熊天美墓碑，四为红河州河口县桥头乡老刘寨李仕雄墓碑。

从伊里布和何煊的奏稿中，我们可以看到：道光三年（1823 年）时，云南地方官曾对开化府、广南府境内流民进行过稽查，稽查中发现开化府安平厅沿边“有黔、粤苗民移居崖箐”。稽查过后，因苗民“散在沿边烟瘴之区，仿照边夷不编保甲，仍设头人分别管束”，并已“奏准遵行”。十三年之后，即道光十六年（1836 年），因道光皇帝了解到云南开化府、广南府和普洱府有大批来自内地各省的流民“砍树烧山，艺种包谷之类”，要求云贵总督伊里布等再度派人稽查并制定管理章程，云南地方于是再度进行稽查，除清查出大量来自内地的汉族流民外，发现十三年前稽查时已经生活在开化府安平厅沿边的“黔、粤苗民”仍在当地“樵种为生”。再次稽查过后，为避免纷扰，仍“照边夷不编保甲，分设头人约束”。[5]12 - 14

道光时的开化府安平厅辖地相当于现今文山州西畴县、麻栗坡县大部、马关县大部和红河州河口县大部，处于中越边境，在今天是滇东南苗族最集中的地区之一。伊里布的奏稿没有提到苗族迁到安平厅沿边的具体时间，但不会太早，因为奏稿明确指出他们是从黔、粤（广西）移居此地的流民，而不是世居居民。从奏稿反映的情况来看，苗族在迁徙到开化府安平厅沿边的过程中，在开化府靠内地区和广南府境内应该没有太多停留，而是直接迁到了边境地带，因为除了开化府安平厅以外，奏稿中没有提到开化府其他地区和广南府的大量流民中有苗族流民。

越南阮朝时期（1802～1945 年）陆续编纂的《大南实录》中，从明命年间开始，偶尔提到越南北部沿边的苗族。《大南实录》有关明命十四年（1833 年）镇压保乐州造反土司农文云的纪事中曾提到："白猫蛮长祝文仝亦率蛮丁一百隶从效力。"[6]3017 有关明命二十年（1839 年）的纪事中又提到："兴化水尾州有白猫蛮投居于玉碗、山腰等峒，省臣请令著籍纳税。蛮数四十余人，岁征人各银二两。"[4]4422

文中所说"白猫蛮"即苗族中的白苗支系。保乐州位于越南北部边境，时属宣光省，与云南广南府连接。当地苗族可能从云南广南府沿边进入，到 1833 年底参与越南中央政府镇压农土司造反时，应在当地生活了一段时间。兴化为与云南开化府、临安府接壤的越南西北部边境省份名称，水尾州玉碗、山腰等峒应在与云南河口连接的地带，正与中国开化府安平厅接壤，投居于"玉碗、山腰等峒"的苗族应从开化府安平厅沿边进入。

麻栗坡县龙堡寨的熊天美墓碑立于咸丰元年（1851 年），碑文记载熊天美于庚寅年（1770 年）生于悟川中台县（疑为今贵州省务川县），于道光丁酉年（1837 年）在龙堡寨去世，享年 67 岁。熊天美去世十四年后，即咸丰元年（1851 年），由其儿子熊友德为其重修了坟墓并立了墓碑。据熊天美和熊友德的后人、龙堡寨的熊明光介绍，熊天美和他的同伴们就是苗族从贵州迁到本地的第一代，他的儿子熊友德、侄子熊友富等都出生于本地。熊天美碑文中没有记录他与同族迁到本地的时间，但考虑到他们迁来时已经是成年人，时间当在 18 世纪末 19 世纪初。熊天美及与其一起迁到麻栗坡县董干镇一带的同族应该就是前述伊里布奏稿中提到的安平厅沿边"黔、粤苗民"中的一部分。

河口县桥头乡老刘寨李仕雄墓碑记载：李仕雄生于乾隆甲辰年（1784 年），亡于道光戊申年（1848 年）。当地苗族居民公认他是迁到河口的苗族第一代。[7]109 李仕雄碑文也未载他于何时从何地迁来，但考虑到他与同族迁来时应该已经成年，时间当在 19 世纪初。李仕雄及与其一起迁到河口县桥头乡一带的同族也应该是前述伊里布奏稿中提到的安平厅沿边"黔、粤苗民"中的一部分。

以上四份文献是笔者见到的有关滇东南和大陆东南亚北部苗族来源的最早文献，这四份文献所反映的苗族迁入滇东南和越南北部的早期时间是吻合的，即 18 世纪末 19 世纪初。除了上述文献外，相关调查材料所反映的时间与此相符。

四、调查材料所见苗族迁入滇东南和越南北部的早期时间

20 世纪初以来，国内外的一些学者曾对滇东南和大陆东南亚北部苗族的来

源有过一些调查，其中，涉及大陆东南亚北部苗族的调查早一些，而涉及滇东南苗族的调查多在20世纪五六十年代以后。由于滇东南和大陆东南亚北部的苗族中很少有文献资料，对本民族的迁徙历史大多通过口耳相传，因而多数调查都没有获得苗族迁入各地的确切时间，但都获得了从哪里迁来、已迁来多少代、因何迁来等信息，对于推算迁入时间很有帮助。

如何根据迁入代数推算迁来的时间？不同的调查者往往用不同的方法，即使迁来代数相同，不同调查者推算的迁入时间往往也有很大出入。笔者认为，由于苗族过去普遍早婚早育，以平均每代20年推算最为接近实际。另外，第一代指最初迁来的那些人，他们大多是成年人，有的刚迁来时就带着小孩，一迁来就有两代，或迁入不久就会有第二代，因而在计算时间时，第一代是不能考虑进去的；最后一代往往指调查时仍是小孩的那些人，除了个别情况外，计算时间时以半代（10年）为宜。按照这种方法，如果调查时已经迁来10代，除去第一代，最后一代算半代，则迁来时间为：（10－1.5）×20年＝170年。

按照上述方法推算，笔者所见、所做的多数调查显示：多数苗族迁入滇东南和大陆东南亚北部的时间都在19世纪中期以后，但也有少部分在19世纪初或更早时已经迁入。

如根据相关调查，红河州东南部的部分苗族人口，其先祖于1806年因乾嘉起事失败从贵州逃难而来。[8]106

伍新福《中国苗族通史》中提到了他1987年对文山地区苗族的调查，根据文山州政协副主席吴成元的介绍说："他家是从贵州迁来的，到邱北已经10代人了。"[9]168按笔者前述方法推算，则吴家先祖从贵州迁到丘北的时间当在1820年前后。

20世纪30年代末熊秉信在今红河州金平县一带调查，涉及当地苗族迁入时间时，估计为"百年之久"。[10]195-196则苗族迁到当地的时间应在1830~1840年前后。

20世纪末，殷永林等对金平县铜厂乡大塘子村（苗族村）进行调查时，发现苗族"在金平境内居住最早的已延续10代"。[11]5则迁入时间当在1830年前后，与前述熊秉信的估计吻合。

2008年，笔者委托熊柱石同学（苗族）对其家乡马关县仁和镇大嘎吉石冲村苗族源流进行调查，得知该村最早从贵州迁来的熊姓已经有10代人，迁入时间可推算到1838年前后。

越南学者琳心根据1960年前后越南各地调查材料写成的《苗族的迁徙和称

谓史》中，提到苗族从中国成批迁入越南先后主要有三次。其中第一次距调查时已有十四五代人，约 80 户人家从中国迁入河江省同文县境；第二次距调查时已有 9 ~ 10 代人，共有 180 户左右的人家从中国分两路迁入越南境内，其中一路主要迁入河江省同文县和黄树皮县境，另一路主要迁入老街省的西马街和北河县境。[12]53 - 55

从迁入时间推算，琳心所说的第一批约 80 户迁入越南的时间可推算到 1700 年前后。笔者所见苗族迁入滇东南的所有调查中，没有见到超过 10 代人的记录。麻栗坡县董干镇马崩村是一个苗族聚居的行政村，与越南河江省同文县接壤，该村苗族与越南同文县苗族有共同渊源，2008 年笔者对该村进行调查时，得知迁来较早的大多有八九代。

琳心所说的第二批约 180 户迁入越南的时间可推算到 1800 年前后，与前述麻栗坡熊天美、河口李仕雄等迁来时间正是同一时期。从迁入地域看，这批迁入越南的苗族人口与熊天美、李仕雄及其同伴们迁到的地方连为一片，并没有天然屏障将他们分隔开，他们应该是同一时期从贵州迁徙而来。

五、结　语

18 世纪末 19 世纪初正值黔东湘西乾嘉苗族起事失败之际，这一时期苗族从贵州等地向中越边境地区迁徙，应与这一历史事件密切相关。

从文献资料和调查材料反映的情况来看，18 世纪末 19 世纪初迁入滇东南和越南北部的苗族人口并不多。迁入滇东南的部分，除了 1823 年、1836 年云南省官方对流入滇东南的流民（主要是汉族）进行稽查时曾发现他们外，1828 年续修的《开化府志》、1825 年修成 1848 年再修的《广南府志》都没有提到他们，说明其人口很少，并没有引起众多修志人员的注意。迁入越南一侧的部分，从琳心提到的情况来看，不到 300 户，在当时越南北部的众多民族中，其人数是微不足道的。越南《大南实录》有关明命时期的纪事虽然偶尔提到越南北部沿边的苗族，但其人数都很少：1833 年镇压保乐州农土司时，参与的苗族壮丁仅有百人左右；1839 年兴化省臣向阮朝中央请求对新近迁入的苗族“令著籍纳税”时，提到的人数仅有四十余人。另外，在明命时期，越南北部沿边发生了很多各民族卷入其中的战乱，《大南实录》中有大量条目详细记录了这些战乱的情况，但提到苗族参与其中的条目极为罕见。

清代道光年间以后，提到滇东南和大陆东南亚北部苗族情况的文献资料越来越多，特别是到清末和民国时期，涉及滇东南和大陆东南亚北部民族情况的各种文献几乎都有关于苗族情况的介绍，与19世纪初以前的文献资料形成了鲜明对照，反映出19世纪初以后迁到滇东南和大陆东南亚北部的苗族人口越来越多、分布范围越来越广，在这些地区的重要性也越来越突出了。

参考文献：

[1] 吴荣臻等：《苗族通史》第二册，民族出版社2007年版。

[2]［唐］樊绰：《蛮书》。

[3]［清］汤大宾等：《乾隆开化府志》。

[4]［清］李熙龄等：《道光广南府志》。

[5]［清］伊里布等：《遵旨稽查流民酌议章程奏》，载方国瑜主编《云南史料丛刊》卷九，云南大学出版社1998年版。

[6]［越］《大南实录》，［日］庆应义塾大学言语文化研究所影印本，1980年。

[7] 河口县志编纂委员会：《河口县志》，生活·读书·新知三联书店1994年版。

[8] 红河州民族志编写办公室：《云南省红河哈尼族彝族自治州民族志》，云南大学出版社1989年版。

[9] 伍新福：《中国苗族通史》上，贵州民族出版社1999年版。

[10] 熊秉信：《云南金河上游之地文与人文》，载方国瑜主编《云南史料丛刊》卷十，云南大学出版社1998年版。

[11] 殷永林等：《云南民族村寨调查·苗族——金平铜厂乡大塘子村》，云南大学出版社2001年版。

[12]［越］琳心著，范宏贵译：《苗族的迁徙与称谓史》，《民族译丛》1984年第6期。

（原文发表于《文山学院学报》2011年第4期）

18世纪末到20世纪中叶苗族从贵州等地向滇东南和大陆东南亚北部的迁徙

娄自昌

摘　要：18世纪末以后，苗族开始从贵州等地向滇东南和大陆东南亚北部大量迁徙，这种迁徙既有因战乱如乾嘉苗族起事、“咸同变乱”而引起的短时期内的较大规模迁徙，也有因经济因素如玉米的引进和推广、寻找可耕地等引发的自发零散但却持续不断的迁徙。经过一个半多世纪的持续迁徙，到20世纪中叶时，苗族最终成为滇东南和大陆东南亚北部分布范围非常广阔、人口众多的民族。

关键词：苗族迁徙；滇东南；大陆东南亚

滇东南和大陆东南亚北部的苗族并非世居民族，他们的祖先主要在18世纪末19世纪初以后由贵州等地相继迁徙而来。有关苗族向大陆东南亚北部的迁徙，国外学者已有专门研究，但对于迁入的具体时间还不够明确；而有关苗族向滇东南的迁徙，国内外的研究都非常少，无论是迁入时间还是迁入过程都模糊不清，至今仍无明确结论。本文在文献资料和调查材料的基础上，试对此进行分析，不当之处，望方家指正。

一、乾嘉苗族起事失败引发的早期迁徙

19世纪初以前，涉及滇东南和越南北部民族情况的众多地方志中都没有提到苗族，说明苗族要么还没有来到这些地区，要么虽然有一部分已经来到，但人口很少，并没有引人们的注意。19世纪初以后，有一些文献开始提到滇东南和越南北部有苗族生活，说明已有苗族人口迁入这些地区。早期成批迁入滇东南和越南北部的苗族人口，迁入时间大多在18世纪末19世纪初，迁入原因应该与乾嘉之际黔东湘西的苗族起事失败有关。

乾嘉苗族起事爆发于1795年，核心区域主要在黔东湘西地区，并波及贵州

大部，在各省清军的围剿下，最终于1796年失败。乾嘉苗族起事持续时间虽然不长，但强度非常大，黔东湘西等地的大量苗族人口都卷入其中，并多次与清军展开残酷血战。有关文献资料和调查材料说明，乾嘉苗族起事失败后，卷入其中的一些苗族人口被迫逃离祖居地，迁到了千里之外的滇东南和越南北部沿边地区，并构成了这些地区较早的一批苗族人口。

如葬于文山州麻栗坡县董干镇者挖村龙堡寨的熊天美的墓碑、葬于红河州河口县桥头乡老刘寨的李仕雄的墓碑、越南学者琳心在《苗族的迁徙和称谓史》中提到的第二批迁入越南的苗族人口，他们迁到中越边境地区的时间都可以推算到1800年前后，与乾嘉苗族起事失败的时间吻合，极有可能因乾嘉起事失败迁徙而来。[1]25-29

《红河州民族志》在谈及红河州苗族的来源时，根据较早时期的调查材料说："蒙自、屏边、河口等地的苗族多数因清嘉庆二年（1797年）贵州铜仁府'逐客民、复故地'的苗族起义失败后，于清嘉庆十一年（1806年）逃来的。"[2]106《屏边县志》也有同样的说法。[3]9从笔者掌握的资料来看，《红河州民族志》所说"多数"一词并不可信，因为红河州境内苗族的大部分是更晚时期迁来的，但红河州东南部有一部分苗族人口因乾嘉苗族起事失败而迁入的说法是可信的。

总之，乾嘉苗族起事的失败，导致了部分贵州苗族人口向千里之外的滇东南和越南北部沿边迁徙，并构成了滇东南和越南北部较早的一批苗族人口，到19世纪二三十年代时，滇东南和越南北部的地方官都开始注意到他们的存在，滇东南的官方文献至少在1823年、[4]12-14越南官方文献至少在1833年[5]3017正式提到了他们。但从文献资料和调查材料反映的情况来看，因乾嘉苗族起事失败而迁入滇东南和越南北部的苗族人口并不多，仅在中越边境一带有零星分布。[1]

二、19世纪初叶到中叶的持续自发迁徙

如果说19世纪初叶滇东南和越南北部的苗族人口还非常少的话，那么，到了19世纪中叶，无论是滇东南还是越南北部，苗族人口都已经很多，分布范围也非常广了。1855～1874年的"咸同变乱"，为我们窥探当时滇东南和越南北部苗族的分布状况以及他们在当地的地位和力量提供了一个窗口。我们看到，在"咸同变乱"期间，滇东南各地和越南北部沿边的广大地区，都有众多苗族人口卷入战乱的记载。

就滇东南而言，从当时形成的岑毓英奏稿、清末以后成书的多部地方志对

“咸同变乱”的追记来看，邱北[6]268、广南[7]、富宁[8]690、870－873、文山[9]、麻栗坡[10]10－11等地都有苗族人口卷入战乱的记载，而且是这些地区的重要武装之一。这些记载反映出，到 19 世纪中叶时，滇东南的上述地区都已经有苗族人口分布，而且人数很多。

就越南北部而言，情况类似。笔者在《大南实录》有关嗣德十七年（1864 年）到嗣德二十八年（1875 年）的纪事中，查到明确提及越南北部苗族卷入战乱的记录共 29 条，还有许多没有明确提及民族名称但肯定有苗族参与其中的战乱[5]6294－6836。这些战乱主要发生在宣光省（今河江省、宣光省等地）、兴化省（今老街省、莱州省等地），从《大南实录》的记录来看，卷入战乱的苗族武装已经成为当时越南北部地区的重要武装，反映出苗族在越南北部的分布范围已经很广阔，人数也非常多。

“咸同变乱”时广泛分布于滇东南各地和越南北部沿边各省的苗族人口，有的可能是“咸同变乱”期间才从贵州迁来的，但大部分应该是 19 世纪初叶到中叶时就已经迁来。由于 19 世纪初叶到中叶时贵州和滇东南等地相对安定，这一时期苗族向滇东南和越南北部沿边的迁徙应该是自发的迁徙。促成这一时期迁徙的原因，主要是经济原因：一方面，刀耕火种的耕作方式，使得相当一部分苗族人口很难实现定居，每隔若干年就要迁往新的地方，以寻找新的刀耕火种山地；另一方面，来自美洲的玉米等农作物逐步推广，使得滇东南和大陆东南亚北部尚未开垦的广阔山区和半山区的经济价值显现出来，从而吸引了包括汉族、苗族在内的内地各省人口大量迁徙前来，到处“砍树烧山、艺种包谷之类”。[4]12－14

由于这一时期的迁徙是自发的迁徙，因而相对零散，每个迁徙的队伍可能只有几户到十几户人家、十几个到几十个人，加之主要在远离村镇的山区迁徙，因而并不引人注意，对于迁徙的情况，相关文献很少有记载。但这种迁徙却是非常重要的，因为这种迁徙涉及面广，而且持续不断。从有关调查材料来看，先前迁来的人往往派人回到故乡招人前来，到处宣传：“云南山高地广，……地很多，包谷长得好，谷杆结包谷，顶上长稻子，根下有洋芋。”[11]37 “将三棵包谷杆拉拢拴在一起，人爬上去都压不倒”，“种的麻杆长得像臂粗，连母猪也拱不倒。”[12]311滇东南和大陆东南亚北部拥有尚未开垦的广阔山区和半山区的事实，再加上这些宣传，“于是很多人都跟着到云南来了”。[11]37从局部地域、较短时期来看，这种自发零散的迁徙似乎没有什么规模也没有什么影响，但从较大范围、较长时期来看，这种迁徙的规模是非常大的，因为迁徙的范围包含了有苗族分布的广大地域而不仅仅是某个局部，迁徙的时间持续了几十年之久，因而这种迁徙对滇东南和越南北部民族构成的变迁、对滇东南和大陆东南亚北部广大山区的垦辟，影响都是非常大的。我们已经看到，19 世纪初时，相关文献很少提到滇东南和越南北部苗族的情况，偶尔提到时，所反映的人口也不多，也不重要，而到 19 世纪中叶时，不仅滇东南和越南北部的众多地方都已经有苗族分布，而且人数众多，当“咸同变乱”波及这些地区时，这些地区卷入战乱的苗族武装遂成为当地的重要力量，19 世纪初以后的自发迁徙在苗族迁徙史上的重要性可见一斑。

三、“咸同变乱”引发的大规模迁徙

1855～1874 年“咸同变乱”期间，云南、贵州、广西和邻近的越南北部各民族都卷入了长期战乱之中，生活在这些地区的苗族居民也不例外。在黔东湘西地区，最为突出的主要就是张秀眉起事，波及大半个贵州和湘西地区，持续了十七八年之久；黔西北的陶新春起事，则波及滇东北和川南地区，也持续了七八年之久。张秀眉和陶新春起事都是苗族历史上强度非常大的起事，规模大、卷入人口众多、持续时间长、对抗强度非常大。

早先迁入滇东南和越南北部的苗族中，当时没有出现像贵州张秀眉、陶新春那样大规模的武装，但当地的苗族中也形成了多支“白旗军”武装，如邱北红花山武装[6]268、广南北部以陶德为首的武装[7]、富宁西南部以陶布彪为首的武装[8]690、870－873、文山县西部以“马飞天”为首的武装[9]、麻栗坡东部以帅祖为首的武装[10]10－11、越南堂上以朱荡（自称“顺天主”）为首的武装[10]10、越南磊卜“伪顺主”武装[5]6461、6591、6609、6655、越南六安州盘文二（《刘永福历史草》称“盘文玉”）武装[5]6496、6499[13]195、越南保胜老街一带曾与黄崇英“黄旗军”联合的苗族武装[14]410，等等。这些苗族武装与当时云南各地各民族的反清武装一样，大多以白旗为旗号，号称“白旗军”，与打着清朝旗号的各族团练武装“红旗军”或到处争战，或划地自守，越南北部的苗族“白旗军”还与控制河阳（今河江）的黄崇英“黄旗军”联合，在越南北部各地与当地傣族武装、越军、冯子材部清军、刘永福部“黑旗军”争战[5]6294－6836。当然，除了“白旗军”外，相关史料和调查材料表明，与当时云南和越南北部的各民族一样，滇东南和越南北部也有一部分苗族参与“红旗军”，或与“黑旗军”和越军联合，以对付“白旗军”和“黄旗军”。

众多调查材料和文献资料显示，在历时近二十年的长期大乱中，有大批不同地区的苗族难民或战败的苗族武装相继逃离原居地，大规模地迁往滇东南的文山州、红河州南部、越南西北部和老挝东部一带的崇山峻岭中。

首先是大批贵州等地的苗族难民或战败了的苗族武装逃到了滇东南地区。

宋恩常根据1958～1960年在红河州各地苗族村寨的调查材料说："苗族迁来红河州的时间相仿，都有五至六代的历史。"[15]6雷广正根据1958年的调查材料说："屏边苗族都说他们是从贵州迁来的。根据一区五嘉乡农民马志良70多岁的祖父说：他们入居屏边已经六代。……对于迁徙的原因，……一种说，有一年天下大乱，为了生存逃到云南来。"[11]37

从迁入时间推算，宋恩常和雷广正提到的这些因"天下大乱"而迁到红河州的苗族人口，迁入时间都可以推算到1870年前后，正是"咸同变乱"后期贵州各地苗族起事相继失败的时期，苗族中口耳相传的"天下大乱"，指的实际上就是"咸同变乱"。

熊玉有在其《苗族文化史》中说："屏边县新华乡多依树苗族传说自己是张秀眉起义失败后为避官府镇压，跋山涉水几千里从贵州迁徙而来。"[16]33

2008年，笔者委托熊柱石同学（苗族）对马关县仁和镇仁和村坡上寨苗族源流进行调查，该村杨正法老人（1944年生）告诉他，苗族迁来本地是因为张秀眉造反失败，大量苗族人口被杀，苗族于是四散逃往云南文山等地。杨正法还说，他家先祖与同族从家乡逃到本地已经有8代人。从迁入代数推算，杨正法先祖与同族迁到马关的时间可以推算到1878年前后，与张秀眉起事失败的时间是吻合的。

其次是许多苗族难民和"白旗军"武装从滇东南等地迁到了越南北部。

越南学者琳心在其《苗族的迁徙与称谓史》中提到：苗族从中国向越南的第三次迁徙到调查时（1960年前后）已有六七代人，是苗族从中国迁入越南规模最大的一次，共有一万多人的苗族人口从贵州、云南等地迁到了老街省、河江省、安沛省和泰族苗族自治区（莱州省）以及其他各地。[17]53-55琳心所说的这次苗族向越南的大规模迁徙，从时间推断，实际上就是因"咸同变乱"而导致的迁徙。

笔者2008年在麻栗坡县董干镇者挖村龙堡寨、猛硐乡坝子村岩脚上寨和下寨的调查也说明了这一点。在董干镇者挖村龙堡寨调查时，该寨熊明光向我们介绍说，其先祖熊友德（苗族迁到本地的第二代，曾任本地官员）晚年及其儿子们当家时，发生了严重战乱，苗族与本地汉族武装到处征战，许多苗族人口纷纷逃往越南，熊家约有五分之三左右的人口逃到了越南。熊明光所说的战乱实际上就是"咸同变乱"，从他讲述的情况来看，这场战乱曾导致麻栗坡县东部的大量苗族人口逃往越南北部。

在猛硐乡坝子村岩脚上寨和下寨调查时，两寨人口最多的王、张两姓老人介绍其先祖都从内地迁徙而来，都已经有8代人左右，谈到迁徙原因时，都谈到了“白旗造反”。猛硐乡与邻近的越南河江省黄树皮县都是苗族人口比较集中的地方，“咸同变乱”期间都属越南宣光省渭川州管辖，境内苗族人口中，相当一部分无疑就是“咸同变乱”期间由滇东南等地流入的，除了笔者调查到的坝子村岩脚上下两寨王、张两姓外，清末成为猛硐世袭统治者的项从周也是“咸同变乱”期间（1863年，时年七岁）在其父亲项正清带领下从滇东南的西畴等地迁来的。

三是许多苗族难民和“白旗军”武装迁到了越南西北部和老挝的崇山峻岭中。

《大南实录》正编第四纪卷四十嗣德二十三年（1869年）夏四月载：“股匪獴、㺜纠党掠兴化奠边府，知府阮慎遇害。”[5]6565 卷四十一同年秋九月载：“兴化领兵官邓贵进攻奠边聚匪，胜仗，命乘胜进往收复府城。”[5]6586 卷四十一同年冬十月载：“兴化遵教州知州陈锯正、队长率队阮文意等会剿奠边据匪，胜仗，收复州城。……哩奉蛮纠合清地股匪并土匪扰掠芒倩（属兴化宁边州），遂扰南掌、念峨等处。南掌借暹为援，与哩奉蛮相拒。事闻，命镇宁府（属义安，与南掌接近）防御使诏应回府按御，再命兴化省臣派探防截。”[5]6588

上述《大南实录》中提到的“獴”即指苗族，奠边府、遵教州、芒倩等都是当时越南兴化省与老挝邻近的地方，南掌为老挝琅勃拉邦王国，当时臣属于泰国（即文中提到的“暹”），镇宁府即今老挝东部的川圹。这几条记载显示，由于当时冯子材部清军在越南北部的围剿等原因，1869年四月（阴历）到年底，包括苗族武装在内的大批各族武装转入了越南西北部和老挝境内，与驻扎当地的越南地方武装、得到泰国援助的老挝琅勃拉邦王国军队发生了多次战斗。首先是四月时，苗族和“㺜”族（疑为彝族）武装联合攻占了越老边境重镇奠边府和遵教州等地，半年后，越军组织了有效反攻，收复遵教州城等地。但同时，又有大批各族武装扰掠了越老边境的芒倩、老挝琅勃拉邦（南掌）、念峨等处，逼近越南镇宁府（今老挝川圹）。这是笔者所见有关苗族等各族反清、反越武装大批进入越南西北部和老挝等地的首次确切记载。

两年后，由于清军在云南近二十年的战乱中取得最后胜利，又有许多包括苗族“白旗军”在内的各族武装从滇东南、越南北部沿边等地纷纷转入越老边境地区。

《大南实录》正编第四纪卷四十六嗣德二十六年（1872年）二月载：“兴化

莱州知州刁文撑剿获洮、沱江与清獴诸匪。”[5]6675 从这条记载来看，1872 年时，由于包括苗族武装在内的各种武装再度进入越南西北部，威胁到莱州地区，莱州土司刁文撑（傣族）于是率部在洮江、沱江等地堵截。

《大南实录》正编第四纪卷四十九又提到：1873 年初时，与黄崇英“黄旗军”合伙的苗族等族武装从越南西北部南下到越南中部的清化省山区、逼近清化省城，但被清化省驻军击败，随后清化省臣奏请“设清化山防衙”“招抚接辖猫蛮（即苗族）”等善后事宜。[5]6731、6734

《大南实录》提到的上述事件，与后来西方学者在越南北部和老挝的调查材料能够相互验证、相互补充。

何平《中南半岛民族的渊源与流变》一书引述 Jean Michaud 所编《动荡的时代和忍耐的人民：东南亚丘陵的山地少数民族》（英文版）一书中的相关资料说：“1904 年，东京的白泰首领刁文池向法国人拉克司提供的一份材料说，大约在 1848 年他才 15 岁时，看见一些属于白旗军的蒙人从四川经西双楚泰进入了老挝。”“法国殖民官员保罗·勒·博兰吉尔根据他在琅勃拉邦附近的老挝人那里收集的资料记载谈到，在 1847～1850 年期间，有大批苗族迁到了这个地区，他们被叫作白旗军。他还提到说，这些苗族是从四川和云南来的。”“还有一份法国人的调查资料提到，大约从 1864 年开始，老挝镇宁（今川圹）地区进入了许多不同旗号的中国军队，他们都是反清失败后从中国逃到老挝的，与这些军队一道来的还有许多山民，包括苗族、瑶族和拉祜族，这些山民多在川圹高原定居下来。”“1872 年，老挝琅勃拉邦的国王和泰国廊开府的府尹都向泰国政府寻求帮助：说是黄旗军已经入侵了西双楚泰，并到达了琅勃拉邦的门口。”[18]300－301

何平引文中提到的“东京”即当时法国人对越南北部的称呼，刁文池即前述莱州土司刁文撑之子，后来的莱州土司，“西双楚泰”即莱州地区，“蒙人”即《大南实录》中提到的“獴”，即苗族。何平引文中提到的这些事件应即《大南实录》中所记载的 1869～1873 年间大批苗族“白旗军”与其他民族武装因在云南和越南北部失败而转入越南西北部和老挝的事件。但在具体时间上，这些引文中有一些错误之处：首先，苗族白旗军从西双楚泰进入老挝琅勃拉邦等地的时间不可能是 1847～1850 年期间，因为这个时候还没有出现所谓的“白旗军”，实际时间当为 1869～1873 年；其次，老挝镇宁（今川圹）“来了许多不同旗号的中国军队”的时间不在 1864 年，当时的镇宁属于越南义安省，《大南实录》有关 1864 年的纪事中并没有提到发生这样的事，而《大南实录》所记载的有关 1869 年十月以后的事态则与此非常吻合。至于“黄旗军”到达琅勃拉邦门口的时间

(1872 年）则与《大南实录》有关 1872 年、1873 年黄旗军部分武装（包括苗族武装在内）转入越南西北部并南下清化的记录吻合。

总体来看，“咸同变乱”期间苗族向滇东南和大陆东南亚北部的迁徙，是历史上苗族向这些地区规模最大的迁徙，经过这次大迁徙，苗族最终成为滇东南和大陆东南亚北部的重要民族之一，广泛分布在文山州、红河州东南部、越南北部、越南西北部和老挝东北部等地的山区和半山区，对这些地区的历史进程产生了深远影响。

四、“咸同变乱”之后的自发持续迁徙

“咸同变乱”之后，仍有苗族人口不断迁徙到滇东南和大陆东南亚北部，或在滇东南和大陆东南亚北部的不同地区之间相互迁徙，一直持续到 20 世纪中叶。“咸同变乱”结束之后的迁徙，如同 19 世纪初叶到中叶的迁徙一样，主要是因经济原因促成的自发迁徙，因为这期间很少发生苗族大量卷入其中的战乱。由于主要是自发的迁徙，相对零散，因而不太引人注意。笔者所见清末到民国时期涉及滇东南苗族的各种文献资料中，虽然都提到苗族经常迁徙，但提到具体迁徙事件的资料却非常罕见，主要就是因为这一时期苗族的迁徙主要是自发零散的迁徙而非一次性的大规模迁徙，相关文献资料很难对具体迁徙事件进行记录所致。

如同 19 世纪前半期的迁徙一样，“咸同变乱”以后到 20 世纪中叶的自发零散迁徙仍是非常重要的迁徙方式，因为迁徙涉及面广，持续时间长，从较长时期来看，其规模非常大，对滇东南和大陆东南亚北部民族构成变迁的影响也非常大。屏边等地有关近代苗族人口增长的情况说明了这一点。

屏边县是滇东南苗族人口比例最高的县，2000 年时，苗族人口占全县人口总数的 40.45%，在屏边县各民族中位居第一。从有关资料来看，虽然在乾嘉苗族起事失败后、“咸同变乱”期间都有苗族人口迁入屏边境内，但当时迁入的人口并不多，屏边县苗族人口的大部分，主要还是清末到民国时期相继迁入的。

如 1874 年底岑毓英奏稿《攻克开化府属大窝子贼巢片》中提到，1874 年九月时，有苗族武装千余人从越南北部攻入屏边中西部地区，但最终被岑毓英调兵击溃。从奏稿陈述的情况来看，来自越南西北部的苗族武装攻入屏边中西部以前，这些地方基本上没有苗族人口，因而当苗族武装攻入时，这些地区起而响应的主要是“附近各村寨傜夷”，而不是苗族。[14]410

《屏边苗族自治县志》根据民国时期和中华人民共和国初期的调查数据，分别记录了 1919 年、1947 年、1953 年境内各族人口的变化情况，[3]102-125 现整理如

表 1：

表 1：屏边县 1919 ~ 1953 年主要民族人口变化表（单位：人）

民族 年代	1919 年	1947 年	1953 年
汉族	28 426	—	26 346
苗族	2 535	3 780	25 597
彝族	13 934	8 194	12 165
壮族	4 145	2 268	1 784

资料来源：《屏边苗族自治县志》“人口部分”。

从表中可以看出，从 1919 年到 1953 年共 34 年中，除了苗族外，屏边县境内各主要民族人口整体呈下降趋势，而苗族人口则大幅增加，扩大到原来的 10 倍。这固然有民国时期的苗族居民很少与官府打交道、因而统计数据不全的因素，但两组数据的巨大反差也反映出，屏边境内的相当一部分苗族人口主要是在民国时期迁入的。相关调查材料也能验证这一点。

宋恩常《云南苗族述略》根据 1958 年的调查材料说：屏边县牛碑社的 69 户苗族中，已居住六十年的 1 户，五十年的 1 户，三十五年的 18 户，三十年的 4 户，二十年的 13 户，十四年的 9 户，九年的 3 户，三年的 2 户，一年的 3 户。[15]6 从这份调查材料中可看出，当时牛碑社 69 户苗族中，迁来最早的共 2 户，迁入时间在 1900 ~ 1910 年前后，仅占全社苗族户的 2. 9%；1925 年左右迁来的 18 户，占 26. 1%；1930 ~ 1940 年前后迁来的 17 户，占 24. 6%；1945 年后迁入的 17 户，占 24. 6%。虽然宋恩常先生没有提到另外 15 户居住该社的时间（应为分家而形成），但也可以看出，该社苗族人口的大部分都是在民国时期才迁来的。

《开远市志》所载境内各时期民族人口的调查统计也说明了这一点。根据 1919 年的调查，当时开远各民族中，依（壮族支系）、沙（壮族支系）、苗三族共占人口总数的 5%[19]617。虽然《开远市志》没有单列出三族各占多大比例，但从排列顺序看，苗族排在依、沙之后，苗族人口比例应不超过人口总数的 2%。而到 1953 年普查时，苗族人口比重已经上升到开远人口总数的 6. 4%。[19]81 从上述记载反映的情况看，开远境内苗族人口的大幅增加，也主要发生在民国时期。

1995 年版《蒙自县志》有关境内苗族来源的说明也验证了这一点。《蒙自县志》说：“约在嘉庆、道光年间，苗族始由文山、马关、麻栗坡、丘北等地迁入蒙自，但人数很少。……民国年间，……境内苗族人口逐渐增多。……苗族迁入蒙自的时间虽短，增长却很迅速。”[20]131《蒙自县志》的这段话说明，蒙自境内苗族人口比重的大幅上升也主要发生在民国时期。

总之，从“咸同变乱”结束到20世纪中叶为止的七十多年内，苗族一直持续不断地向滇东南和大陆东南亚北部迁徙。虽然这时期的迁徙较为零散而不引人注意，也因此缺乏记载，但正是这种自发持续迁徙，使滇东南和大陆东南亚北部各地的苗族人口数量得到了极大扩充，最终使苗族成为滇东南和大陆东南亚北部广大山区和半山区到处都有分布、人口众多的民族。

参考文献：

[1] 娄自昌：《苗族向滇东南和大陆东南亚迁徙的早期时间考》，《文山学院学报》2011年第4期。

[2] 红河州民族志编写办公室：《云南省红河哈尼族彝族自治州民族志》，云南大学出版社1989年版。

[3] 屏边苗族自治县志编纂委员会：《屏边苗族自治县志》，新华出版社1999年版。

[4] [清] 伊里布：《遵旨稽查流民酌议章程奏》，载方国瑜主编《云南史料丛刊》卷九，云南大学出版社1998年版。

[5] [越]《大南实录》，[日] 庆应义塾大学言语文化研究所影印本，1980年。

[6] [清] 岑毓英：《镇南竹园开化广南等处军情片》，载方国瑜主编《云南史料丛刊》卷九，云南大学出版社1998年版。

[7]《民国广南县志抄本》，大事记“咸丰十年冬十月”条、“咸丰十一年春三月”条，云南省图书馆藏。

[8] 富宁县志编纂委员会：《富宁县志》，云南民族出版社1997年版。

[9] 罗永红：《文山县喜古乡营盘山遗址的调查报告》，文山苗族网，2008-09-20。

[10] 麻栗坡县志编纂委员会：《麻栗坡县志》，云南民族出版社2000年版。

[11] 雷广正：《屏边苗族社会历史调查》，载《云南苗族瑶族社会历史调查》，云南省编辑委员会《民族问题五种丛书》，云南民族出版社1982年版。

[12] 吕正元、侬贤生：《富宁县民族志》，云南民族出版社1998年版。

[13] 范宏贵：《华南与东南亚相关民族》，民族出版社2004年版。

[14] [清] 岑毓英：《攻克开化府属大窝子贼巢片》，载方国瑜主编《云南史料丛刊》卷九，云南大学出版1998年版。

[15] 宋恩常:《云南苗族述略》，载《云南苗族瑶族社会历史调查》，云南省编辑委员会《民族问题五种丛书》，云南民族出版社 1982 年版。

[16] 熊玉有:《苗族文化史》，云南民族出版社 2003 年版。

[17] [越] 琳心著，范宏贵译:《苗族的迁徙与称谓史》，《民族译丛》1984 年第 6 期。

[18] 何平:《中南半岛民族的渊源与流变》，民族出版社 2006 年版。

[19] 开远市志编纂委员会:《开远市志》，云南人民出版社 1996 年版。

[20] 蒙自县志编纂委员会:《蒙自县志》，中华书局 1995 年版。

（原文发表于《文山学院学报》2011 年第 5 期）

18世纪末~20世纪中叶苗族向滇东南和大陆东南亚北部迁徙的政治与经济因素

娄自昌

摘 要： 18世纪末~20世纪中叶苗族向滇东南和大陆东南亚北部的迁徙既有政治原因，也有经济原因。就政治原因而言，主要是苗族卷入其中的乾嘉苗族起事、"咸同变乱"引发了苗族的大规模迁徙。就经济原因而言，一方面，刀耕火种的游耕农业使得相当一部分苗族人口长期处于向西南迁徙的状态，以不断寻找新的可耕地；另一方面，玉米的引进和推广使得滇东南和大陆东南亚北部尚未开垦的广大山区半山区成为可耕地，不断吸引着大量苗族人口迁徙而来。

关键词： 苗族迁徙；刀耕火种；玉米；滇东南；大陆东南亚

关于历史上苗族向滇东南和大陆东南亚北部迁徙的原因，学界过去多从政治角度考虑，而很少提及经济原因。由于国内学界过去多认为苗族迁入滇东南和大陆东南亚始于唐代并持续到宋、元、明、清时期，于是，这些朝代发生在苗区的战乱就被当作苗族迁往滇东南和大陆东南亚北部的主要原因。但是，苗族向滇东南和大陆东南亚北部的迁徙并不始于唐代，而始于18世纪末19世纪初，因此，唐代到清朝中叶发生在苗区的战乱与苗族向滇东南和大陆东南亚北部的迁徙无关。另外，苗族向滇东南和大陆东南亚北部的迁徙并不仅仅是政治原因所促成，经济原因同样非常重要。本文在文献资料和调查材料的基础上，试对此进行分析，以期方家指正。

一、乾嘉苗族起事和"咸同变乱"引发的迁徙

从调查材料和文献资料反映的情况来看，18世纪末以后，苗族先后有两次向滇东南和大陆东南亚北部的较大规模迁徙。第一次发生在18世纪末19世纪初，有相当一部分苗族人口从贵州迁徙到滇东南和越南北部沿边一带，主要分布在当时的云南开化府安平厅沿边、越南宣光省和兴化省北部沿边地区。第二次发

生在 19 世纪六七十年代，有大量贵州等地苗族人口迁徙到滇东南，也有大量早先迁到滇东南的苗族人口迁入越南北部，还有大量来自各地的苗族人口迁入越南西北部和老挝。

以上两次较大规模的迁徙，主要都是政治原因所造成。其中，18 世纪末 19 世纪初的迁徙，主要是乾嘉苗族起事失败所引起；而 19 世纪六七十年代的大规模迁徙，则因“咸同变乱”所造成。

乾嘉苗族起事指乾隆末、嘉庆初的黔东湘西苗族起事，历时两年，最终被清军镇压。许多调查材料显示，较早迁徙到滇东南和越南北部的苗族人口，主要就是因为乾嘉苗族起事失败辗转迁徙而来。

从麻栗坡县董干镇龙堡寨的熊天美墓碑和河口县桥头乡老刘寨的李仕雄墓碑可以推断，苗族迁入麻栗坡、河口等地的早期时间当在 18 世纪末 19 世纪初，与乾嘉苗族起事失败的时间吻合。

《红河州民族志》根据 20 世纪五六十年代的调查材料说：“蒙自、屏边、河口等地的苗族多数因清嘉庆二年（1797 年）贵州铜仁府‘逐客民、复故地’的苗族起义失败后，于清嘉庆十一年（1806 年）逃来的。”[1]106《屏边苗族自治县志》也根据相关调查说：“嘉庆二年（1797 年），贵州‘驱逐客民’、‘夺回苗地’的苗族起义失败，参加起义的义军余部和一些群众逐渐向云南罗平、师宗、文山、蒙自、屏边一带迁徙”。[2]9 从笔者掌握的资料来看，《红河州民族志》所说“多数”一词并不可信，但根据调查材料，红河州东南部的一部分苗族人口因乾嘉苗族起事失败而迁入的说法是可信的。

越南学者琳心根据 1960 年前后越南各地调查材料写成的《苗族的迁徙和称谓史》中，提到苗族从中国迁入越南先后主要有三批。其中第二批共有 180 户左右的人家从中国分两路迁入越南境内：一路主要迁入河江省的同文县和黄树皮县境内；另一路主要迁入老街省的西马街和北河县境，其中一部分又迁徙到西北的泰族苗族自治区。这批迁入越南北部的苗族，到调查时已有 9 到 10 代人。[3]53-55 迁入时间可推算到 1800 年前后，与乾嘉苗族起事失败的时间吻合，他们应该就是因乾嘉苗族起事失败从贵州迁徙而来。

“咸同变乱”指咸丰、同治年间持续二十余年的全国大乱，云南、贵州等地各民族曾大量卷入其中，苗族也不例外，较著名的如贵州张秀眉起事、陶新春起事、滇东南各地和越南北部的苗族“白旗军”起事等。有关“咸同变乱”期间苗族人口向滇东南和大陆东南亚的大规模迁徙，有大量调查材料和文献资料可资说明。

宋恩常《云南苗族述略》根据1958～1960年在红河州各地苗族村寨的调查说："苗族迁来红河州的时间相仿，都有五至六代的历史。"[4]6雷广正《屏边苗族社会历史调查》根据1958年的调查材料说："屏边苗族都说他们是从贵州迁来的。根据一区五嘉乡农民马志良70多岁的祖父说：他们入居屏边已经六代。……对于迁徙的原因，……一种说，有一年天下大乱，为了生存逃到云南来。"[5]37从迁入时间推算，宋恩常和雷广正提到的这些因"天下大乱"而迁到红河州的苗族人口，迁入时间都可以推算到1870年前后，正是"咸同变乱"后期贵州各地苗族起事相继失败的时期，苗族中口耳相传的"天下大乱"，指的实际上就是"咸同变乱"。

熊玉有在《苗族文化史》中也说："屏边县新华乡多依树苗族传说自己是张秀眉起义失败后为避官府镇压，跋山涉水几千里从贵州迁徙而来。"[6]33 2008年，笔者委托熊柱石同学（苗族）对其家乡马关县仁和镇仁和村坡上寨苗族源流进行调查，该村杨正法老人告诉他，苗族迁来本地是因为张秀眉造反失败，大量苗族人口被杀，苗族于是四散逃往云南文山等地。

笔者2008年在麻栗坡县董干镇者挖村龙堡寨、猛硐乡坝子村岩脚上寨和下寨的调查则显示，"咸同变乱"期间，有大量苗族人口从滇东南等地迁到了越南北部。

在董干镇者挖村龙堡寨调查时，该寨熊明光向笔者介绍说，其先祖熊友德晚年及其儿子们当家时，发生了战乱，许多苗族人口纷纷逃往越南，熊家约有五分之三的人口在此期间逃到了越南。熊友德是苗族从贵州迁到滇东南的第二代，曾任本地官员，从其墓碑来看，去世于1867年，其晚年及其儿子们当家时的战乱，实际上就是"咸同变乱"。从熊明光讲述的情况来看，这场战乱曾导致麻栗坡县东部的大量苗族人口逃往越南。

在猛硐乡坝子村岩脚上寨和下寨调查时，两寨人口最多的王、张两姓老人介绍其先祖都因战乱从内地迁徙而来，都已有八九代人，从迁入时间推算，都在"咸同变乱"期间。猛硐乡与邻近的越南河江省黄树皮县都是苗族人口比较集中的地方，"咸同变乱"期间都属越南宣光省渭川州管辖，境内苗族人口中，相当一部分无疑就是"咸同变乱"期间由滇东南等地流入的，除了坝子村岩脚上下两寨王、张两姓外，后来成为猛硐世袭统治者的项从周也是"咸同变乱"期间（1863年，时年七岁）在其父亲项正清带领下从滇东南的西畴等地迁来的。

越南阮朝所编《大南实录》正编第四纪有关1864～1873年的纪事中，多次提到苗族武装从中国进入越南北部和西北部、老挝东北部等地并与越军、泰国支援下的老挝琅勃拉邦王国相互争战的事件。[7]6294－6734 19 世纪末 20 世纪初以后，西方学者对越南北部和老挝等地苗族来源的调查也证实了这一点，[8]300－301 即苗族大批进入越南北部、西北部和老挝东北部主要发生于“咸同变乱”期间，也因“咸同变乱”而引发。

越南学者琳心在其《苗族的迁徙与称谓史》中提到：苗族从中国向越南的第三次迁徙到调查时（1960 年前后）已有六七代人，是苗族从中国迁入越南规模最大的一次，共有一万多人的苗族人口从贵州、云南等地迁到了老街省、河江省、安沛省和泰族苗族自治区（莱州省）以及其他各地。[3] 从时间上推算，琳心所说的这次苗族由中国向越南的大规模迁徙就发生在“咸同变乱”期间，无疑就是前述“咸同变乱”所造成的迁徙。

总之，乾嘉苗族起事失败和“咸同变乱”，都是苗族向滇东南和大陆东南亚北部迁徙的重要政治因素，因为这两次战乱特别是“咸同变乱”引发了苗族向滇东南和大陆东南亚北部的大规模迁徙。但滇东南和大陆东南亚北部的苗族人口，并不都是因为政治原因迁徙而来，相反，相当数量的人口主要是因经济原因迁徙而来，特别是和平年代的持续迁徙，如 19 世纪初到 19 世纪中叶、19 世纪 70 年代末到 20 世纪中叶的迁徙，主要都是因经济原因而引起。导致苗族向滇东南和大陆东南亚迁徙的经济原因主要有二：一是刀耕火种的耕作方式所使然；二是玉米的引进和推广所促成。

二、刀耕火种生产方式所导致的迁徙

众所周知，苗族是一个以农耕为生的民族，但历史上，相当一部分苗族人口所从事的并非精耕细作的定居农耕，而是迁徙不断的刀耕火种游耕。刀耕火种游耕，最主要的特点就是砍树烧山、经常迁徙。具体做法是，每年冬春之际，先在村寨附近选好一片山林，将树木杂草砍倒晾晒，晒干后放火焚烧，烧过的草木灰即作为肥料，然后点种农作物。农作物生长过程中一般不施肥，第一二年因为有草木灰作为肥料、土地在大火烧山过程中变得疏松、各种虫子虫卵也在烧山过程中被烧死而很少有病虫害，因而农作物的长势非常好，收成很不错。但两三年以后，土地肥力下降，收成越来越差，耕种这些土地越来越不足以维持基本生存，人们于是将这样的土地抛荒若干年以恢复地力，重新寻找山林再行砍树烧山。一旦村寨近处的山林已经被砍光烧光，不再有足够供养全村人口的土地和山林时，一些人家就必须搬家，迁徙到有足够山林可供开垦的地方建村，继续从事同样的生产。因而，在过去的长时期中，经常有相当一部分苗族人口处于迁徙状态，即使没有战乱发生，迁徙也在不断地进行。

苗族中盛行的这种刀耕火种游耕，在不同地区持续的时间有所不同。在贵州地区，“有充分的民族学资料表明，直到清代末期，贵州大地上仍大量盛行‘刀耕火种’经济生活方式。20 世纪中叶，在贵州南部的月亮山地区、中部云雾山的高山半高山地带、西部的大小麻山地区、西北部的乌蒙山地区以及东北部武陵山地区的高山半高山地带，仍然见到这种经济生活方式的诸多文化印迹。”[9]在云南的丘北县等地，民国时期非常盛行这种游耕生活，宋恩常《云南苗族述略》引民国《邱北县志》说：“苗人……喜居箐林，烧火山种植，林败则迁，无定所。”[4]5在滇东南的屏边县等地，20 世纪 70 年代，刀耕火种的生产方式仍得到不同程度的保存，笔者少年时代就曾多次见证并参与过这种生产。而在大陆东南亚的许多苗区，这种刀耕火种的游耕农业一直持续至今。程方《中南半岛上的苗族》说：“在越南，苗族仍以刀耕火种的农业为主，……在老挝，苗族仍从事迁徙农业，逐年焚林以拓地兼取肥，后用棍棒戳坑撒种，待熟而获。居一、二年后，全寨弃旧地另觅新林复刀耕火种。……在泰国，苗族如同老挝苗族仍主要从事迁徙性的刀耕火种农业。”[10]85-86

苗族这种因刀耕火种生产方式而导致的迁徙，在滇东南的民间谚语中也有大量反映，如“千个水塘，万个屋基”“桃树开花，苗家搬家”等。其中以“桃树开花，苗家搬家”的流传最为普遍，形象地反映了苗族因刀耕火种游耕而不断迁徙的特点。即每年开春时节（桃树开花时节），往往有很多苗族搬离原居地，迁往别的地方。为什么选择桃树开花时节搬家？因为滇东南及邻近的大陆东南亚北部山区每到开春时节都较为干燥，正是砍山烧山的好时节，砍山烧山之后很快就是播种季节，桃树开花时节搬家正好与生产节令相吻合。

苗族因刀耕火种游耕而导致的迁徙，方向很明确，主要朝向能够提供更多刀耕火种山林的地方。对于 18 世纪末到 20 世纪中叶贵州等地从事刀耕火种的苗族人来说，滇东南和大陆东南亚北部就是最为理想的地方，这些地方山高地广，气候湿润，当时到处是尚未开垦的原始山林，可为迁来的苗族人口提供充足的刀耕火种山地。而且，山林中丰富的动植物资源又为兼事采集狩猎的苗族人提供了生活的补充。因而，当贵州等地苗族卷入战乱失败后，大量苗族难民迁徙的方向主要就是滇东南和大陆东南亚北部，即使在苗族没有卷入战乱的年代里，如 19 世纪初到中叶、19 世纪 70 年代末到 20 世纪中叶，仍有大量苗族人口源源不断地从贵州等地向滇东南和大陆东南亚北部迁徙。

与战乱引发的大规模、短时间迁徙不同，因刀耕火种游耕农业而导致的迁徙，往往规模很小，但涉及面广、持续时间长。就规模小而言，每一次的迁徙往往只有几户人家，甚至是单家独户地进行，但由于历史上以刀耕火种游耕农业为生的苗族人口众多、分布范围很广，因而迁徙的涉及范围非常广。而且，这种迁徙持续时间很长，从 18 世纪末开始，一直持续到 20 世纪中叶，在一个半多世纪的过程中，苗族向滇东南和大陆东南亚的这种迁徙一直没有停止过，直到中华人民共和国成立为止。

刀耕火种游耕农业导致的迁徙，总的来说也是一种循序渐进的迁徙，不像战乱引发的迁徙那样剧烈，因而很少引人注意，但这种迁徙也不像战乱引发的迁徙那样集中迁往某个地域，而是如同流沙渗入每个可以填补的空隙一般，向能够提供刀耕火种山林的各处山区和半山区渗透。因而，从较长时期来看，这种迁徙的规模和影响都是非常大的。从 18 世纪末到 20 世纪中叶，经过一个半世纪的迁徙，最终使得滇东南和大陆东南亚北部的广阔山区和半山区，到处都有苗族人口分布，对滇东南和大陆东南亚北部民族构成的变迁来说，其影响甚至超过了因战乱而引发的迁徙。

还有一个问题是，既然滇东南和大陆东南亚北部是从事刀耕火种农业的苗族的理想地域，为什么苗族从贵州向滇东南和大陆东南亚北部的大量迁徙主要发生于 18 世纪末到 20 世纪中叶，而不是更早呢？答案是：这与玉米的引进和推广密切相关。

三、玉米引进和推广所促成的迁徙

玉米在滇东南等地又称为包谷，原产于美洲，16 世纪西方大航海时代，被西班牙殖民者带到了其菲律宾殖民地并传入中国，清代时逐渐在云南各地推广开来。由于玉米对生长地的要求不高、耕种简便，广大山区半山区都可以种植，特别是滇东南和大陆东南亚北部相对较湿润的山区和半山区非常适宜，因而玉米的引进和推广，为这些地区的开垦开发提供了前所未有的历史机遇。

在玉米引进和推广以前，滇东南和大陆东南亚北部已经开垦开发的主要是灌溉条件较好的平坝和河谷地带，主要用于种植水稻，而广阔的山区和半山区，由于没有适合的粮食作物可供种植，因而大多处于未开发状态，到处林木茂密，人烟稀少。

但随着玉米的引进和推广，滇东南和大陆东南亚北部广大山区和半山区的经济价值日益显现，清代中叶以后，不断吸引着内地各省大量人口迁徙而来。“楚、蜀、黔、粤之民，携挈妻孥，风餐露宿而来，视瘴乡如乐土。故稽烟户，不止较当年倍蓰。”[11]而本地壮族、傣族土司由于缺乏劳动力，往往在收取一定“烧山吃水钱”后，将这些山地租给来自内地各省的流民垦种。到了道光年间，由于来自内地各省的流民越来越多，引起了有关官员的担忧，向道光皇帝上奏说：“云南地方辽阔，深山密箐未经开垦之区，多有湖南、湖北、四川、贵州穷民往搭寮棚居住，砍树烧山，艺种包谷之类。此等流民，于开化、广南、普洱三府为最多，请仿照保甲之例一体编查。”道光皇帝于是分别于1823年、1836年两次下令云南地方官进行稽查并编设保甲进行管理。[12]12-14

当贵州等地汉族人口纷纷前往滇东南“砍树烧山、艺种包谷”之时，长期盛行刀耕火种游耕农业并掌握了玉米种植技术的贵州等地苗族也不例外，也纷纷迁徙到滇东南和大陆东南亚北部山区开垦耕种，因而当1823年、1836年云南地方官两次对滇东南流民进行稽查时，也同时发现开化府安平厅沿边有“黔、粤苗民移居崖箐……散在沿边烟瘴之区，……樵种为生。”[12]12-14

玉米引进和推广对于苗族向滇东南等地迁徙的促成作用，还有许多事实能够说明：

第一，苗族向滇东南和大陆东南亚北部迁徙的时间主要发生在18世纪末到20世纪中叶，与内地各省大量汉族人口迁徙到滇东南“砍树烧山、艺种包谷”同时，与玉米在这些地区的引进和推广时间吻合。

第二，在谈到先祖从贵州等地迁徙到滇东南的原因时，很多苗族老人都会提到因为这些地区适合种植玉米，先祖才从贵州等地迁徙而来。

如雷广正1958年在屏边调查时，苗族老人告诉他：“从前有人到文山，看到云南山高地广，便回去宣传说，云南地很多，包谷长得好，谷杆结包谷，顶上长稻子，根下有洋芋，于是很多人都跟着到云南来了。”[5]37 2009年初笔者在麻栗坡县董干镇马崩村调查时，该村老支书也提到了类似的说法，称苗族先祖之所以从贵州迁到这些地方，一个重要原因是“这些地方非常肥沃，种包谷非常好，三棵包谷杆拉拢拴在一起，人爬上去都压不倒”。

第三，早期史料涉及滇东南苗族所种植的粮食作物时，所提到的往往主要就是玉米。如清末贺章宗在其《幻影谈》中提到滇东南苗族的主要粮食作物为包谷和红薯。[13]134再如宋恩常《云南苗族述略》引民国《新编麻栗坡地志资料》的记载说：“其类多由贵州而来，以种玉蜀黍为业。”[4]4

第四，迁到滇东南和大陆东南亚北部的苗族，他们所分布的地方主要是适合种植玉米的山区和半山区，直到今天，所种植的粮食作物仍然以玉米为主。

笔者与王金顺同学根据20世纪80年代相继编成的文山州八县《地名志》统

计，共统计到 2 750 个苗族村寨（包括杂居村寨，下同）。其中，分布在山区和半山区的共 2 658 个，占 96.7%。统计到的苗族村寨大多以种植玉米和水稻为生。其中，以种植玉米为主的村寨共 2 374 个，比例为 86.3%；而以种植水稻为主的村寨仅 376 个，比例仅为 13.7%。在以种植玉米为主的村寨中，有 1 195 个村寨所耕种的土地全部是旱地，没有稻田，所种粮食作物几乎全部是玉米，这类村寨占苗族村寨的比例高达 43.5%。文山州苗族人口绝大部分分布在山区和半山区、主要以种植玉米为生的情形并不是现在才形成的，而是迁来之时就已如此，说明正是玉米的引进和推广，使他们得以迁往适合种植玉米的这些地区。

四、结　语

综上所述，18 世纪末到 20 世纪中叶苗族从贵州等地向滇东南和大陆东南亚北部的迁徙，是政治、经济因素综合作用促成的结果。政治方面，乾嘉苗族起事的失败和“咸同变乱”，引发了苗族向滇东南和大陆东南亚的两次大规模迁徙。经济方面，刀耕火种的游耕农业，使相当一部分苗族人口长期处于迁徙状态，不断寻求新的刀耕火种山地，而滇东南和大陆东南亚北部尚未开垦的广大山区和半山区遂成为理想的选择。同时，适合于山地种植的玉米的引进和推广，则直接促成了 18 世纪末到 20 世纪中叶苗族人口向滇东南和大陆东南亚北部的持续迁徙。经过一个半世纪的持续不断迁徙，到 20 世纪中叶时，苗族最终成为滇东南和大陆东南亚北部人口众多、分布范围非常广泛的民族群体。

（致谢：本文所列文山州苗族村寨数据由王金顺同学帮助整理完成，而部分调查资料在熊柱石同学的协助下完成，在此一并表示感谢！）

参考文献：

[1] 红河州民族志编写办公室：《云南省红河哈尼族彝族自治州民族志》，云南大学出版社 1989 年版。

[2] 屏边苗族自治县志编纂委员会：《屏边苗族自治县志》，新华出版社 1999 年版。

[3] [越] 琳心著，范宏贵译：《苗族的迁徙与称谓史》，《民族译丛》1984 年第 6 期。

[4] 宋恩常：《云南苗族述略》，载《云南苗族瑶族社会历史调查》，云南省编辑委员会编《民族问题五种丛书》，云南民族出版社 1982 年版。

[5] 雷广正：《屏边苗族社会历史调查》，载《云南苗族瑶族社会历史调查》，云南省编辑委员会编《民族问题五种丛书》，云南民族出版社 1982 年版。

[6] 熊玉有：《苗族文化史》，云南民族出版社 2003 年版。

[7] [越]《大南实录》，[日] 庆应义塾大学言语文化研究所发行，1980 年。

[8] 何平：《中南半岛民族的渊源与流变》，民族出版社 2006 年版。

[9] 贵州省民委：《贵州少数民族的传统经济生活方式》，贵州省民委网站，2009 - 06 - 04。

[10] 程方：《中南半岛上的苗族》，广西民族学院民族研究所编印《民族研究集刊》1987 年第 1 期。

[11] [清] 李熙龄：《道光广南府志卷二·民户》。

[12] [清] 伊里布：《遵旨稽查流民酌议章程奏》，载方国瑜主编《云南史料丛刊》卷九，云南大学出版社 1998 年版。

[13] 贺章宗：《幻影谈》，载方国瑜主编《云南史料丛刊》卷十二，云南大学出版社 1991 年版。

（原文发表于《文山学院学报》2010 年第 1 期）

苗族向滇东南和大陆东南亚北部迁徙的方式与特点

娄自昌　蒙永乐

摘　要：苗族从贵州向滇东南和大陆东南亚北部的迁徙有许多鲜明的特点：既有因战乱引发的短时期内的大规模迁徙，也有因经济原因引发的零散但持续不断的迁徙；主要迁往山区和半山区，而很少迁到河谷、平坝和城镇；迁来后，有的很快实现定居，有的仍长期迁徙不定；迁徙方向主要朝向西南，但也普遍存在着从大陆东南亚向北迁入滇东南或从滇东南返回贵州的情况；迁徙中既形成了与滇东南和大陆东南亚北部各族大杂居的局面，也形成了许多小聚居的局面。

关键词：苗族迁徙；方式和特点；滇东南与大陆东南亚

苗族从贵州等地向滇东南和大陆东南亚北部的迁徙主要开始于18世纪末19世纪初，持续到20世纪中叶，经过一个半多世纪的迁徙，苗族最终成为滇东南和大陆东南亚北部分布范围非常广阔、人数众多的民族。在苗族向滇东南和大陆东南亚北部的迁徙过程中，有许多迁徙方式和特点。本文在文献资料和调查材料的基础上，试对此进行归纳概括，不当之处，望方家指正。

一、战乱与经济因素促成的两种迁徙

苗族向滇东南和大陆东南亚北部的迁徙，既有因战乱引发的大规模迁徙，更有因经济因素促成的零散但却持续不断的迁徙，两种迁徙都很重要。

因战乱而引发的大规模迁徙主要有两次，一次发生在乾嘉苗族起事失败之后，一次发生在1855～1874年的“咸同变乱”期间，以“咸同变乱”期间的迁徙规模最大。

乾嘉苗族起事于1795～1796年发生于黔东湘西地区，虽然时间不长，但参与人数众多、波及范围广、与清军的对抗烈度非常大。调查材料表明，乾嘉苗族起事失败后，曾有许多卷入其中的苗族人口成批地逃离原居地，迁往千里之外的

滇东南和越南北部沿边地区，并构成了这一地区较早的一批苗族人口。[1]51-55

1855～1874年的“咸同变乱”，贵州苗族、早先迁到滇东南和越南北部的苗族都有大量人口卷入其中，如贵州张秀眉、陶新春起事，滇东南和越南北部的多支苗族“白旗军”起事等。在近二十年的长期大乱中，大批苗族难民、失败了的苗族武装纷纷从贵州等地迁入滇东南，或从滇东南迁入越南北部、越南西北部和老挝境内，构成了这些地区苗族人口的重要来源。[1]51-55

因战乱引起的迁徙，规模很大，每个迁徙的队伍往往有几百人、上千人，甚至有几千人上万人，因而非常引人关注，在苗族自身和迁入地其他民族中长期口耳相传，过了很多代人以后，人们都还记得这些事，因此，很多关于滇东南和大陆东南亚北部苗族来源的调查中，受调查老人都会谈到“有一年天下大乱”“张秀眉造反”“白旗造反”等事件。[1]51-55

但因战乱引发的迁徙不常见，战乱一结束，这样的迁徙往往就停下来了，而和平年代的自发零散迁徙却仍持续不断。

如19世纪初因乾嘉起事失败引发的较大迁徙结束后，苗族仍不断从贵州等地迁到滇东南和越南北部，一直持续到19世纪中叶；再如“咸同变乱”引发的大规模迁徙结束以后，苗族从贵州等地向滇东南和大陆东南亚北部的迁徙仍持续不断，一直延续到20世纪中叶。[1]这些迁徙主要都是和平年代的迁徙，也都是自发的、相对零散的迁徙，每个迁徙的队伍可能只有几户人家、十几个人或二十几个人，加之主要在远离村镇的山区迁徙，因而并不引人注意，对于迁徙的情况，相关文献很少有记载。但这种迁徙却是非常重要的，因为这种迁徙涉及面广，持续时间长。从较大范围、较长时期来看，这种迁徙的规模是非常大的，对滇东南和大陆东南亚北部民族构成的变迁、广大山区的垦辟，影响都是非常大的。

二、主要迁往山区而非河谷平坝

滇东南和大陆东南亚北部的苗族主要分布在山区和半山区，分布在平坝和河谷的情况很少见。

笔者与王金顺同学（苗族）根据20世纪80年代编成的文山州各县《地名志》进行统计，共统计到文山州8县苗族村寨（包括杂居村寨）2 750个。其中，分布于山区、半山区和高寒山区的共有2 658个，比例高达96.65%；而分布于河谷平坝的仅有92个，仅占苗族村寨的3.35%。从滇东南苗族人口分布较集中的县来看，也主要是山区半山区范围极大的那些县。笔者根据2000年的人口普查数据统计，滇东南苗族人口比例达到或超过15%的县共有6个，分别是屏边县（40.5%）、金平县（25.6%）、马关县（21.2%）、麻栗坡县（17.0%）、丘北县（15.4%）和河口县（15.0%），上述6县中，除了丘北县以外，其余5县几乎全为山区和半山区，基本上没有平坝。总之，滇东南的苗族主要是山地民族，分布在山区和半山区是滇东南苗族分布的最显著特点。

大陆东南亚的情况同样如此，大陆东南亚苗族最为集中的地方主要是越南西北部和老挝东北部的广大山区和半山区，而在越南红河平原和老挝湄公河谷地的苗族非常少。

滇东南和大陆东南亚苗族的这种分布特点，并不是最近才形成的，而是一开始迁来时就形成了这种局面。如当清朝云南地方当局最早于1823年发现开化府安平厅有来自贵州、广西的苗族移民时，这些苗族移民就是“移居崖箐”“散在沿边烟瘴之区”。[2]12-14清末湖南人贺宗章曾在滇东南为官，在其《幻影谈》中谈到滇东南苗族“边境土旷人稀，得自由于山中垦辟，筑土结茅以居，一生不入城市，各率子女自耕自食[3]134。民国《罗平县志》则称：“白苗，喜居山崖。……勤耕山地。”“花苗，性喜山石崖棚之地为屋。”[4]民国《马关县志》也说：“苗族……奔山越岭，捷于猿猱，故喜居高地。”[5]宋恩常《云南苗族述略》引民国《新编麻栗坡地志资料》称苗族“喜居高山”，引民国《邱北县志》说“喜居箐林”。[6]3-520世纪30年代熊秉信称金平县“山岭带则纯为苗民之村落”。[7]195-196越南《大南实录》有关明命时期（1820~1841年）和嗣德时期（1847~1883年）的纪事中，多次提到迁入越南不久的苗族，我们看到，《大南实录》所提到的这些苗族人口主要生活于越南北部和西北部的山区。[8]3017-7081

为什么苗族人口主要迁往山区半山区而不迁往城镇和河谷、平坝？这是多种因素综合作用的结果。首先，当苗族从贵州迁入滇东南和大陆东南亚北部地区时，这些地区自然条件较好的平坝和河谷已经有壮族、傣族等民族生活，可耕地已经基本上被开垦完毕，而滇东南和大陆东南亚北部的山区和半山区范围广阔，当时多是尚未开垦的山林和荒山，可资开垦以种植新推广的玉米等农作物为生。其次，迁到滇东南和大陆东南亚北部之前，苗族主要从事刀耕火种农耕与采集、狩猎相结合的生产生活，不善于经营工商业，迁往城镇则难以为生，迁往山区和半山区则与自身习惯了的生产生活方式相适应。再次，相当一部分迁往滇东南和大陆东南亚北部的苗族，其迁徙原因主要是为了躲避官府的盘剥欺压，由于特殊的经历，他们不愿意受官府管治，迁往远离政治中心的山区和半山区，则可尽量避免与官府打交道，起到减少官府盘剥欺压的作用。

正是多种因素的综合作用，当苗族从贵州向滇东南和大陆东南亚北部迁徙时，绝大部分人口都迁到了山区和半山区，形成了今天滇东南和大陆东南亚北部绝大部分苗族人口生活于山区半山区的事实。

三、迁来后的定居与继续迁徙

苗族迁到滇东南或大陆东南亚北部某地后，相当一部分人家随即定居下来。2008 年笔者在滇东南若干苗族村寨的调查中发现，这些村寨的相当一部分人家，远在中华人民共和国成立以前就已经实现了定居。

如麻栗坡县董干镇龙堡寨的熊姓苗族，自从先祖熊天美于 18 世纪末 19 世纪初从贵州悟川（疑为今务川县）迁来后，就一直生活在这里，虽然“咸同变乱”时龙堡寨熊姓三分之二左右的人口逃到了越南，但熊家的相当一部分人口一直生活在龙堡寨及邻近村寨，至今已达 200 年。再如麻栗坡县猛硐乡坝子村岩脚上下两寨的张姓（两寨第一大姓），自从先祖佑泽（音译）于 19 世纪 70 年代迁来以后，就一直生活在岩脚上下两寨，至今已 130 余年、前后已有 8 代人。再如屏边县新现乡田心村六塘子寨的邓姓（该寨第一大姓）苗族，自从先祖于 1875 年左右从“小朝”（越南）迁来此地建寨定居后，就一直生活在本寨，至今 130 余年，前后 8 代人。

总之，苗族从贵州等地迁到滇东南和大陆东南亚北部不久后，相当一部分人家很快就实现了定居，长期连续生活在某个固定的村寨，从事相对较为稳定的农耕生活。

但是，相当一部分苗族人口迁来后，并不定居，而是在某地居住若干年后，又迁往别的地方，有的一代人就要迁几处地方，有的辗转迁了若干地方以后，又重新迁回到原来的村寨。调查中，这样的事例非常多。

如熊秉信 1938 年在其调查报告中谈到金平一带苗族时，称“苗人在此虽亦有百年之久，然时来时去，居处不定。[7]

笔者 2008 年在麻栗坡县猛硐乡坝子村岩脚上寨调查时，该寨王姓（本寨第二大姓）老人王有华（1929 年生）介绍了先辈的迁徙经历：王姓先辈先是迁到麻栗坡县八布乡一带，到王有华父亲的曾祖父时从八布迁来岩脚上寨，生活若干年后，又辗转迁徙到越南，并在越南迁了好几处地方，几代人的坟墓都在越南，但到王有华父亲当家时，又从越南迁回岩脚上寨，最终在此定居。

1998 年版《富宁县民族志》列举了木令村主任朱富发所说的先祖迁徙事迹，说：“先祖有朱、杨两姓老表因苗族起义失败，被官兵追赶，从贵州跑到云南红河两岸住十多二十年，又被当地土官没收田地，再逃到广南府马街南劳坝住五十多年。后听说木令地方好，……再迁到木令村木浪寨。”[9]312

总之，20 世纪中期以前，迁到滇东南等地的苗族仍有相当一部分长期处于迁徙状态，难以实现定居，并因此在滇东南留下了“桃树开花，苗家搬家”“千个水塘，万个屋基”“老鸹无树桩、苗家无地方”等谚语。

迁到滇东南和大陆东南亚北部的苗族之所以仍长期迁徙，主要是他们所从事的刀耕火种生产方式所使然。刀耕火种生产方式的特点主要就是“砍树烧山”、以草木灰作肥料，第一二年收成很好。但由于不施肥，地力下降很快，几年后，原耕种土地就必须放荒，重新寻找新的刀耕火种山地，使得从事这种生计的苗族人口需要经常迁徙。

由于历史上形成的迁徙习惯，即使在 20 世纪 50 年代政府帮助实现定居以后，仍有很多苗族人家在某地遇到困难后就迁往其他地方。《屏边苗族自治县民族志》说：“（20 世纪）50 年代末期，由于出现了瞎指挥、浮夸风等错误，农民吃粮十分紧张，导致相互串联要求搬家。1956 年，白云、和平两区苗族有向外搬家倾向，仅九个乡（相当于现在的村委会——引者注）就有 166 户要求搬家。其他区乡也有搬家现象，如牛碑乡共有 195 户，其中苗族 135 户，合作化到 1956 年搬走的有 25 户，没有搬的则采取观望态度。搬家问题发生后，县委专门派了两个县级的民族干部进行了调查研究，反复召集各种会议，耐心地进行说服教育，……大部分搬去的又搬回来了。‘文化大革命’中，……各族人民生活水平下降，不能维持温饱，再次出现群众搬家现象，其中苗族占 90% 以上。据不完全统计，自 1968 年至 1975 年搬出县外的有 1 206 户，近一万人。他们迁到了师宗、罗平、文山、开远、河口、金平、马关等市县。1975 年底，县委和县革委专门成立了回迁工作领导小组，组织了 123 名干部分片做工作，花费资金 24 万余元，经过将近一年的紧张工作，……大部分已迁回屏边。”[10]178

经常迁徙的习惯，使得过去滇东南和大陆东南亚北部许多苗族人家的住房非常简单，大多为简易茅草房、杈杈房，也没有什么像样的家具，除了经济贫困的原因之外，很重要的一个原因就是：在经常迁徙的情况下，在住房上投入很多财力是非常不划算的，因为住房很难随着人的迁徙而搬走。

四、迁徙方向主要是西南，也有很多迁往北方或迁回贵州的情况

从苗族由贵州向滇东南和大陆东南亚北部迁徙的路线来看，可明显看到迁徙方向主要朝向西南。即由贵州往西南迁徙到滇东南，再由滇东南往西南迁往越南西北部和老挝等地，有的又从老挝往西南迁往泰国北部等地。

造成苗族由贵州向西南方向迁徙的原因，主要是地理条件使然。从地理条件来看，从贵州到滇东南再到大陆东南亚北部，越往西南，越是崇山峻岭或深山老林，人烟越稀少，开垦程度越低，对于从事刀耕火种山地游耕兼以采集、狩猎为生的苗族人来说，越往西南走，可资开垦为玉米地的山林和荒山越多，可资利用的野生动植物资源也越多。这无疑是造成 18 世纪末以后苗族从贵州不断往西南的滇东南和大陆东南亚北部迁徙的重要诱因。

但除了向西南方向迁徙外，还有相当一部分苗族人口在进入滇东南和大陆东南亚北部之后，又从大陆东南亚往北迁入中国，或从滇东南等地迁回贵州。

从越南迁入中国的情况很多，在此略举两例。

其一，红河州屏边县西部的部分苗族人口主要就是从越南北部往北迁徙而来。根据岑毓英 1874 年底的奏稿《攻克开化府属大窝子贼巢片》，1874 年九月时，原在越南北部沿边保胜老街一带活动的苗族武装千余人北渡红河，攻占了大窝子（今屏边县城）、新现（今屏边县新现乡）等地。[11]410 虽然这股苗族武装最终被岑毓英调兵击溃，但无疑有相当一部分人口散落在了屏边中西部的崇山峻岭中。2008 年初笔者对屏边县新现乡田心村六塘子寨苗族来源进行调查时，老支书邓加元介绍说，最早迁来的是其父亲的曾祖父，来自“小朝”（即越南），当时邓家共有三兄弟随族人一起迁来，后被打散，其父亲的曾祖父遂到六塘子建寨居住。从迁入时间推算，邓加元父亲的曾祖父无疑就是岑毓英奏稿中提到的 1874 年九月从越南西北部攻入屏边的苗族武装的一员。

其二，2009 年初笔者在麻栗坡县董干镇马崩村调查时，当地王老支书和现任顾支书都介绍了自家先祖迁徙的情况，他们都说祖先来自贵州，但最初并非迁到马崩村，而是迁到邻近的越南河江省同文（当地读“董奔”）县、苗旺县等地，后来又从同文县、苗旺县迁入中国境内。

从滇东南迁回贵州的情况也很多。

陈定秀 1991 年《黔西南苗族概述》介绍说：贵州省黔西南州的 16 万多苗族人口中，约四分之一即 4 万多人的先祖是从滇东南迁徙去的。主要有三支：一支自称“蒙铺”，他称“白苗”，约有 3 万人，在黔西南州 8 个县都有分布，从云南蒙自等地迁来，迁来时间在 5 代或 6 代人不等；另一支自称“蒙嫩”，他称“红苗”，约有 1 万人，从云南迁入时间无确凿证据可查，至今与云南文山、麻栗坡等地苗族联系频繁；第三支自称“猛咋”，他称“小花苗”或“花苗”，约 130 户 800 人。……该苗族迁入黔西南的最早时间也无据可查，迁来的地方也各不相同。[12]40－41

2009 年笔者在麻栗坡县董干镇者挖村龙堡寨调查时，龙堡寨的熊明光向我们介绍说：最早从贵州迁到本地的是其先祖熊天美，但到熊天美的孙辈时，一些人又返回贵州，如熊天美侄子熊友富的两个儿子熊正林、熊正才都与部分族人一起回到了贵州。据说他们的后代曾在贵州做了大官，他们的后人在前些年还从贵州回到云南麻栗坡龙堡寨寻找祖坟，认祖归宗。

总之，苗族向滇东南和大陆东南亚北部的迁徙，迁徙方向主要朝向西南，但从大陆东南亚的西南向北迁入中国、从滇东南迁回贵州的情况也很普遍。

五、大杂居与小聚居

如前所述，在苗族从贵州向滇东南和大陆东南亚北部迁徙时，滇东南和大陆东南亚北部自然条件较好的河谷、平坝已经有壮、傣等民族居住，再加上苗族主要从事刀耕火种的山地游耕，因而苗族主要迁往滇东南和大陆东南亚北部的山区和半山区，与这些地区的壮、傣等族形成了立体分布的格局。另外，在滇东南和大陆东南亚北部的山区和半山区，苗族迁来之前，主要分布着藏缅语族彝语支各族如彝族、哈尼族等，在苗族迁来的同时，又有大量汉族人口、瑶族人口相继迁入，“砍树烧山、艺种包谷之类。”[2]12-14 苗族遂与这些山地民族形成交错杂居的格局。

直到今天，苗族与滇东南和大陆东南亚北部其他民族或呈立体分布格局，或交错杂居的局面仍继续存在。就立体分布格局而言，滇东南有一谚语称：“壮族傣族住水头、汉族住街头、苗族住山头、瑶族住箐头。”虽然不全面，但反映了滇东南各民族立体分布的大致情形。就与山地各民族交错杂居而言，情况更是如此。滇东南多数县、乡和行政村的山区、半山区，往往都是多民族交错杂居的地方，既有苗族，也有汉族、彝族或其他民族，单纯一个民族分布的县和乡、镇是很难找到的，单纯一个民族分布的行政村也不多。即使在自然村寨中，苗族人口与其他民族杂居的情况也很普遍。

笔者与王金顺同学根据文山州八县《地名志》统计到的全州 2 750 个苗族自然村中，除富宁县的 211 个未统计是纯苗族村寨还是杂居村寨外，其余七县的 2 539 个统计了纯苗族自然村和杂居自然村的情况，共有 802 个杂居自然村，占七县苗族村寨的 31. 6% 。在杂居自然村中，与汉族杂居的自然村最多。统计到具体杂居民族的五县（丘北县、文山县、西畴县、麻栗坡县、马关县）苗族杂居自然村共 588 个。其中，有苗族与汉族相互杂居的共 486 个，占五县苗族杂居自然村的 82. 7% ；纯苗汉杂居（没有其他民族）自然村 345 个，占五县苗族杂居自然村的58.7%。除汉族外，还有很多苗族与彝族、壮族、瑶族相互杂居的自然村。

存在着众多苗族与汉族、彝族、壮族、瑶族杂居自然村的事实说明，滇东南苗族与汉族、彝族、壮族和瑶族等民族的关系总体是和睦、友好的，即使在小小的自然村中，也能长期和平相处，民族关系总体还不错。

除了大杂居局面外，苗族在迁徙到滇东南和大陆东南亚北部的过程中，也形成了许多小聚居的局面。如文山州广南县南部的八宝、黑支果、南屏、珠琳，富宁县西南部的木央、睦伦，麻栗坡县东部的董干、马街、新寨和西南部的猛硐，马关县东南部的夹寒箐、都竜、小坝子、金厂，文山县南部的杨柳井，砚山县西部的阿舍、平远，丘北县西部的新店、舍得、曰者，红河州河口县东部的桥头，屏边县东部的白云、和平、新华，蒙自县东部的老寨、期路白，金平县西北部的铜厂、营盘、老勐，等等，这些都是滇东南苗族人口相对较为集中的乡镇。就大陆东南亚情形而言，则以越南西北部的河江、老街、莱州等省和老挝东北部各省最为集中。

参考文献：

［1］娄自昌：《18世纪末~20世纪中叶苗族向滇东南和大陆东南亚北部迁徙的政治与经济因素》，《文山学院学报》2010年第1期。

［2］［清］伊里布：《遵旨稽查流民酌议章程奏》，载方国瑜主编《云南史料丛刊》卷九，云南大学出版社1998年版。

［3］贺章宗：《幻影谈》，载方国瑜主编《云南史料丛刊》卷十二，云南大学出版社1998年版。

［4］《民国罗平县志》，卷四《诸夷》部分“白苗”条、“花苗”条，云南省图书馆藏。

［5］《民国马关县志》，卷二《夷族琐记》部分“苗人”条。

［6］宋恩常：《云南苗族述略》，载《云南苗族瑶族社会历史调查》，云南省编辑委员会《民族问题五种丛书》，云南民族出版社1982年版。

［7］熊秉信：《云南金河上游之地文与人文》，载方国瑜主编《云南史料丛刊》卷十二，云南大学出版社1998年版。

［8］［越］《大南实录》，［日］庆应义塾大学言语文化研究所发行，1980年版。

［9］吕正元、侬贤生：《富宁县民族志》，云南民族出版社1998年版。

［10］屏边苗族自治县民族事务委员会、县志办公室：《屏边苗族自治县民

族志》，云南大学出版社 1990 年版。

[11] [清] 岑毓英:《攻克开化府属大窝子贼巢片》，载方国瑜主编《云南史料丛刊》卷九，云南大学出版社 1998 年版。

[12] 陈定秀:《黔西南苗族概述》，《贵州民族研究》1991 年第 1 期。

（原文发表于《文山学院学报》2009 年第 3 期）

边疆边境地区汉族婚俗调查*

——以云南省麻栗坡县董干村委会八里坪村民小组为例

何廷明

摘　要：恋爱、婚姻、家庭是人生大事，是社会稳定的基础。随着时代的推进，传统婚俗在逐渐消失，挽救文化遗产迫在眉睫。本文以中越边境麻栗坡县董干村委会八里坪村民小组的汉族婚俗为调查对象，对八里坪村汉族传统的婚俗情况进行了记录与分析。

关键词：汉族；婚姻习俗

八里坪村民小组隶属于云南省麻栗坡县董干镇董干村委会，位于麻栗坡县城东北部，距县城113千米，距董干镇政府所在地1.3千米，距中越边境线20多千米，是一个汉族聚居的村寨。全村有90户农民共353人，以种养殖业、外出务工为主要经济来源，是麻栗坡县自然条件比较好的村子之一。该村民风淳朴，在婚姻习俗方面，保留了很多传统特点。笔者在参与课题“当代中国边疆基层经济社会发展典型调查·云南部分”的调研过程中，对八里坪村的婚俗进行了走访调查。

一、婚前准备

恋爱。新中国成立前，八里坪村大部分人订小婚，又叫“娃娃亲”，即孩童时期时就由父母包办订婚，不管男女双方是否愿意，多数人新婚之夜才相互见面。如果婚前反悔，则按照“女方反悔退彩礼，男方反悔彩礼空”的习俗了事。这一习俗沿用至今。新中国成立后，按照国家颁布的《婚姻法》，儿女的婚事由儿女做主，自由恋爱，反对包办，小婚即不复存在。一般男子十八九岁、女子十

* 本文为国家社科基金规划项目“当代中国边疆基层经济社会发展典型调查·云南部分”阶段性成果。

六七岁开始自己接触、认识异性，或经亲朋介绍认识。经过交往，双方如有意，则各告知父母，由男方家托媒人到女方家提亲，以确定恋爱关系。以前确定恋爱关系前要先请“先生”看属相，算“八字”，看是否相克。现在的年轻人不相信“八字”，只要两个人合得来即可，很少去找算命先生测算。

说媒。说媒又叫“走媒”。通常，男方相中女方后，男方的父母即托请经验丰富且能说会道的长辈或同辈妇女即媒人（又称“媒婆”）到女方家提亲。媒人向女方父母述说男方的村寨和家庭条件，夸赞男方勤劳、懂事、有礼貌，目的是要坚定女方父母的决心。如果女方父母无意见，男女双方继续交往，农忙时还互相到对方家帮忙做农活，以增进了解。如果女方及其父母不同意，即找托词婉言相拒。媒人时常往来于男女双方家，与双方父母交换意见，极尽所能撮合这桩婚姻。男女双方再经过一段时间的交往、了解，基本无异议后，男方父母即催促媒人到女方家约定日期下聘礼、订婚。女方家父母则请媒人转告男方家订婚时需哪些彩礼和数量。

传槟榔。传槟榔又叫“烧香”，即订婚、下聘礼，有的又叫“吃槟榔酒”。下聘礼这天，男方家请押礼先生、媒人带着已定的礼金、礼物和一两套衣服前往女方家。礼物有一块猪宝肋肉、一只猪脚，俗称“一方一走”，酒10斤或12斤，香槟酒2瓶，香、纸钱、一对蜡烛、鞭炮、两包盐、两包茶、米、豆以及4大4小8个糯米粑粑，礼金以前是200元、400元，现在是几千元不等。用红纸将盐和茶包好并写上“山珍海味”，装酒的壶贴上用红纸写双喜字，糯米粑粑上写“三元及第、五子登科”等字样。所有的礼物均用红纸封条贴上。到女方家后，押礼先生将带去的东西摆放在正堂屋的桌子上，女方的兄弟双手交叉来抓茶并放在杯子里泡好，再端到神桌上敬献祖先。之后，双方就婚事进行交谈。谈妥后，女方家将男方家的礼金、礼物收下并开出女方的生辰八字，押礼先生就去烧香、烧纸钱、点蜡烛、放鞭炮，故传槟榔又叫“烧香”。这一天，女方家要请至亲及家族长辈，齐聚家中，摆席三至五桌不等，以告亲朋、乡邻。槟榔一传，即表示男女两家已结秦晋之好，男女双方从此生活有如槟榔甘甜而有回味。也有的在传槟榔这一天只烧香，女方家不开八字，待开八字时还要再去一次。男方家拿到女方的生辰八字后，找“先生”测算结婚日子，再请媒人去通知女方家。双方根据婚期作准备。男女双方要根据双方父母的年龄大小称呼大爹、大妈或叔、婶。

发喜柬。婚期定后，一般不会改变，男女双方家在距婚期20天左右的时间发出请柬，通知亲朋好友、小伴，届时来参加婚礼。女方家自备两个红柜子、一个木箱子，给新人婚后装衣物或贵重物品，同时采购女方的衣服等嫁妆。

二、婚　礼

从恋爱到结婚，有的几个月，有的一年、两年、三年不等。结婚一般要热闹三天，即过礼、发亲迎亲、回门，加上过礼前一天要向邻居借用桌子、板凳和碗筷，要请帮忙的吃一顿饭，迎亲后的第二天向邻居归还所借用物品，晚上回请帮忙饭，前后需四天左右的时间。

请帮忙饭。婚期来临，男女双方家为操办好婚宴，提前一天约请帮忙操办婚事、婚宴的总管、厨师等吃一顿晚饭。婚宴的安排由总管负责。总管对前来帮忙的人进行细致的分组分工，诸如请客留客、采买、拣菜洗菜、烧火、做菜、煮饭、摆碗、收碗、洗碗等，每组确定人负责。以前靠总管逐人分派，现在是将分组分工的名单写在纸上张贴于醒目处，使前来帮忙的人一看便清楚自己的职责。

这一天，男女双方家均要将房前屋后及室内卫生进行整理，所有房门均贴上喜庆的大红对联，屋内墙壁、板壁贴上彩画，房屋被装扮一新，喜庆色彩浓郁。

过礼。过礼即结婚典礼的前一天，双方均设宴招待各自的亲朋好友。这一天是女方家的“正客”，即最热闹的一天。男方家去女方家过礼的一般是 9 人，即押礼先生、媒人、新郎、三男三女（迎亲的伴郎伴娘），礼物与传槟榔时一样，还有女方的衣物、礼金、银器饰品如银戒指、银手镯、银围腰链子、银耳环等，其中盐、茶不能少，否则就会闹笑话。过礼队伍快到女方家时，伴郎点燃鞭炮，意在告知女方家做好迎接准备。摆礼时，女方家一个兄弟双手交叉来抓茶并放在杯子里泡好，再端到神桌上敬献祖先。押礼先生将带来的蜡烛点燃一对放在女方家的神桌上，并将带来的礼物、礼金、衣物等依次摆放在正堂屋中的桌子上，一边摆放一边高声报出名称和数量，让女方家的亲朋好友观看、了解男方家送来了哪些东西。女方家则请至亲中德高望重之人来点收礼物。如果男方家的礼金、礼品来得多、来得重，一是显示男方家富有，二是表示男方家非常重视这桩婚姻，女方在男方家的地位很高。如此，女方及其父母在众亲友面前就显得很有面子。这就是为何会出现有的女方家向男方家索要过多彩礼的社会原因之一。如果女方家的收礼人和众亲友对男方家送来的礼物无异议，收礼人即代替女方家父母作主收下礼物并说些客套话，伴郎及时地递给收礼人一个红封，说明过礼很顺利。女方家也要将陪嫁物品摆出来让大家看一看，然后收好，待第二天发亲时一同带回。过礼结束后，女方家将大小粑粑各退回一个，酒也要退一点，意思是双方都图一个好。摆礼时，如果男方家未按女方家的要求带齐礼物，女方家的亲友就会与押礼先生论争，以此来捍卫女方的权利并刁难押礼先生。此时即是押礼先生展示口才的时候。押礼先生往往以各种理由推托，说得既有理又圆滑。在这种情况下，女方父母不便出面，一切均听由亲朋好友去论争。如果双方僵持不下，押礼先生就会作出让步，按女方家说的办，或派人回去取，或将物品折价，给钱了事。

如果男女双方家相距较远，所有去过礼、迎亲的人由女方家安排住宿；如果相距不远，去过礼的人晚饭后可返回，待第二天发亲前赶到新娘家迎亲即可。过礼这天，如果路途较近，新郎可去可不去，但如果去了就不能回来，必须在女方家住宿一晚。

过礼这一天，男方家请唢呐手一路吹着去，以示热闹。

改革开放前，由于八里坪村及周围村寨的经济条件普遍较差，女方家的陪嫁品多为红柜子、木箱子和少量衣物，又由于交通不便，女方的嫁妆全由人挑马驮运回男方家。改革开放后，女方的陪嫁逐渐由木箱柜过渡到皮箱、金银首饰、彩电、洗衣机等物，运输先采用拖拉机，后改为汽车运送。由于村里农户的经济条件普遍好转，男方家一般都可以按女方家提出的要求带齐礼物和礼金或经双方事先协商确定的彩礼数目及物品，因此，女方家一般很少有为难押礼先生的情况发生。

铺喜床。一般是在过礼这一天铺，但有的人家铺喜床要看日子、看时辰，因此，有提前铺的，也有在新婚当晚铺的。铺喜床要请家族或本村中德高望重、家中子女较顺利且儿孙满堂的两老来铺。铺床时，铺床者边铺边念："铺床铺床，儿孙满堂；一床不够，再铺两床。"以此祝愿新人婚姻美满，儿孙满堂。喜床铺好后，抱一个童子娃娃上去滚一下，暗示来年新郎新娘也生一个大胖小子。

梳新娘头。梳新娘头很有讲究，既要看时辰，也要请属相和八字与新娘不相冲的女性来为新娘梳头。梳头时要点燃新郎家带来的一对蜡烛，要给梳头的人一个红封。

发亲。发亲要看时辰，即在吉时发亲。新郎新娘何时从女方家出发，何时进男方家的门，都要遵守吉时，不得有误。发亲吉时到，押礼先生即告知女方家总管，经得女方家同意后，押礼先生即在女方家堂屋的神桌上点燃蜡烛，烧纸钱，迎亲的按男左女右站好，伴娘请出新娘与新郎一起站好，再请新娘的父母坐好，然后押礼先生高声宣布：结婚典礼开始！新郎新娘开始拜天地、拜高堂、拜亲人。即新郎新娘跪拜女方家的祖先牌位、父母和来宾，或鞠躬。新郎对女方家的祖宗牌位行三拜九叩之礼，礼毕即得到女方家的认可，表示从此名正言顺地成为女方家的姑爷。"文革"时期，家家户户正堂屋都悬挂毛主席像，新郎新娘要向毛主席像敬礼或鞠躬，改革开放后又恢复到跪拜祖宗牌位。从这一天起，新郎要改口叫女方的父母为爹、娘或爸、妈。接下来请女方父母讲话，主要说些祝愿的话，如嘱咐女儿女婿“要听父母的话”“夫妻要团结和睦，勤劳致富”“早去早发财”等，封赠几句，然后退堂起程，伴郎点燃鞭炮，意在告知女方家众亲友，新娘从此将跟随新郎开始新的生活了。

哭别。临行前，新娘痛哭着依依不舍地与父母、兄嫂、弟弟、姐妹及亲友告别，以示对父母的感恩，对娘家的留恋。母亲亦哭，舍不得女儿出嫁，担心女儿离开娘家到了婆家是否会遇到不开心的事。但现在的新娘很少哭了。

送亲。以前，新郎骑马，新娘坐轿。改革开放前，迎亲多为步行，也有新郎新娘骑马的。改革开放后，视路途远近，男方家可包租拖拉机、微型车或者中巴车。近年来，请轿车的也有了。在路途中，新郎、新娘均在衣袋里装一面小镜子，用来照妖压邪。

新娘家的送亲队伍，一般是新郎家来多少人，新娘家就去多少人，但如果新郎家请车来，新娘家送亲的人就会多去一些。新娘家的送亲人员，年长的主要是本家大妈，或者姨妈、舅母一至二人，陪娘或伴娘二人，弟弟、妹妹、表弟、表妹等数人。新郎家要待送亲队伍为上宾，要安排好他们的吃、住，不得怠慢，否则会给娘家人留下不好的印象。

退车马。迎亲队伍快到时，新郎家便点燃鞭炮表示欢迎。新郎新娘在大门外站好，“先生”为其退车马，即驱邪，意即将沿途跟来的鬼魂赶走。男方家在大门口摆一张桌子，桌上摆香蜡纸烛、一个刀头、四杯酒、两盘豆腐，“先生”吟五方车马词，每吟完一方就洒点酒、五谷、草料、小硬币、碎瓦渣，说些驱邪、吉利和鼓励新人今后努力、勤劳致富的话语。事毕，新郎、新娘进门。有的人家不请退车马先生，用一张红纸条幅写上“姜太公在此”贴于正堂屋中间的楼梁上，拜完堂即取下，晚上给已故祖先烧包时一起烧掉。这一习俗至今如此。

牵亲。新郎家事先在大门槛内侧点上七芯灯（灯油碗里放上七根灯芯），上放一把筛子罩着，新娘由铺喜床的两老左右牵着从上面跨过，进入正堂屋。堂屋的桌子上摆放着一个斗，内装谷子，盖上一块红布，上插一把剪子。据当地人讲，这是祖上传下来的习俗，至于表示什么意思也不大清楚。

拜堂。新郎新娘在正堂屋里站好后，由司仪主持，跪拜男方家祖先、高堂、亲友。“文革”时期是向毛主席像敬礼或鞠躬。仪式完毕后送入洞房，新郎的妹妹或侄女、侄儿抬水来给新娘洗脸、洗手，新娘要给抬水者一个红封。

吃喜糖。新娘洗脸毕，男方家亲朋好友的小孩纷纷到新房门口向新娘要喜糖吃，并根据各自的辈分称呼新娘大妈、婶婶、舅母、嫂嫂等，目的是认亲和讨点喜气。男方家好奇的亲戚也纷纷前来凑热闹，都想来看看新娘长得怎么样。整个场面充满喜庆气氛。

这一天是男方家的正客或称正酒，非常热闹。婚宴一般在十多桌至二三十桌不等，每桌八人。

闹新房。晚饭后，从新郎新娘抬热水给老祖或爷爷、奶奶、父母以及至亲长辈洗脚并开始闹洞房。每给一个长辈洗脚，新娘都要敬上一双新鞋子，长辈们要给点钱作为见面礼。至亲长辈多的，新娘往往要准备二三十双新鞋子。改革开放前，新鞋子一般都是新娘在传槟榔以后自己纳鞋底做的布鞋。如果男方家的长辈多，新娘就请小伴或家人一起做。结婚时新鞋做得越多，新娘就会被认为非常能干；做得越好，就会被认为越灵巧。改革开放后，随着商品经济的发展和人们观念的改变，新娘大都不做布鞋了，新鞋子都是到市场上去买的布鞋。新郎新娘抬水给父母及长辈洗脚时，小伴往往会抓些灰烬或脏东西丢进洗脚盆里，使脚总是洗不干净，洗不干净又得再抬水来，如此循环往复，有时一个人要洗两三次，每一次都会引起大家的开心大笑。这时就要看新郎新娘是否机灵，看住旁人不能往洗脚盆里扔脏东西。

闹完洗脚之后再闹煮糖茶。先是新郎新娘各自用一块湿毛巾挽住一根短棍棒的两头提着茶壶煮糖茶。小伙伴则拿些湿柴来烧火，目的是使之产生大量的烟，新郎新娘往往被熏得眼泪直流。有的小伙伴还故意用帽子来扇，让更多的烟熏新娘，引得旁观者大笑不止。糖茶煮好后，要先敬家庭的长者，再敬至亲长辈、小伴，目的还是让新娘认亲，加深印象。新郎新娘要一齐称呼被敬者，恭请被敬者喝茶，如果新郎新娘不能同时喊出声音，那么旁人就要阻止被敬者喝茶，如“不能喝，声音还不整齐，等喊整齐了再喝”。被敬者往往听从旁人摆布，直到新郎新娘的声音喊整齐，多数旁观者说可以了才喝。这时被敬者要说几句祝福的话语，再给点钱作为见面礼，表示祝贺。在敬朋友、小伴时，被敬者不给钱物，但会说些诙谐滑稽的话逗乐，也有提出问题或出节目为难新郎新娘的。闹新房有时会闹到夜间十一点才散。一般闹得越晚越尽兴，说明新郎新娘越有人缘。

谢媒。新娘娶回来后，新郎要带礼金、两瓶酒、一块肉到媒人家表示感谢，钱、物称为“谢媒礼”。“谢媒礼”的多少，视男方家经济状况自行决定（改革开放前后是一块六、三块六、六块六、十六块六，现在是三十六块六、六十六块六、一百六不等），但无论多少，均需用红纸封好，称为“红包”。来年大年初二，新婚夫妇要带上肉、粑粑、糖果之类到媒人家拜年。

回请帮忙饭。新娘娶回后的第二天晚上，男、女方家都要分别宴请在婚礼期间帮忙操持婚事、婚宴的人，以表感谢。清理、归还所借桌、凳、碗、筷等，婚礼结束。

回门。新娘娶回来三天后，夫妻双方和男方的弟、妹或伴郎、伴娘一起，带上两瓶酒、一块肉到女方家拜见岳父岳母（又称丈人、丈母娘）后，认认女方家的长辈和亲朋好友，晚饭即返回，路程远的可住上一晚再返回。至此，婚事完毕。

三、结　语

中华民族自古以来都非常重视婚姻家庭的组建，俗话说："婚姻大事，岂能儿戏!"所以，一个人从恋爱到结婚，要走很多程序。也正因为程序复杂，才使人们倍感婚姻的来之不易和珍贵。健康的婚俗对婚姻的稳定有积极的意义。据我们的调查，八里坪村的婚姻非常稳定，从中华人民共和国成立至今，仅有两对夫妻离婚，且两对均是中华人民共和国成立前父母包办的娃娃亲，离婚的主要原因均是女方的年纪比男方大了很多，婚后生活很不适应。八里坪村人们很少谈论离婚。他们更看重传统，看重家庭的稳定，看重自己在别人心目中的形象。离婚在他们看来并不是一件光彩的事，不到万不得已，决不轻易离婚。现在，随着社会的发展和婚姻观念的改变，人们对离婚的看法已不像过去那么保守，但在八里坪村，稳定婚姻仍是主流，真正付诸离婚行动的还是少之又少。

（原文发表于《民族论坛》2010 年第 12 期）

文山州边境地区汉民族风俗与禁忌调查*

——以麻栗坡县董干镇八里坪村为例

何廷明

摘　要： 风俗与禁忌是居住在某一固定区域的人们祖祖辈辈长期总结积淀且约定俗成的生活习俗，在现实生活中起到规范人们行为习惯的作用。随着时代的推移，传统风俗在逐渐演变与消失，挽救文化遗产迫在眉睫。通过对中越边境麻栗坡县董干镇八里坪村汉族风俗与禁忌的实地调查，记述了八里坪村汉族传统的风俗与禁忌情况，对人们认识、了解边疆地区汉民族的传统风俗与禁忌有一定的意义。

关键词： 麻栗坡县八里坪村；汉民族；风俗与禁忌；调查

八里坪村隶属于云南省麻栗坡县董干镇，位于县城东北部 113 千米处，距镇政府所在地 1.3 千米，距中越边境线 20 多千米，是一个汉民族聚居的边境村寨。2010 年，全村 90 户农民共 353 人，以种养殖业、外出务工为主要经济来源，是麻栗坡县自然条件较好的村寨之一。该村民风淳朴，在风俗与禁忌方面，保留了很多传统的特点。笔者在参与国家社科基金规划课题“当代中国边疆基层经济社会发展典型调查·云南部分”的调研过程中，对八里坪村的风俗与禁忌进行了走访调查。

一、风　俗

（一）生活习俗

月子酒。在八里坪村，夫妇生育第一个小孩满月后，要办月子酒。产妇在月子期间，亲友拿母鸡、鸡蛋、红糖、糯米或糯米面去看望产妇和小孩，也有送小

---

* 基金项目：国家社科基金规划项目“当代中国边疆基层经济社会发展典型调查·云南部分”。

衣小裤、布料或以钱代礼的。办月子酒这天，主人家要邀请送礼的亲友和邻居来做客。外婆家来的客人是结婚时送亲的女宾。她们带的礼品有背带、小片、衣裤、猫头帽、虎头鞋、鸡蛋、红糖、糯米等。

亲友与小孩见面，争相抱看，说些吉利、祝福的话语或逗笑取乐。下午，主人家煮糖鸡蛋、汤圆、甜白酒等招待客人，办三天四顿饭，5～10桌不等。散客时，主人家要给远方的客人每人几个红鸡蛋。

办周岁，俗称抓周。小孩满一周岁时，要请亲友、邻居来做客，客人带着礼物（或以钱代礼）来庆贺。外婆家来的还是办月子酒时的客人。办周岁这天，孩子穿个全新。抓周前要敬献祖宗，祈求祖先在天之灵保佑孩子无灾无病。在堂屋正中铺一张席子和一床毯子，席子上摆放肉、红鸡蛋、粑粑、笔、算盘、秤、葱、蒜、书、钱、柴等物。孩子坐在席子或毯子上，随心所欲去抓，一般抓三次即可。肉、蛋、粑粑代表生活主体；笔、算盘、葱、蒜、书代表智力；钱、柴代表本领。通常以抓笔、算盘、葱、柴、书为好，但不论抓到什么，主持者都会说得好上加好，例如抓着粑粑、蛋、肉等，主持人就说："孩子以粮为纲，抓住根本。"抓着笔就说："孩子今后字写得好。"抓着书就说："孩子以后读书努力、学习好。"抓着葱就说："孩子长大聪明透顶。"[1]100-101尽是恭维话、吉利话，主人家满心欢喜，客人笑不绝口，整个场面洋溢着欢乐的气氛。周岁生日之后，孩子一般都不过生日，村里有一句俗话叫作"大人生日一顿肉，小娃生日一顿打"。

杀年猪。杀年猪是农户最喜庆的日子之一。养猪为的是卖钱贴补家用和过年杀吃。杀猪后，将猪油和肉加工存储起来，平时食用。杀年猪日子有讲究，一般杀"肥日"，如属牛、属蛇日最好，但如果主人属牛、属蛇要避开，属猪日不杀。杀猪的人一天内杀单不杀双，如果一家人要杀两头年猪，须请两个人来杀。

吃杀猪饭。杀猪前，要将日子告知亲友，邀请他们来吃杀猪饭，杀猪这天还要再去邀请或电话通知。主人家要将猪身上最好的肉、肝脏、排骨等烹调来招待客人。亲朋好友聚集一堂，大家边吃边喝边交流，其乐融融，增进了亲友间的情感。

起房盖屋。这是一家人的大事，须提前准备钱、木料和选地基。选地基要请"地理先生"用罗盘正方位。房子盖土木结构的三格两层瓦房，其中中梁的选择最重要，主人家要精心挑选，无论选到谁家的杉树，都要封一个红封给杉树的主人作为礼金。砍树的时候，前三斧要念口诀，即"一砍山中王，二砍主人用你做中梁，三砍主人幸福万年长"。中梁抬回来后要看管好，不能让人从上面跨过，如果被人跨过，主人家会认为不吉，还得另选。

盖房还要请“先生”用主人一家的生辰八字推算出吉日吉时，并告知亲友届时来帮忙。一面请木匠做屋架，一面平整屋基。立屋架这天，亲友、寨邻一起来帮忙。屋架立起来后，在柱、梁上贴“吉星高照”、“姜太公在此，诸邪回避”等红纸条幅。上中梁是盖房的重头戏。中梁被染成红色，中间凿一小洞，用红布包五谷杂粮填塞其间，用三五个硬币将一块红布镶于中梁正中。梁的两头用绳子拴好，屋架上有两个小伙子准备拉绳子上梁。选一只雄壮的大公鸡，灌点酒后交给木匠师傅。吉时到，木匠师傅用鸡冠血点梁，边点边高声念：“鸡血点梁头，代代儿孙做诸侯；鸡血点梁尾，代代儿孙当县委！”点完后，将鸡站立在梁上，并高声喊道：“上梁！姜太公在此，诸邪回避！”放长长的鞭炮，屋架上的小伙立即拉起绳子，梁的两头还有两个小伙帮着抬梁蹬梯而上。这时，木匠师傅又高声念道：“一踩步步高升；二踩二红有喜；三踩三山淘银；四踩四季发财；五踩五子登科；六踩禄位高升；七踩吉星高照；八踩八方来财；九踩福禄寿喜进家门；十踩十全十美！”

上好梁，木匠师傅上到屋架上象征性地朝下抛撒两样东西：一是撒混有硬币的五谷杂粮，边撒边念：“一撒东方甲乙木，主人金银堆满屋；二撒南方丙丁火；三撒西方庚辛金；四撒北方壬癸水。”为主人家祈求风调雨顺、四方来财、平安幸福。小孩争捡硬币，大人在一旁起哄，十分热闹。二是抛撒粑粑，叫“抛梁粑”。男主人面朝屋外跪地，双手将后衣拉起，接住木匠师傅抛下的最大一块粑粑。之后，大人、小孩都争抢木匠师傅抛下的粑粑，以沾喜气。新房建成，主人家择日举行搬家仪式，请“先生”或年长者来帮忙“打扫”新房，驱逐邪魔，之后即正式搬家使用新房。现在，人们多建盖砖混结构的新房，很多传统习俗逐渐消失了。

喝烤茶。在董干八里坪村，人们喜欢喝烤茶和用烤茶来待客，一年四季几乎烤茶不断。喝烤茶是祖宗传下来的习俗，起于何时，无从查考，但人们都有一种感觉，即喝烤茶出门干活或走远路，很少口渴。于是，久而久之，喝烤茶便成为当地民间的一种习俗。

烤茶很有讲究。烤茶用的小罐子有铜罐、铝罐、陶罐等。陶罐便宜，使用者较多。烤茶时要先将罐烤热、烤烫后才放入适量茶叶，置于火边烘烤，要随时抬起罐子摇晃、翻颠，使茶均匀受热。待茶烤香、烤黄，将开水倒进罐里，煮沸两三分钟即可倒入杯子里喝。茶不能烤得太过，烤过了就不能喝了。

装茶水的杯子是饮酒用的小陶瓷杯，仅倒三分之一杯，喝时要小口细品，而且要趁热喝，冷了变成土色就不能喝了。烤茶的颜色深黑，涩味浓重，微苦，烤得好的茶喝后有甘甜回味。一罐烤茶反复加水可倒十二三次，之后颜色逐渐变淡，茶味也不足了，需换茶重烤。

倒茶时，第一杯要先敬老人，其次是客人、家人。喝烤茶是敬客的一种表现，大家围坐火边，细品茶味，边喝边聊，气氛特别融洽。

以酒待客。八里坪村民热情好客，有亲友来访，必定热情招待。客人落座后，边烤茶边喝白酒或啤酒边聊天，此亦是开展乡村工作交心的最好方式之一。饮酒时不吃菜，喝完再倒，叫“喝冷淡杯”。客人喝得越尽兴，主人越高兴。如此待客习俗形成已久，家家如此。

（二）春节习俗

吃年夜饭。进入腊月以后，村民们开始备过年柴、舂粑粑、杀年猪、置办年货。大年三十这天，所有农活都停了，一家人忙着贴春联、门神和准备晚饭。敬神、献天地时要献猪头和猪尾巴，寓意有头有尾；吃饭之前，先敬献祖宗，祈求祖宗保佑一家人来年身体健康、平安幸福、风调雨顺、万事如意，然后燃放长长的鞭炮。一家人围着桌子吃团圆饭，无论男女都要饮点酒。

守年。在新旧交替的大年三十夜，守年是最重要的年俗活动之一。村里有句俗话叫作“三十的火，十四的灯”，意即大年三十晚要烧一堆地火，红红火火；三十晚上献饭时神桌上点亮的灯要一直点到正月十四日送年为止。因此，除夕晚上，家家都烧一堆旺火，希望来年红红火火，兴旺发达，全家老小一起围坐火旁，熬夜守岁。村里还有一个习俗是“三十晚上地火烧的疙瘩越大，来年养的猪越粗（即大）”。是夜，长辈要给小孩发压岁钱。20 世纪 80 年代中期以后，除夕夜看“春晚”成为村里人们最高兴的事。深夜 12 点一过，即烧香点烛接天地，鞭炮声此起彼伏，预示着新的一年开始了。

大年初一抢新水。八里坪村有大年初一抢新水的习俗，村民把抢新水叫作“抢银水”，即凌晨至天亮前去水井里挑水，去得越早越好，谁家第一个挑到水，谁家一年的运气就最好。因此，夜间 12 点一过就有人打着火把、电筒，拿着三炷香、纸钱去挑水。到了水井边，先点香、烧纸，祈求神灵保佑，然后才挑水。现在村里用自来水，抢新水的习俗逐渐淡化、消失了。

大年初一进财。大年初一，家家户户都希望有一个好的开端，特别希望能进财。于是，村里的一些小男孩就会早早地象征性地抱几根柴（财）来敲门，意在给主人家送“财”来。“童子送财”，主人家非常高兴，第一个来敲门的给红封，第二个给鞭炮，第三个不给，所以，小孩都力争第一个去敲门，敲开的门越多，得到的红封就越多。陈明清村长说，2008 年春节大年初一凌晨，夏宗田家的儿子就来敲门了，边敲边说："大爹，快开门！我给你'送财'来了！"他接连敲了很多家的门，一早上得了 70 多元钱的红封。

大年初一吃素、玩耍。大年初一天一亮，村民就用抢来的"银水"煮茶、煮斋饭敬献神灵。敬献神灵的碗筷要擦洗干净，不能沾半点油荤，否则就是对神的不敬。这一天，全天吃素，以示虔诚，但多为老年人，年轻人不信这一套。

大年初一人们尽情玩耍，玩扑克，打陀螺，跳绳。很多年前还挨家挨户跳狮子拜年，主人家很高兴，给红封、饵块粑粑，收到的礼物很多。陈村长说，他年轻时跳狮子头，重达 60 斤，给主人家拜年时要三鞠躬，狮子头不能落地，否则，主人家不高兴，难度很大，一天下来，手酸腰痛，很辛苦，但组织者占了红利的绝大部分，参与者积极性不高，后来就不跳了，很遗憾。

大年初二打牙祭。村里有句俗话："年三十接天地，初二打牙祭。"初二清晨，家家户户都要杀一只大公鸡敬献财神，意即接财神进家，祈求财神保佑新年里做生意顺顺利利，财源广进。因此，村里人都很看重打牙祭，敬神时要燃放鞭炮。

这一天，人们开始拜年，走亲串戚，外出游玩，或带点食品到已故亲人的坟上祭扫，给过世的老人拜年。特别是近三年内有老人去世的人家，要去给新坟扫墓，敬献水果，在坟前吃一顿饭。

拜年。分为拜外婆家、新婚拜年和拜干爹干妈三种情况。

拜外婆家。大年初二要到外婆家、舅舅家拜年，礼物是一块肉、两个饵块粑粑。外婆家或舅舅家要给拜年者拜年钱。拜年是对外婆家的感恩，只要外公、外婆健在，就年年去拜年。

新婚拜年。新婚第一年，要拜娘家和结婚时参与送亲的人家。礼物是一块肉、两个饵块粑粑。第二年以后只拜娘家和分家另过的哥哥、弟弟家。三年以后可拜可不拜，但只要父母健在，都要去拜年，去看看老人家。

拜干爹、干妈。为孩子拜寄干爹、干妈的人家，过年期间要带孩子去拜年，礼物有肉、粑粑或烟、酒、茶等，拜三年之后较随意。

请春客。春节期间，亲戚间互相请客吃饭，成为亲戚间互相走动、联络情感的方式之一。现在生活好了，请春客的逐渐少了，原因是请客要收洗碗，很麻烦。

送年。春节期间，人们很少到田地里劳作，大多数走亲串戚或在家里休息、娱乐，这是一年难得的农闲时间。到正月十四日送年，家家户户做一顿丰盛的晚饭敬神、献祖宗，燃放鞭炮，一家人在一起吃一顿饭，亦很隆重。年一送就意味着春节结束，新一年的劳作就要开始了。

（三）丧葬习俗

落气。老人病危，家人要为其准备后事。老人落气，子女接气，放一封鞭炮告知乡邻，烧纸钱，为其剃头、梳洗穿戴，在正堂屋搭一简易床，头内脚外停放。床下点一盏香油灯，为死者照明通往阴间的路，守灵者要时常添加香油，不能熄灭。同时请“先生”根据死者的生辰属相查看历书，确定入棺、掩盖、起棕、出殡、下葬等时间、时辰，选择阴地。

入殓。按“先生”看好的时辰将死者入殓，盖棺停放。若死者生前镶过“金牙齿”或身上有金属的东西要取出，不能带入棺材。棺木前悬挂魂幡，安放香案，上面摆放灵牌、香炉、香、纸钱、供品，点一对蜡烛。前来吊唁的亲友即在魂幡、灵牌前磕头、烧纸钱。

赶信。出殡时间确定后，请村里一至二人去向至亲报丧，称为“赶信”。如果路程较远且方向不同，赶信的人要分组去通知。过去交通、通信不便，步行去赶信，现在大都使用电话通知远方的亲朋。

帮忙。从老人去世到出殡，子女轮流在棺木前守孝，丧事由总管安排帮忙的人料理。老人死后，村里的人都来安慰家属和帮忙料理后事，来帮忙的人都要送点礼。为了更加有序地处理好丧事，八里坪村成立了“红白事理事会”，设会长、副会长，分别由上、下村长担任，骨干成员 12 人。他们负责组织帮忙的人做好各项工作。会长、副会长即是总管、副总管，他们先将死者起棕、出殡的时间张贴出来，再将帮忙的人分为家里和野外两个组，写清楚张贴于死者家门口，让来帮忙的人一目了然，久之则固定下来，以后家家如此。家里组主要负责丧事期间的伙食，又分为赶信、登记礼金、采买、拣菜洗菜、厨师、烧火、煮饭、抬菜、摆碗和收、洗碗等小组，各有负责人。野外组分为抬棺木、挖墓穴和垒坟小组。

垒坟组提前将碑、石头、沙、石灰或水泥、砖等运至坟地备用。挖墓穴小组则在出殡前一两个小时开挖。出殡时，抬棺木组将棺木抬到坟地，大家一起将坟墓垒起来。有组织的分工协作，使各项工作有条不紊地进行，为死者家属减轻了负担和压力。

吊纸。老人死后，亲友拿一把香、几刀纸来给死者上香烧纸，包孝帕，抚慰家属。孝子、孝媳在灵堂棺木两侧跪拜回礼。

上祭。出殡前一天，后家、嫁出去的姐妹、女儿、女婿、侄女、侄女婿等来上祭。上祭时，孝子出门跪迎，儿子、儿媳在棺木两侧跪拜回礼。上祭送大钱、祭幛、果品、礼金等。上祭者要向死者上香、烧纸钱、磕头、包孝帕。

超度亡魂。上祭当晚，家属要请“先生”为死者念经超度亡魂，请神开路。孝子、孝女要绕棺虔诚跪拜，反复多次，直至深夜。

出殡。按“先生”看好的时辰将棺木移出室外停放，称为“起棕”。棺木上盖一床红毯子，放一袋5至10公斤的包谷或大米。抬棺的大杠上放一只灌过酒的大红公鸡，叫“占材鸡”。出殡时，一人在前撒买路纸钱开路，抬大钱、祭幛、金童玉女的紧随其后。棺木前后各有一男子拉绳子，各有一人放鞭炮。孝男在棺木前，头戴三灵冠及孝帕，手扶绳子，长子捧灵牌，次子执引魂幡，弓腰送行。孝女在棺木后，手扶绳子，弓腰送行。因对死者的不舍，亲属沿路痛哭不已。

搭桥。送丧队伍在行进途中或遇桥，孝男孝女要一个接一个地面朝来的方向跪、扑于地，让棺木从上方经过，称为搭桥。通常要搭两三次桥。

绕棺，又叫“回灵”。送丧队伍行进到中途宽阔地带时停下，由“先生”敲钹念经引带孝男、孝女绕棺正、反三周。绕棺毕，孝男下跪向帮忙的人磕头致谢，吃几颗糖，拴一小条红线即返回家，到家时要洗手。棺木被抬到坟地按时辰下葬。

烧擦汗布。老人落气时，家人用一块白棉布为其擦汗，下葬当晚将布烧毁。据说，布的灰烬会变，如果变成字，死者来世就会变成有文化的人；如果变成花，来世就会变成女人。刘万福、陈村长说，他们亲眼见过烧擦汗布的变化。

送火。火对于人类至关重要，死人也不例外。安葬死者后，要连续三天给死者送火。安葬当天，家属在坟前烧一堆火给死者，并告诉死者第二天到半路来取火。第二天傍晚，家属到距坟地半路远的地方烧一堆火，一边叨念死者来取火，一边告诉死者明天回家取火。第三天傍晚，家属在自家房屋附近烧一堆火，一边叨念死者来取火，一边告诉死者火已经送完了。

赴山。安葬后的第三天，家属、至亲带着香、蜡烛、纸钱、饭菜等到坟前献饭，在新坟上添点土，插一挂坟钱，叫“挂青”。如果坟前的月台未做好，可以续做。在坟前煮一顿中午饭吃，俗称“赴山”。

回煞。下葬后，死者的魂魄会回家来收生前的脚迹，但不会惊吓家人。“先生”根据死者的生辰、属相推算，知道死者在两三天内的白天或晚上回来，叫“回煞”。按照“先生”看好的日子、时辰，死者回煞时，家人事先在大门坎后、神桌前和死者生前睡过的床前撒上薄薄的细灰，死者回来后会在细灰上留下鸡、狗、猪、猫等动物脚印。根据细灰上显现出的动物脚印，可知道死者已变成该动物。据说，变猫最好，鸡次之。死者回煞时，家人要回避一下，如是夜间就早睡，是白天就出去避一下。如果死者生前在阳间罪孽深重，死后到阴间会被阎王爷用铁链子拴着，回煞时会拖着铁链子回来，细灰上会显现出铁链子印，如果家里是木板梯和木楼板，鬼魂经过时会发出“哐啷、哐啷”的响声，很吓人。

守孝。老人死后，家人要守孝三年。三年内，不得起房盖屋，不得栽茄子（意即不得让下一代“缺子”），要在死者的忌日给死者烧纸钱、献饭。正大门的对联，第一年贴白色的，要围绕思念亡人的悲痛心情来写，一年后换贴红色的。

守孝三年的程序大体是：死后满 7 天，家人要给死者烧纸钱，叫烧“头七”，以后满 21 天烧“三七”，满 35 天烧“五七”，满四十九天烧“七七”；满 100 天，死者的家属与至亲到坟前煮饭吃，给死者烧香、烧纸钱、献饭；满一周年，除烧香、烧纸钱、献饭外，家属要杀一只羊招待客人；满三年，家属与至亲一起给死者烧香、烧纸钱、献饭，家属做一顿饭菜招待客人。至此，守孝结束。古人说：“丧三年，常悲咽；居处变，酒肉绝；丧尽礼，祭尽诚；事死者，如事生”。（《弟子规》语）为死者守孝，寄托了活着的人对死者的哀思。

（四）其他习俗

妇女生孩子的第一天，碰到不知情的人来家里，主人家要剪下来者的一点裤脚，称为逢生。

月子里，小孩夜哭不止，打一碗水放在神桌上，碰到有外人来家里（男女不限，动物如猪、鸡、狗均可），将水倒掉，把孩子拜寄给他（她、它）做干儿女，孩子就不哭了。

产妇在月子期间，奶水被“采”走，小孩无奶吃。主人家拿三张纸钱、三炷香、一碗水到一棵树下，点香、烧纸、念口诀，被“采”走的奶水就会被取回。为避免奶水被“采”走，产妇挤点奶水在卧室门的锁眼里，将锁按下锁住，任何人都采不走奶水。

生小孩后到外婆家报喜，生男孩抱母鸡、生女孩抱公鸡去报喜，外婆家来吃月子酒时亦要拿相反的鸡来。

父母带未满周岁的孩子外出走亲串戚，白天要在孩子的额头或脸上涂擦少许锅底黑灰，叫作“擦花脸猫”；在背孩子的背带上插桃叶、茅草或拴剪刀、小刀；夜间走路要点一炷香抬着走，其目的都是为了避邪，让邪恶鬼魂远离孩子。

小儿夜哭不止，用红纸写上“天皇皇，地皇皇，我家有个夜哭郎，君子过路念三遍，一觉睡到大天明”贴于路边的电线杆、墙壁、道路交叉口，让过路的人读一读，念一念，小孩夜间就不再哭闹了。

二、禁　忌

（一）生活禁忌

婴幼儿衣裤、小片等洗后晾晒在屋外，太阳落山前要收回家，忌在房外过夜，否则，孩子穿了会生病，面黄寡瘦。

（二）孕、产妇禁忌

怀孕妇女不得坐或横跨在别人家的大门槛上，否则，会被视为不吉利，该孕妇将被认为不懂规矩，会被主人家咒骂；不得进入办喜事的人家和参加别人的婚礼，更不得进入新人的房间；不能去看坐月子的产妇，否则会将产妇的奶水采走，使婴儿无奶吃，如果碰到这种情况，就要到该孕妇家要点盐或米汤来给产妇吃，产妇才会有奶水，该孕妇则会被视为无知。

产妇坐月子期间忌出大门，不得在神桌前站或坐，因为身子“脏”。生孩子40天内不得到邻居家串门，否则主人家不高兴；不得洗冷水，否则以后手、足关节会疼；头不得被风吹着，否则以后会经常头疼；不得吃辛辣和生冷食物，否则以后胃会经常疼。

（三）生产禁忌

二月初一至初四，是白龙会、毛虫会、土蚕会忌日，这几天不动土，不做农活，否则，以后田地里害虫多，危害庄稼。生产队年代放假休息，人们趁机走亲戚，至今如此。

过去，女人不犁田地。据说，女人犁田耕地，牛会流泪。现在，男的大部分外出打工，在家的妇女承担起此项农活。

（四）春节禁忌

大年三十晚不扫地，不外出倒垃圾，否则会破坏来年财运；绳子、竹竿要收好，不得乱放，否则，大年初一看见绳子、竹竿，以后上坡会遇到蛇。

正月初一，小孩不能花压岁钱，即“初一不出财，初二、初三滚进来”；不揭甑盖，否则，以后苍蝇多，还会飞到甑子里；不开正门，女人不能进别人家正门，如果男孩进来，被认为是“进财”；不得吹火，吹火庄稼会火风（即无收成）；不得烧粑粑，烧粑粑有可能吹火，玉麦会火风；烧火煮饭，不得敲灶内的火柴头，否则，犁地时犁头会常断；老人不叫孩子起床，靠自己醒，自己起，如果老人叫孩子起床，跳蚤会跟着一起起来，以后跳蚤特别多；妇女不得做针线活，否则，虫子会钻进庄稼、粮食里；不得扫地，否则以后风大，会损害庄稼，玉麦会火风；要吃豆面、花生面裹的汤团，否则，家里的鸡下的蛋会很小。

正月十六不做农活。这一天是老鼠嫁女的日子，不能动土。否则，你动它一天，它动你一年，会遭鼠害。

正月二十祭风雨，不挖地，否则，这一年风会很大，会吹倒庄稼。过去放假一天。

（五）丧葬禁忌

忌猫从死者身上或棺木上经过。据说，猫身上带有静电，从死者身上或棺木上经过，死者或棺木就会站立起来，十分吓人。因此，守灵者要严防猫进入灵堂。

老人辞世，忌戴孝帕进入他人家，否则，会被认为给该户主人家带来噩运，须赔礼道歉、放鞭炮、挂红。

老人辞世的一段时间内，家属不得进入他人家，否则同样会给他人家带来噩运，主人家会非常不悦。

风俗与禁忌虽然没有理论和事实依据，但一旦流传，人们都有一种敬畏感，不愿去触犯，都希望给别人留下好印象。这样，风俗与禁忌得以在民间世代相传。

参考文献：

[1] 麻栗坡县民族事务委员会：《麻栗坡县民族志》，云南民族出版社 2001 年版。

（原文发表于《文山学院学报》2012 年第 1 期）

云南边疆地区新农村建设及思考*

——以麻栗坡县董干镇八里坪村为例

何廷明

摘　要：以云南省文山州麻栗坡县董干村委会八里坪村民小组开展新农村建设为例，着重分析了云南边境地区山区新农村建设中存在的困难和问题，并结合实际提出了一些解决问题的思路。

关键词：边境地区；示范村建设；思考

2005 年 10 月 11 日，中共十六届五中全会通过《中共中央关于制定国民经济和社会发展第十一个五年规划的建议》，提出要按照“生产发展、生活富裕、乡风文明、村容整洁、管理民主”二十字方针，扎实推进社会主义新农村建设。随后，从沿海到内地，从内地到边疆，全国各地掀起了社会主义新农村建设的热潮。

位于中越边境的八里坪村民小组，于 2008 年 4 月开始进行小康示范村建设。笔者在参与国家级课题“当代中国边疆基层经济社会发展典型调查 · 云南部分”的调研过程中，对八里坪村的小康示范村建设进行了走访调查，并对存在的共性问题进行了思考。

一、八里坪示范村建设前的基本情况

八里坪村民小组隶属于麻栗坡县董干镇董干村委会，位于县城东北部，距县城 113 千米，距镇政府所在地 1.3 千米，距中越边境线 20 多千米，是一个汉民族聚居的村寨，全村以种养殖业、外出务工为主要经济来源。

示范村建设前，全村共有 90 户 349 人，有砖木结构住房 16 幢 1 920 平方米；

---

* 基金项目：国家社科基金规划项目“当代中国边疆基层经济社会发展典型调查 · 云南部分”阶段性成果。

土木结构住房74幢8 880平方米；简易厩舍90间2 700平方米，简易厨房90间2 520平方米；建有沼气池42口；全村均饮用自来水。粮食总产量122 150公斤，人均有粮350公斤；家庭经济总收入331 550元，人均纯收入950元；生猪存栏450头，户均5头；大牲畜存栏180头（匹），户均2头（匹）；家禽1 100只，户均12只；种有经济林果160亩，户均1.8亩。有农用车5辆，小型碾米机23台，电视机、VCD各87台，电冰箱5台，洗衣机47台，固定电话43部，移动电话93部。共有山林、荒地1 000亩，总耕地面积350亩，其中，水田50亩，旱地300亩，人均耕地面积1亩，多为坡耕地，广种薄收，粮食单产低。

八里坪村虽地处董干镇至县城、州府的必经之路旁，但进村道路凸凹不平，房屋破损严重，基础设施不完善，脏、乱、差现象突出。为彻底改变这一状况，2008年4月，县委派工作组进驻八里坪村，具体组织实施新农村建设的各项工作。

二、八里坪示范村建设完成情况

在深入调查、论证的基础上，工作组结合村情制定了“建一个科技活动中心、硬化村内主干道、房屋新建及改造、亮化、厩舍改造、建卫生厕所及洗澡室、沼气池建设、安装太阳能”等项目建设方案。其重点一是加强八里坪村住房改造和环境整治，建设新农村；二是发展八里坪村各项社会事业，培育新农民；三是加强八里坪村民主法制建设和精神文明建设，倡导新风尚。其方法步骤是先易后难，逐步推进。经过210天的奋战，共完成投资301.95万元，其中，申请上海援建项目资金60万元，群众自筹及以劳折资241.95万元，群众投工投劳8 656个，完成了基础设施建设、经济发展、社会事业、生态建设等项目规划建设任务。

（一）基础设施建设项目完成情况

该项目总投资242.664 6万元，其中，上海援建资金30.934 6万元，群众自筹及以劳折资205.73万元。建成长450米、宽3.5米混凝土进村主干道一条；建成宽1.5米混凝土入户便道2 300米；完成厩舍改造35间；堂屋亮化37户；亮化厨房70间；建卫生厕所及洗澡室80间；新建及改造8立方米沼气池33口，配套灶具33套；建成144.4平方米科技文化活动室1幢和245.2平方米活动场1个。

（二）经济发展项目完成情况

该项目总投资15.2万元，其中，上海援建资金2.7万元，群众自筹及以劳折资12.5万元。种植核桃250亩；开展科技培训4期共300余人。

（三）社会事业项目完成情况

该项目总投资4.3254万元，全部由上海援建资金投资。建设公共卫生公厕1个；购买科技文化活动室配套设施桌椅36套、电视2台、音响设备2套、办公桌椅5套、文件柜2套、饮水机2台；制作标志牌1块、宣传展板5块、公示栏2块，永久性标语3条。

（四）生态建设项目完成情况

该项目总投资25.99万元，其中，上海援建资金投资10.07万元，群众自筹及以劳折资15.92万元。完成封山育林300亩，植树造林250亩；完成节柴改灶80口；完成村内绿化420平方米，花池11个；太阳能安装86台。

（五）村容村貌整治完成情况

该项目投资13.12万元，其中上海补助资金5.77万元，群众自筹及以劳折资7.35万元。完成房屋亮化58户；庭院亮化49户；建造垃圾桶6个，简易垃圾车2辆。

（六）基层组织及精神文明建设

开展创建活动和精神文明建设活动投资0.1万元。培养入党积极分子4名，发展新党员5名，发展团员12名；树立五带头党员示范户3户；开展入党积极分子培训2期12人次；成立敬老协会1个，发展会员20人；分别建立青年之家、团员之家、青年突击队、妇女之家、治保小组、红白理事会、劳务输出协会、种养殖协会各1个。开展“十星级”文明户评选投资0.1万元。该项目全部由上海援建资金投资。

通过示范村建设，八里坪村群众的基本生产生活条件得到了十分明显的改善，村民的发展意识、生态、美化意识进一步增强，公共卫生和农户庭院卫生明显好转，居住环境优美、舒适，村内拥有了宽敞的公共娱乐场所，整村的精神面貌和思想观念都有了明显的转变，基本达到预期目的。

三、做法及经验

上级领导的关心支持、工作组严谨的工作态度和作风、群众觉悟的提高和积极参与是八里坪示范村项目建设顺利完成的重要保证。

（一）统一思想认识，明确经济发展思路

示范村建设过程中，工作组多次召开群众会议，宣传示范村建设的目的意义，提出了以养殖、种植、劳务输出为主要经济发展方向，到2009年，户均养牛2头以上，养猪6头以上，实现户均经济增收1 000元以上；户均种植核桃4亩以上；对外输出剩余劳力40人次，实现户均经济增收10 000元。这些发展措施，受到了群众的欢迎和拥护。

（二）制定《项目规划实施方案》，排出日程表

为了确保八里坪示范村各项建设任务指标的完成，工作组在村民小组的支持下，认真开展调查研究，摸清村情，找准存在的困难和主要问题，掌握第一手资料，在征求广大群众意见的基础上，以科学发展观为指导，制定了《八里坪示范村项目规划及实施方案》及《八里坪示范村产业发展项目规划及实施方案》，并排出具体的工作日程和完成时限，有助于项目工程的整体推进。

（三）严格工作纪律，规范工作程序

工作组是示范村建设的具体组织者和实施者，他们严于律己，用“四不准”即“不准参与任何形式的赌博活动，不准猜拳、酗酒闹事或因饮酒影响工作，不准向群众乱表态，不准在上班时间做与工作无关的娱乐活动”来约束、规范队员的驻村行为。同时，将各项建设任务分解落实到个人，做到建设前有计划、有资金预算，建设中严格工程质量和时限，强化安全生产意识，确保各项工作层层有人抓、有人管，并能抓好抓实，保证了项目的顺利实施。

（四）广泛宣传，认真动员群众参与建设

群众参与积极性的高低是示范村建设成败的关键。为把示范村建设变成群众的自觉行为，工作组驻村入户，做了大量的宣传动员工作，先后走访群众100余次，召开村干部会议18次，召开村民大会8次300余人次。通过大力宣传发动，统一了全村干部群众的思想，增强了群众参与示范村建设的积极性和主动性。

（五）加强党的基层组织建设

为充分发挥党员的先锋模范作用，工作组与村委会党总支、村党小组密切配合，按照“五好”“五带头”要求，确定了 2 户党员示范户，培养了 5 名党员发展对象。示范村建设的实践证明，在农村第一线，加强党的组织建设，充分发挥党员的先锋模范带头作用，是完成各项工作的重要保证。

（六）抓好示范户，带动中间户，鼓励贫困户

示范村建设，群众“等、靠、要”思想严重，希望国家能全额资助。在示范村建设初期，群众一直持观望态度，工作无进展。为打破僵局，工作组提出了“公益事业建设以国家投入为主，群众投工投劳为辅；家庭建设以农户建设为主，国家补助为辅”的方案，得到大多数群众的支持和拥护，但少数群众仍未响应。于是，工作组首先发动示范户，先干先补助，不干不补助。这样，其他农户才纷纷行动起来，全力以赴地投入到各家各户的房屋建设中。对于贫困农户，工作组积极与信用社联系信贷支持，同时给予一定的补助倾斜。

四、示范村建设存在的共性问题及思考

在边境地区的山区农村搞小康示范村建设，体现了党和政府对边境山区“三农”的关心。但是，边境山区农村普遍处于较贫困阶段，搞示范村建设还存在很多问题和困难。

一是资金投入有限，改造不彻底。在八里坪示范村建设中，家庭建设项目部分，由于各个家庭经济收入不平衡，投入改造经费有多有少，再加上国家补助经费有限，致使少数贫困家庭未能完全按项目要求改造住房和庭院，未能完全达到预期的改造效果。

二是后续资金不足。八里坪示范村建设之初，国家拨款和筹集到的资金全部用于示范村的项目建设，示范村建成后，国家已经没有资金对示范村的后续发展进行再投资。因此，要巩固已取得的成果，使之持续稳定发展，任务还很艰巨。

三是示范村建设使大部分农户背上了债务负担。由于国家财力有限，示范村的建设投入采取了国家出一点、社会筹集一点、农户出一点的办法筹措建设资金。但山区农户收入、存款有限。在八里坪村，大部分农户将多年来的积蓄全部投入，有的还借了三五万元不等的贷款或外债（据统计，全村共借贷款 70 万元）。因此，示范村建设验收后，多数农户已经背上了不小的债务负担。

四是群众投劳有限。示范村建设施工主要采取群众投工投劳的形式完成。如今打工经济使村内年富力强的中青年男女基本上外出务工，家里剩下的大多是年老体弱的老人和妇女儿童，加之示范村建设过程中正处于农忙季节，群众投入劳力有限，这在一定程度上给各项建设带来了难度。

五是缺乏对示范村持续发展的指导。示范村建成验收后，工作组的使命随之结束并撤离八里坪村。随着工作组的撤离，原来的许多设想、思路由谁来牵头、怎样组织实施成了问题。

新农村建设是党中央提出的解决“三农”问题的战略措施，体现了党和国家对亿万农民的关心。近几年来，一座座新农村展现在我们眼前，给人眼前一亮的感觉。但是，新农村建设是否真正贯彻了中央的战略意图？发展后劲如何？不得不令人深思。

新农村建设应是一个体系，不能简单地理解为盖几间新房子或翻新一下旧房子，修一修进村的道路了事。在调查中，我们对新农村建设尤其是边境山区的新农村建设有了一些思考和建议。

一是实施新农村建设，要深刻领会党中央关于新农村建设的深刻含义，认真学习党中央关于新农村建设的政策、文件，吃透精神，并用于指导新农村建设的工作实践。要明白新农村建设不是简单地翻盖村寨的房子、修几条进村公路做样子，而是实实在在的惠农工程，是真正发展农村的新举措，必须抓牢抓实，将党中央的战略意图真正落到实处。

二是新农村建设不能成为政府的形象工程。新农村建设的重点应是为农民寻找致富的路子，而不是到处选村选寨建起来摆样子，从而导致劳民伤财，得不偿失，失去农民的信任。我们不应把示范村建设数量的多少作为考核地方政府的“政绩”标准之一，而应把已经建成的示范村的后续发展情况列为考核地方政府的“政绩”标准之一。建设社会主义新农村一定要因地制宜，防止形式主义，扎实稳步地推进。

三是新农村建设绝不能成为增加群众负担的负面工程。新农村建设点多面广，国家资金投入有限，主要靠村寨农民投入改造，一旦建成示范村后，国家就基本上没有后续资金投入了。没有一定经济基础的村寨和村民，是难以承担这笔费用的。一个边远贫困山区的农民因为示范村建设而背负几万元的外债，因此而建起来的示范村也只能成为掩盖贫困的摆设，是喜是忧，不言自明。选择作为示范村的村寨，必须具备一定的经济发展基础，农民基本富裕，或贫困户极少，建成示范村后要有发展后劲，真正起到示范的作用。建设示范村不能操之过急，尤其是边境的贫困山区更是如此。我们要按照邓小平同志“一部分人生活先好起来，就必然产生极大的示范力量，影响左邻右舍，带动其他地区、其他单位的人们向他们学习。这样，就会使整个国民经济不断地波浪式地向前发展，使全国各族人民都能比较快地富裕起来”[1]152的指导思想建设示范村。目前，我国边疆山区的农村还十分贫困，多数山区的农民只是基本上解决了温饱问题，在奔小康的道路上有先有后，因此，搞示范村建设不能齐步走。近期内村村寨寨都建成示范村不可能，如果村村寨寨都建成了示范村也就没有了示范的意义。因此，新农村建设要采取逐步推进的原则，采取农民自愿的原则，不加重农民的生活负担，不能让小康示范村建起来后即成为贫困村，影响群众的正常生产和生活。

四是新农村建设要有长远的发展规划。新农村建设是一个体系，绝不能急功近利，不是单纯地盖几间房子做样子，不是表面化的工作或面子工程，应有深层次探讨，即真正帮助农村、农民寻找致富的路子，使之具有长足的发展后劲，真正对周围的村寨起到示范作用。在边远山区农村，经济发展不上去，一切都是空谈。为此，在考虑新农村建设的时候，必须结合该村的实际情况，围绕农林牧副渔，因地制宜，为该村制定长远的经济发展规划，选准发展大方向，发展特色产业，形成产业链向周围辐射。县、乡镇要指导示范村的长远建设和后续发展，让已经建成示范村的农村、农民真正得到实惠。未建成新农村的村寨，政府要积极引导他们通过自身的努力发展村寨经济，打牢发展基础，而不是“等、靠、要”国家的投入，一旦通过自身的努力有所发展，再由国家助推一把，建成小康示范村后就能持续发展。

五是示范村的建设，重在巩固和发展，要充分发挥村寨党支部、党小组的组织领导作用。村寨党支部、党小组要勇于挑起领导村民致富的重担。群众看支部，看党员，看干部。村寨党组织有没有活力，是村寨能不能致富的关键因素。因此，必须加强农村党员领导干部队伍建设，积极培养在群众中有威望、有公心的党员和先进分子到基层党组织领导班子中，加强教育和培养，使他们能够按照新农村建设二十字方针的目标要求，积极组织发展乡村经济，千方百计增加农民收入，使新农村建设沿着健康的方向发展。

参考文献：

[1] 邓小平：《邓小平文选》第一卷，人民出版社 1994 年版。

（原文发表于《文山学院学报》2010 年第 3 期）

浅析西华山碑刻所反映的文山地区历史

舒顺尧　娄自昌

摘　要： 文山西华山碑刻历史悠久，内容包括人文风情、自然风景以及政治经济文化等方面。这些碑刻反映了文山一定时期内的历史。本文以几处极具代表性的碑刻为线索，对碑刻作者及文山一定时期内的历史作一些分析，以此凸显出文山地区的重要战略地位。

关键词： 文山；西华山；碑刻；文山历史

西华山位于文山城西南郊，三十六峰连绵相接，形成了一道奇异的自然景观，为历代官员、文人、乡绅所游览的绝佳胜地。自康熙六年（1667 年）文山设置开化府以来，不少官员到此任职，这些官员或因当地父耆乡绅所邀，或因逢重大节日登高游玩，前往西华山，触景生情题诗写词。再者，文山地处云南东南部，毗邻越南，战略位置极为重要，遇西南战事，一些文官武将或参战、督战，途经文山受当地乡绅相邀至西华山题词为念，西华山碑刻由此形成。碑刻有迹可寻的共有 25 处，这些碑刻中最早的刻于雍正七年（1729 年），最晚的是 1985 年，时间跨度达 256 年之久，碑刻内容包含了人文风情、自然风景、政治、文化等方面，对文山某些时期的历史有着一定的反映。

一、清代碑刻所反映的文山地区历史

这一时期的碑刻以描写当地自然风景和人文风情为主，作者主要是一些官员、贡生和其他文人，如时任文山总兵的王大绶、知县朱兴燕，还有中法战争期间，四川提督鲍超南征路过文山时，于西华山题刻的一段纪念碑文。

（一）碑刻中反映的文山人文风情及碑刻作者介绍

访胜历西华，晴烟列万家；柳深莺欲啭，风细燕初斜。翠黛分遥岭，幽香度野花；边城天气暖，二月试轻纱。

——张鹤筹《花朝登山寺》

这首诗描写的是花朝节这一天登临西华山的所见所闻。旧俗以农历二月十五为百花生日，故把这一天定为花朝节，又称花朝。每逢此日，人们或举行庙会或登高踏青来庆祝这一节日。通过这首诗，可以看出，当时的文山也有花朝登山的习俗，除花朝节之外，中秋节和重阳节也是当地人们登山的首选日子，碑刻中均有这两个节日的诗作。

开阳嫌地僻，放眼有奇观。云暗虎沟雨，烟凝蜂洞寒。两山如鹄立，一水似龙盘。更爱双桥月，清光映翠峦。

——王大绶《开阳即事》

西山如戟矗云霄，古刹清幽趣颇饶。一水潆洄来复去，盘龙江上锁双钥。僻居山坞有田耕，鸟鼠同眠性不惊。事过百年征木刻，话须重译见真情。

——朱兴燕《开化竹枝词》

描写自然风景的诗词占据了碑刻中的半壁江山，表现了文山襟山带水、盘龙河回绕曲抱的地形特点，此外也反映出当时文山居民的一些生活情况以及人口分布。如《花朝登山寺》中的“晴烟列万家”以及《开化竹枝词》写到的“僻居山坞有田耕”。这两首诗一首写于雍正七年（1729 年），另一首写于乾隆元年（1736 年）。据《开化府志》记载，1758 年间，土著居民有 41 816 户，人口 182 685 人。[1]75这些碑刻也粗略反映了这一情况。“古刹清幽趣颇饶”一定程度上反映了此时的文山已有佛教文化的传播，西华山碑刻上还记载了光绪二十五年（1899 年）三元洞寺庙的主持李春和筹资二十两九钱白银补修寺庙的事情。《开化府志》中记载了有名可查的寺观共 32 处，这些寺观多数为清代所建，可见当时文山的佛教文化传播已呈欣欣向荣之势。

碑刻中的作者有曲靖的选贡张鹤筹、开华镇总兵王大绶、文山县知县朱兴燕。王大绶，原为山东济宁侍卫，乾隆元年至乾隆七年（1736～1742 年）任开化镇总兵，是开化镇建立以来有据可查的第十位总兵。当时总兵统领着大小军官 24 名，士兵 2 400 名，将开化府划为七汛分兵驻守。知县朱兴燕，金华浦江人，乾隆年间进士，乾隆五年至乾隆十二年（1740～1748 年）任文山县知县，其在任期间在经济文化方面均有建树。乾隆六年（1741 年），扩建了位于城东的大有仓，添建了二座七间仓库；乾隆六年（1741 年）到乾隆十二年（1747 年）间请盐二百四十一万斤；乾隆八年（1743 年），奉总督之命，将原有的开化土城改筑为长七百二十八丈，高一丈二尺，周围四里一分的砖城，还加筑了炮台，“自此岩疆重镇，永固金汤矣”；乾隆十一年（1746 年），为开阳书院添建了三间书舍。[1]153这些举措为文山当地经济文化的发展提供了有利的条件，促成了当地各项事业的进步。

（二）鲍超所题碑刻的背景分析

洞天福地。

文山西高而秀，蔚然可观者其惟三元洞乎？四壁天然无斧凿痕，脱尘俗气，真仙境也。蜀之剑阁峨眉，其雄秀仿梯似之。超奉天子命督师南征，道经此地，登高一览，气象万千，大有飘飘欲仙之概。

爰题壁以为记。

——光绪十一年春西蜀鲍超题

这一时期正值中法战争期间。1881 年，法国入侵越南，并觊觎中国，滇南形势紧迫，清政府一面与其交涉，一面紧锣密鼓的备战。光绪八年（1882 年），派遣云贵总督岑毓英入滇办理边防事务。长途转战，千里用兵，再加上当时的清政府积贫积弱，这种情况之下，岑军军费不足，军粮匮乏，于是当地的百姓便成了其军粮的主要承担者。

“于光绪九年（1883 年），法越构衅，越明年，云贵总督岑毓英帅师出关。值此大兵大役之来，一旦艰巨杂役办理设有未善，则官威赫赫，难保首领以殁，况奉谕采办米粮百石运赴前敌，以资军用。嗟乎！弹丸小邑，山多田少……”[2]256

1883 年，岑毓英率兵出征之际，军粮缺乏，责令当地的一些乡绅筹备米粮，以备出战。文山山多田少，筹备一支远征军队的米粮谈何容易。一面是外敌入侵的威胁，一面是捐纳军费，缴纳米粮的负担，这时的文山百姓犹如在生存夹缝中一般，困苦不堪。

1884 年 8 月 26 日清政府下诏正式对法宣战，并令云贵总督岑毓英、广西巡抚潘鼎新率军迎敌。与此同时令鲍超招募士兵，开赴云南边境，择其扼要驻扎，以作为岑毓英部的后援。鲍超是清末非常勇猛的湘军将领，有“湘军第一勇士”的称号，一生参加过大小战役 500 多场，镇压太平天国时因其英勇善战而名声大振，被提为浙江提督，后来受到同僚排挤，遭到贬谪。1880 年，因伊犁事件被清廷重新启用，授予湖南提督，不久中俄关系缓和，鲍超的军队受到裁撤。直至

1884 年中法战争爆发，清廷又一次启用了鲍超，令鲍超招募部队奔赴云南抗击法军。鲍超两个月内招募了 13 000 人的队伍，于 1885 年 1 月由泸州启程，分批由贵阳赶赴云南，于 1885 年 3 月到达云南马关。[3] 马关“居国防之要冲”，既是开化府的重要关隘，又是云南省的屏障，鲍超就驻扎于此。但此时，中法两国已在准备议和，千里迢迢奔赴云南的鲍超满腔报国热情受到了冷落，抗敌报国的夙愿随着清政府的妥协而落空。1885 年 6 月 9 日中法两国在天津签订了《中法会订越南条约》，此后鲍超招募组成的军队受到裁撤。中法战争之后，鲍超积极向清政府建言献策，“夫兵可百年不用，而不可一日无备”，希望清政府能加强军事训练，有备无患。清政府面对列强入侵的态度又令鲍超愤懑不满，他发出了“圣上昏聩，有负天朝”的感慨。一年以后，鲍超病逝于四川，一代勇士含恨而终，清廷赐谥号“忠壮”，追赠太子少保，设立专祠。

中法战争之后，云贵总督岑毓英在滇东南边疆添建城垣，修筑防御工事，以巩固边防，需要大量的费用，与之前征缴军粮一样，令蒙自、文山的百姓“捐纳”，把短缺的费用摊派在滇南百姓身上。

岑毓英说：“今因奏移临沅镇于蒙自、开化镇于马白，添建城垣衙门，修造边隘营碉，加以腾永新增防军，西南兼顾，公帑不给。英于蒙自工程倡捐银五百两，开化工程倡捐银五百两……上户仅令捐银三五两，以次递及减至三五钱，贫家小户概予免捐”。[2]242

文山地处边疆地区，并不富足，遇上战事，当地百姓除正常的徭役外，还得额外捐纳军费和军粮，负担非常沉重。

二、民国碑刻所反映的文山地区历史

除清代碑刻外，数量最多的当属民国时期的碑刻。和清代碑刻一样，这一时期的碑刻内容多为描写自然风景一类的。最为值得一提的当属抗战时期，云南战时工作视导团赴文山视导时所题刻的一段碑文，内容如下：

> 南防锁钥。
>
> 序：去岁敌寇南侵，桂南告紧，政府以滇桂相接不能不预为之防，因由各机关组成云南省战时工作视导团前往南防各属视导。抵文山之日，地方乡绅耆老邀往三元洞作竟日游。战时有此佳会，殊不易也，因题此四字纪念。
>
> ——屏边陈正科率团员，民国二十九年三月

1939 年 10 月 19 日日军南进入侵桂南地区并攻占了南宁，国民党军于 12 月

集结20万兵力奋力反攻，敌我双方相持不下，桂南地区形势异常紧张，而这一地区紧接云南东南部，对滇南地区造成了严重的威胁。

1939年国际形势发生了巨大变化，第二次世界大战爆发。美、英两国停止了对日本的战略物资输出，日军为了获取新的战略物资，采取了南进政策，将目光瞄准了东南亚地区，这样既可以从东南亚地区获取大量的战略资源，又可以切断中国抗战物资运输的大通道滇越铁路和滇缅公路，以此企图对中国形成封锁，挫败中国抗战，迫使当局向其屈服。1939年10月14日，日军作出入侵桂南的计划，10月19日日军出动了包括陆军、空军、海军在内的3万兵力、75架飞机入侵桂南地区，不久之后，攻占了南宁。中国方面，陆续调集了20万兵力加上之前驻守桂南的6万兵力，于12月18日进行反攻，桂南会战由此开始。[4]25-26桂南会战中国军队除昆仑关战役外，均没有大的胜利，1940年9月23日，日军侵入越南北部，实现了其切断滇越国际交通线的意图，此时南宁对其已没有大的战略意义，10月日军撤军，桂南会战结束。

滇南地区紧接桂南，又毗邻越南。从桂南会战开始到日军入侵越北地区，包括文山在内的周边地区受到日军的严重威胁。尤其是在日军占领越南后，屯兵中越边境，修筑工事，炮击边境，伺机突破云南对中国形成合围之势，危急关头蒋介石将关麟征率领的第九集团军调至滇南布防，在江西抗战的前线部队也奉命回滇，组成滇南抗战军。这时候，滇南地区大军云集，粮食供应紧张，为支援滇南抗战，地方政府采取了征购、加派军米、动用历年积存的粮食等措施来解决军粮问题。1940年至1945年间，仅广南一地就供应军米达2 313万市斤。[5]40如此大量的军米供应无疑给当地百姓带来了沉重的负担，国难当头，勤劳淳朴的文山人民为此做出了巨大的贡献和牺牲。

1940年日军入侵越南北部后，以此为空军基地，派出了大量的轰炸机对云南各地进行轰炸，轰炸次数达535次。1940年2月到1941年7月间，日军对文山地区境内的七个县即文山、富宁、马关、砚山、广南、西畴、麻栗坡进行了10次轰炸，投弹75枚，炸死炸伤213人，炸毁房屋800余间。[6]51这一时期的文山地区陷入了一片硝烟和战火之中，和整个中国一起遭受着灾难。

三、1949年之后碑刻所反映的文山地区历史

1949年之后的碑刻，20世纪80年代题刻的占了多数。这一时期的碑刻有纪念性的，比如1958年，文山建州时就曾题了“凌云”二字为念，也有一些是以前在文山生活、工作、战斗过的人员，于20世纪80年代再次回到文山，题刻了

一些回忆性的诗词。当然，这一时期，最值得一说的是时任中共中央总书记的胡耀邦于1985年视察文山时的题词，内容如下：

开拓前进，建设边疆

——中共中央总书记胡耀邦1985年2月10日视察文山的题词

1979年对越自卫反击战之后，越南方面仍一度武装侵略中越边境，炮击边境地区，造成了数百边境军民的伤亡，致使大量耕地无法耕种，这种情况之下，中越边境经常发生大小规模的战斗，这样的情况一直持续到20世纪90年代，将近十年，中越边境从未安宁。从1980年到1984年，位于文山州境内的中越边境，陆续发生战斗，比较著名的有罗家坪大山、扣林山、老山、者阴山、八里河东山的收复战。1984年以后，实行了轮战制度，各大军区轮流驻防中越边境，1990年2月13日，中越之间发生最后一次战斗后，边界线基本归于平静。1993年3月底，中越边境开始交由边防部队管理，到此中越边境开始恢复了宁静。

20世纪80年代的文山，一度成为全国上下的焦点。1985年2月10日，时任中共中央总书记的胡耀邦开始了对云南为期半个月的视察，首站就选在了文山。胡耀邦当天下午到达云南后，立即同解放军总政治部主任余秋里一道乘直升机飞往文山视察边防部队，看望参加对越自卫反击作战、驻守在中越边境前线的官兵，这一时期正是20世纪80年代以来中越边境冲突最为激烈的时期。

胡耀邦在视察文山期间，还听取了文山州的工作汇报，汇报中提到1984年全州的工农业总产值为6.6亿元，人均不到240元。听取汇报后，胡耀邦当时就指出不要把眼光完全放在大工业上，多重视乡镇工业，利用文山矿藏资源丰富的优势，允许个体、乡镇办矿，政府提供技术指导。种植有当地特色的经济作物，如三七、八角、油桐、草果等。他还提出领导干部要转变工作方式，要多听取群众意见，帮助群众找到致富的方法，一个村、一个乡的进行，不要强迫命令，不要规定指标，依靠群众的力量来致富。[7]11

20世纪80年代，全国上下正在进行着轰轰烈烈的改革开放，都在着力于经济建设，而唯独文山，因中越边境问题，还在常常弥漫着硝烟，直至1993年，才把工作重心由支援前线转为经济建设，文山为国家安定和边境的稳定作出了牺牲和贡献。

四、结　语

西华山碑刻是文山地区历史的记录者，200多年的历史在碑刻中若有所现，对研究文山地方史有着一定意义。

文山毗邻越南，作为云南的屏障，历次战争都没能避免战事，不论是中法战争还是抗日战争，侵略者们都想以文山为突破口，觊觎西南大地，其战略位置的重要性不言而喻，堪称南防锁钥。文山地区，自1667年设置开化府以来，自此完全归属中央王朝直接管理，开始办学，修筑城池，修建粮仓，还有一些官员来此任职，为文山经济文化的发展提供了有利条件。文山处于特殊的战略位置，几次大的战事中，文山百姓做出很大的贡献和牺牲，中法战争期间缴纳军粮，筹集军费；抗战中想方设法为滇南守军筹集粮食，支持抗战；对越自卫反击战时竭力支援前线。

西华山碑刻最早的距今有200多年，最晚的也有30年。这些字数不多的碑刻后面蕴含了一定的历史信息，它反映了文山战略地位的重要性，见证着文山经济文化的发展，也记录了文山这片土地所经受的磨难。

参考文献：

[1]［清］汤大宾、周炳原纂，娄自昌、李君明点注：《开化府志点注》，兰州大学出版社2004年版。

[2]［民国］张自明等纂，何廷明、娄自昌校注：《马关县志校注》，云南大学出版社2012年版。

[3] 尹广明：《鲍超与霆军——一个历史的考察》，东北师范大学，2011年。

[4] 周永光：《桂南会战述评》，《广西地方志》2005年第6期。

[5] 文山州文史资料研究委员会：《文山州文史资料》第八辑，云南广南印刷厂，1990年。

[6] 何廷明：《试述抗战时期日机对文山地区的几次轰炸》，《文山师范高等专科学校学报》2007年第2期。

[7] 曾建徽：《早春时节访云南——随胡耀邦同志访问记》上，《瞭望周刊》1985年第14期。